哲人哲思
- 书系 -

孙正聿教授　李钊平摄

作者简介

　　孙正聿，1946 年 11 月生，吉林省吉林市人，哲学博士，吉林大学哲学社会科学资深教授，博士生导师，教育部人文社会科学重点研究基地哲学基础理论研究中心主任；全国政协委员，国家哲学社会科学专家咨询委员会委员，教育部哲学学科教学指导委员会主任委员，教育部社会科学委员会委员，教育部学风建设委员会副主任委员，吉林省社科联副主席。

　　孙正聿教授先后出版《理论思维的前提批判》《现代教养》《崇高的位置》《哲学通论》《超越意识》《哲学修养十五讲》《思想中的时代》《马克思主义基础理论研究》《马克思主义辩证法研究》《人的精神家园》《哲学：思想的前提批判》《马克思主义哲学智慧》《孙正聿哲学文集》(九卷本) 等多部专著，发表论文 200 余篇，获得多项重要奖励和荣誉。

"十三五"国家重点出版物出版规划项目图书

TO BE EDUCATED CHINESE

有教养的中国人

孙正聿 – 著

中国青年出版社

目 录 ｜ Contents

自序…001

导 言 塑造一个有教养的自我

从"人"谈起…004

《六人》的心灵搏斗…008

对自我实现的思考…012

现代化与现代人…017

现代教育与现代教养…019

上 编 ｜ 向往美的生活

第一讲 诗意的存在：人类之美

美是生活…028

生命的形式…033

无需包装…038

和谐的成熟美…044

第二讲　无声胜有声：真情之美

从情感的零度开始…050

亲情、友情和爱情…054

昔日的回眸与未来的憧憬…062

第三讲　心灵的震荡：崇高之美

有限的存在与瞬间的永恒…068

岂能只是"遥远的绝响"…074

美的追求与人格的魅力…077

第四讲　思维的撞击：逻辑之美

迎接智力的挑战…079

科学的艺术品…083

思维的"健美操"…087

深刻、厚重和优雅…090

第五讲　回归的喜悦：自然之美

喧嚣中的孤独…094

自在自为的存在…099

渴望诗意地栖居…104

中编 | 追求善的存在

第六讲 **选择的困惑：现代人生**

谁可怜…110

价值坐标的震荡…117

崇高的位置…122

理论的启示…132

第七讲 **生命的价值：思考人生**

人生的座右铭…143

生命、生存与生活…148

人的意义世界…151

走出生活的"二律背反"…159

第八讲 **多彩的世界：体悟人生**

烦恼人生…167

提醒幸福…172

需要的层次…177

生活不能缩略…183

第九讲 **主体的力量：创造人生**

超越其所是的存在…192

成功没有公式…198

人生的境界与自由…202

下编 | 反省真的理念

第十讲　熟知非真知：求真意识

超越"常识"…210

"真"的观念…219

"名称"不是"概念"…222

读书三境界…226

第十一讲　自为的存在：理论意识

科学与理论…231

思想中的现实…234

观察渗透理论…236

赞美理论与超越实践…241

第十二讲　合法的偏见：创新意识

只有"相对的绝对"…248

想象的真实与真实的想象…256

提出问题比解决问题更重要…262

创建新"范式"…267

第十三讲　向前提挑战：批判意识

思想的另一个维度…277

思想的"看不见的手"…286

酸性智慧…291

消解"超历史的非神圣形象"…296

第十四讲　创造的源泉：主体意识

　　主体的自我意识…307

　　自我的独立与依存…313

　　效率的"核能源"…319

　　生命历程与精神家园…326

附录一：哲学与人生解析…333

附录二：马克思与我们…347

附录三：我的七十感言…358

自 序

自 20 世纪 80 年代初从事哲学教学与研究以来，我一直沿着两条路子展开自己的工作：一是以学术的或专业的路子思考哲学问题，撰写发表学术论文和学术著作；一是以通俗的或大众化的方式撰写和出版普及读物。本书自然属于后者，撰写的动力与自信，却缘于自己 20 年前一本有关教养的小书。

说不清是出于自我欣赏，还是出于自我反省，我总愿意翻看自己写过的东西。每次重读，总有一些感慨：其一，时过境迁，好多自己写过的东西，今天很难再写出来了；其二，旧地重游，好多景色似乎尚未细细品味，好多议论似乎还属言不及义；其三，朝花夕拾，好多思绪再上心头，惑在其中，乐也在其中，也愿意把这个"夕拾"的花草献给自己的亲人、同事、朋友和学生一起品味。

人如何使自己"作为人而成为人"？人又如何使自己"作为现代人而成为现代人"？正是这两个关乎"人之为人"的大问题，引发了我研究教养的冲动；也正是这两个作为"理论形态的人类自我意识"的哲学问题，促成了我的总体构思，这就是要写现代中国人的真善美，包括现代思维方式、现代价值观念和现代审美意识的三大部分。

与内容紧密相关，"美"重在以情感人，"善"重在合情合理，"真"重在以理服人。先讲理而后讲情，从逻辑上说有它的合理性，但从阅读上说却有违背由情入理、由浅入深之嫌。作为一本写给广大青年读者的普及读物，还是应当阅读优先，因此本书改变了叙述顺序，形成了由"美"到"善"再到"真"的总体框架，这就是现在的由"向往美的生活"到"追求善的存在"再到"反省真的理念"的上中下三编。

写好人的教养，大概需要三个东西：思想、知识和语言。先说思想，这样的一本书，即使做不到发人深省，总要使人受到启发，这就需要"深沉"。而"深沉"是"玩"不出来的，这就需要长时期面向现实、面向本文、面向自我的思想积累与升华。再说知识，思想不够的时候还可以边想边写、边写边想，知识不够的时候，边写边找，边找边写，勉强凑上，也像是往新衣服上打补丁。再说语言，一本谈教养的书，语言总该生动优美一些，使人增添一些语言方面的教养，但语言这东西却只能是水到渠成，有意为之反而做作了。

写人的教养这样的书，可以有各种不同的写法。本书的着眼点，不是人应该具有哪些方面的教养，以及如何形成这些教养，而是试图与读者一起探讨现代中国人的思维方式、价值观念和审美意识。我不以为自己的看法就是对的，只能自以为是去谈，这也算是本书所说的"合法的偏见"吧。如果没有写好，也只能这样安慰自己：虽不能至，心向往之。

迈入新时代，中国和世界都发生了重大变化，特别是中国人的生活方式和思想观念都发生了重大变化，我对人生和哲学也有新的理解，并陆续地发表了一些与本书相关的研究成果。走过精力充沛的中年，我已是年届古稀的老年人。欣慰的是，人虽老了，我仍向往着"诗意栖居"，渴望着与青年人分享。正是这种向往和渴望，激发了自己的活力，使我又一次在充满激情的写作中完成了本书。

我在《七十述怀》中写了这样一段话:"古稀之年复何求?惯看冬夏与春秋。自诩平生无愧事,何须老来弄潮头?野蛮体魄身尚健,文明精神志未酬。栏杆拍遍天际远,青山依旧水自流。"在对真理、正义和美好事物的追求中生活,让自己活得有意思,并且让自己有意思的生活对别人有意义,这大概就是写作本书最真实的心态!我在《咏叹哲学》中也说,"我常常在书桌上疾书,让思想在笔端自由流淌"。如果自己笔端流淌出的思想,能够引发读者的思想的激荡,那当然就是我最大的欣慰了。

这本书主要是写给青年人的,最合适的出版社当然就是"青年出版社"。在此,谨向中国青年出版社王瑞副社长、李钊平编审表示诚挚的感谢,并向阅读此书的读者表示最美好的祝福!

孙正聿

2017 年 10 月 16 日

塑造一个有教养的自我

> 人应尊敬他自己，并应自视能配得上最高尚的东西。
>
> ——黑格尔

从"人"谈起

在大学生辩论赛中，有过这样一个论题：人类最大的敌人就是人类自己。

这论题真有点禅宗"当头棒喝"的味道，令人震惊而又发人深省，不能不让人反躬自问：人类最难认识的是什么？人类最难控制的是什么？人类最难战胜的是什么？给人类造成最大危害的是什么？人类面对的最大难题是什么？经过认真思考，我们就会承认，这些问题的谜底正是人类本身。

古希腊哲学有一句脍炙人口的名言——"认识你自己"。20 多个世纪过去了，人类创建了灿烂辉煌的人类文明，然而人类对自己的认识又是如何呢？20世纪50年代，我国学者梁漱溟先生曾感慨万千地说："科学发达至于今日，既穷极原子、电子种种之幽渺，复能以腾游天际，且即攀登星月，其有所认识于物，从而控制利用乎物者，不可谓无术矣。顾大地之上人祸方亟，竟自无术以弭之。是盖：以言主宰乎物，似若能之；以言人之自主于行止进退之间，殆未能也。"

古往今来，无数智慧的头脑在追问人的本质，探索人的本性，寻找人生的意义与价值。每个正常的普通人也总是以"像不像人"、"够不够人"乃至"是不是人"来反躬自问和评论他人。"不是人"，这大概是最刻薄的骂人语言。然而，究竟什么是"人"？

《辞海》和《现代汉语词典》给"人"下的定义是："能制造工具并使用工具进行劳动的高等动物。"学过形式逻辑的人都知道，这是一个所谓"属加种差"的标准定义，即：人"属"动物，与其他动物的"种差"则在于"能制造工具并使用工具进行劳动"，因而是"高等动物"。显然，这个定义表述的是把人类与其他动物区别开来的"类特性"。在类的意义上，这个定义或许是无可非议的（迄今为止，似乎还没有更为恰当的关于人类的定义）。

然而，"人类"的特性是每个类分子所共有的，即使是那些仅仅"使用工具"而并不"制造工具"的类分子，以致那些丧失劳动能力或不劳而获的类分子，也不会因为不符合这个关于人的定义而被视作"非人"。人们扪心自问或指斥他人"是不是人"的问题，似乎与关于人类的定义并无关系。"人"的问题另有深意。

人总得有人性、人情、人格、人味。泯灭人性，没有人情，丧失人格，缺少人味，这大概才是所说的"不是人"。然而，人究竟有哪些性（性质、特性）？人到底有哪些情（情欲、情感）？怎样品评人的格（做人的资格）？如何鉴别人的味（不是与禽兽为伍的感觉）？这大概已经是不大容易讲清楚的。

进一步说，人是"性本善"，还是"性本恶"，抑或"非善非恶"？人的情欲和情感该抑，该扬，或是任其自然？人的品格乃至资格是亘古不变的，因时而异的，还是万变不离其宗的？人的区别于禽兽的味是逐步进化的，还是不断异化的，抑或是没有变化的？这大概更是众说纷纭了。

再进一步，每个人的性、情、格、味总是在与他人的关系中比较鉴别出来的，因而又提出人群、人伦、人道、人权的问题。然而，人究竟何以为群？人到底怎样成伦？人之道何在？人之权何义？这恐怕更是见仁见智了。如果不是抽象地谈论人之性、情、格、味，而是具体地考虑到人的历史性、民族性、时代性等，"是不是人"的问题就会更加错综复杂、扑朔迷离了。

人类最难认识的是自己，因而人类最难控制的也是自己。

人类曾经是自然的奴隶。征服自然、做大自然的主人，一向是人类的理想和追求。近代以来，特别是 20 世纪中叶以来，这种理想在某种程度上变成了现实。然而，人类却面对着空前严峻的全球问题：环境污染，生态失衡，人口爆炸，粮食短缺，资源枯竭，能源危机，毒品泛滥，性病丛生，南北分化加剧，地区战争不断，恐怖主义嚣张，享乐主义盛行……于是，治理环境污染、保护生态平衡、与大自然交朋友之声不绝于耳，缉毒、防止性病蔓延、打击恐怖主义之举遍及全球。然而，这些呼唤与举措是否能够解决日趋严峻的全球问题呢？

20 世纪 90 年代初，我国学者费孝通先生曾在《读书》杂志发表《孔林片思》一文，认为全球问题是人类能否共存共荣的问题，其中"共存"是生态问题，"共荣"则是心态问题。共存不一定共荣，所以"心态研究必然会跟着生态研究提到我们的日程上来"。

　　"心态"问题似乎难于生态问题，这是因为，生态问题本身属于"形下"问题，其是非曲直、善恶美丑大体可以给出或"是"或"否"的回答。比如，环境污染是否必须治理，珍稀动植物是否应该保护，人类自身生产是否需要控制，核战争是否必须制止，人们从自身的生存与发展出发，总有一个判断的根据和评价的尺度，因而也就有控制自身行为的准则。然而，人们却并不因此就按照"应该"的行为准则去解决包括生态问题在内的全球问题。这其中的重要根源，就在于生态问题并非仅仅是采取哪些行动去治理环境污染和保护生态平衡的问题，而是无孔不入地渗入了制约人类全部行为的"心态"问题。

　　"心态"问题之难，难在它是人的问题，是人心的问题。中国有句成语叫作人心叵测，这倒并非是说人人各自心怀鬼胎。不过，人人总有心照不宣的心想事成甚至痴心妄想，因而总是难以以心比心、推心置腹、心心相印。那"心有灵犀一点通"所"通"的，也往往是心照不宣的"各揣心腹事"。倘若人们以这种"心态"去对待生态问题，就会以局部利益牺牲整体利益，以暂时利益牺牲长远利益，甚至以一己私利牺牲人类利益。因此，"心态"问题之难，首先是难在它包含着遮蔽良知的利益冲突问题。

　　"心态"问题之难，又难在它不是生态的"形下"问题，而是牵涉着混沌良知的"形上"问题。所谓"形上"问题，总是人类实践、人类生活和人类历史中的二律背反的问题，因而使人感到困惑难解和深不可测，比如在知识界中热了又热的文化问题。人类的历史本是"文化"或"人化"的过程，即把自然的世界变成"属人的世界"的过程。而"文化"或"人化"就是人为即"伪"的过程，也就是愈来愈远离自然状态的过程。在这个过程中，既有马克思所说的人在神圣形象中的自我异化，也有马克思所说的人在非神圣形象中的自我异化。盛行于当代的所谓后现代主义，就把科学技术、意识形态、主人话语、权力隐含、基础主义、中心主义等统统指斥为当代人自我异化的非神圣形象。因此，当代人极力探讨"文化"的正、负效应问题，可这"文化"的正、负效应又总是"剪不断，理还乱"。只从负效应去看，那就只好是什么也别做；只从正效应去看，那负效应又无可逃避地危及人的生存与发展。这正如一首歌里所说，人们总是"得不到想要的，又推不掉不想要的"。然而，人们又总是费尽心机地去争想要的，千方百计地去推不想要的。人类最难控制的，莫过于人类自己的行为。

《六人》的心灵搏斗

人类要控制自己，就要战胜自己。巴金先生曾经译过德国革命作家鲁多夫·洛克尔的《六人》，这部书为我们展现了人类心灵的搏斗和战胜自我的艰难。

在这部犹如"一曲伟大的交响乐"的著作中，洛克尔以其独到的思想和凝练的文笔"复活"了六个文学形象，这就是：歌德的诗剧中的浮士德，莫里哀的话剧中的唐·璜，莎士比亚的诗剧中的哈姆雷特，塞万提斯的小说中的唐·吉诃德，霍夫曼笔下的尚麦达尔都斯，以及18世纪德国名诗《歌人的战争》中的歌者冯·阿夫特尔丁根。

对于中国读者来说，浮士德、哈姆雷特和吉诃德曾经使几代青年浮想联翩，激动不已。而在洛克尔的笔下，似乎是凝聚了人们的感慨、联想与沉思，并升华为对人和人性的反思。首先，让我们先来读一读《六人》的楔子：

> 天灰暗。平沙无垠。
>
> 一个光黑的云母石大斯芬克司躺在棕色细沙上，她的眼光注视着荒凉的、没有尽头的远方。
>
> 这眼光里没有恨，也没有爱；她的眼睛是朦胧的，好像给幽梦罩上了一道纱似的，她那冷傲的缄默的嘴唇微露笑容，微笑着带着永久的沉默。
>
> 六条路通到斯芬克司的像前，这六条路从遥远的地方来，引到同一个目的地。
>
> 每条路上都有一个流浪人在走着，每个人身上都笼罩着命运的残酷的诅咒，额头上都印着一种不是由他自己支配的力量，他大步走向在天际隐约显露着的遥远的世界，那种在空间上隔得极远而在心灵上相距甚近的广阔的世界。

大家知道，斯芬克司是希腊神话中狮身人面的怪兽，她坐在路旁岩石上拿谜语问过路人，不能解谜的人都被她杀死。那么，这六条路上的流浪人的结局如何呢？他们一个个"默默地倒下来，睡在这沙漠的细沙上面"。

先说浮士德先生。博学的浮士德先生曾痴迷于探索"人智所产生的一切"，寻求"智慧的终极目的"。然而，在岁月默默流转的过程中，浮士德先生却陷入了无可解脱的困惑："我们的全部知识并不帮助我们理解事物的终极意义。我们好像盲人似地永远在绕着圈子。我们向着一个遥远的目标走去，但我们总是回到同一个老地方来。"心灵的困倦引来了魔鬼撒旦，浮士德先生自以为"已经埋葬了的欲望"又从他的"灵魂的深处挣扎着出来了"。这些欲望"像烈火似的烧着"，浮士德的灵魂"忍受着它们的那无数的苦刑"。极度的痛苦使他想到，"只要我的心渴求着理解而无法得到满足，我的灵魂受着欲望的折磨的时候，我还管什么死亡与复活、地狱、时间和永恒呢！这种未满足的冲动咬蚀我的心不是比地狱的痛苦还厉害吗？所以我认为与其整日整年在闭着的门前徘徊始终不能够看到谜底，还不如把这确实的痛苦永久担在自己的肩上"。于是，他说："撒旦，我准备好了！只要能够看到'无穷'的奥妙，就是短短的一瞥也抵得上一切地狱的痛苦！"

再说哈姆雷特王子。杀父之仇使丹麦王子哈姆雷特陷入极度的痛苦，复仇的烈焰煎熬着他的灵魂："他那精密的逻辑所苦心建造起来的巧妙思想的整个建筑，像一所纸牌搭成的房屋似的，碰到一个小孩吹一口气就完全倒塌了。他想起复仇，报偿，迅速地行动。"然而他刚刚抓住他的剑柄，却又重新陷入替他的软弱辩护的深思默想之中。他在心里对被杀害的父王说："你那个不幸用谋杀的手把你害死了的兄弟一生只犯了一桩杀人罪。可是你生我出来，你就把我谋杀了一千次了。你判定我忍受的长期痛苦倒比痛快地一下杀死坏得多。""你没有要求我替你报仇的权利，但你仍然有权暗算那个凶手，他受了夺取王权（改演你的角色）的野心的鼓动，卑鄙地把你暗害了。""这不过是人生喜剧中角色的调换！为什么要那一切的喧嚷，那一切认真的做作？对于我人生是苦得不能忍受的。倘使我有了力量，我早就把这个戏结束了，可是知识减少了我的勇气。因此我不得不把这个滑稽戏演下去，一直演到别人的手来把幕放下为止。"这位痛苦的王子终于离开了宫堡，"一路上沉思着走遍了异邦，漂过了海洋，一直走到那最后的边境"。

最后说说唐·吉诃德先生。被人们嘲笑和戏弄的"真的"吉诃德先生（鲁迅曾提出真、假吉诃德的问题），"梦变成了生存的意义和目的"。"他看每一样东西都是依照他自己的看法；他为他自己在他的想象中创造出一个世界来，这个世界跟他现在生活于其中的世界离得非常远，所以他一直不断地跟现实世界斗争"，"把精力消耗在疯狂中"。而那些嘲笑与戏弄吉诃德的人们，却认为"这世界里再也没有奇迹了。只有审慎思想的领域，那些审慎的思想早已忘却一切意外的惊奇，它们看这世界和一切的大小事件总是用一种循规蹈矩的看法，仿佛就把这一切当作穿工作衣的人一样，虽然衣服已经穿脏穿破，颜色也已被太阳晒白，可是它仍然不致扰乱世事的既定的步骤，它也不会在人们的心灵中引起关于未知、未解的事物的疑问"。于是，沉湎于梦境的吉诃德先生至死未能战胜他对梦境的痴迷，而嘲弄吉诃德先生的人们也从未战胜他们对超越现实的冷漠。

无法战胜自己的六个人都倒在斯芬克司面前的细沙上，而斯芬克司却总是用她那朦胧的目光和冷傲的微笑默默地望着远方，望着从远方赶来的人们。她似乎在嘲弄难以认识自己、控制自己和战胜自己的人类。

对自我实现的思考

古希腊神话中的斯芬克司的千古之谜，表征着人类求解人性之谜的渴望与困惑。这种渴望与困惑激励着人类不倦地认识自己，在认识自己的路途上却又不断地出现新的渴望与困惑。

时下，自我实现或实现自我，几乎和"打的"、"大款"、"大腕"、"炒房炒股"一样，成了最流行的时髦话语。然而，透过这走俏的时髦话语，人们所看到、得到的却常常是自我实现的反面——自我的失落或失落的自我。

先说追星吧。不知从何时起，英雄主义时代隐退，科学巨匠、思想伟人、艺术大师都在"星"的夺目光芒下黯然失色了。各种各样的、变幻莫测的"星"们——诸如歌星、影星、视星、球星、笑星乃至文化明星——替代了人们心目中的英雄而成了不是英雄的"英雄"。铺天盖地的广告中，"一笑千金"的"星"的倩影比比皆是；人群熙攘的马路上，"星"的发式、服饰几乎是一夜走红。马路书摊上摆的是"星"，电影电视上演的是"星"，街头巷尾议的是"星"，少男少女侃的是"星"。"星"变成了自我，自我幻化为"星"。这究竟是自我的实现，还是自我的失落呢？

再说，"跟着感觉走"。追星，从时间性和普及性看，恐怕莫过于追"歌星"了。《跟着感觉走》《潇洒走一回》，从歌厅舞厅到大街小巷，从沿海特区到黄土高坡，转瞬间就喊遍了神州大地。这两首歌似乎还存在着一种微妙的"逻辑"：要想"潇洒走一回"，就得"跟着感觉走"；只有"跟着感觉走"，方能"潇洒走一回"。于是乎，"找到感觉没有"便成了互相提醒的时髦话语。

"找感觉"这话乍听起来，确实有些奇怪。眼、耳、鼻、舌、身，视、听、嗅、尝、触，这大概是人皆有之的感官和感觉。既然是人皆有之，似乎就不必特别地去寻找，当然也无须谁来特别提醒。如果这感官和感觉需要特别地寻找和提醒，恐怕就要对之刮目相看乃至仔细琢磨了。

一般说来，提醒自己和他人寻找的感觉，大概不能是痛苦的感觉，而是幸福的感觉。因此，"找到感觉"与否，便该是特指是否找到了未必人皆有之的幸福的感觉，而不会是泛指无须寻找和提醒的感觉本身。如此想来，这"找感觉"不能不说是一种巨大的历史进步——人们不仅有了追求幸福的渴望与权利，而且有了追求幸福的条件与行动。

然而，在肯定这种追求现实幸福的渴望与权利、条件与行动的同时，人们不能不再深思一下：究竟何谓幸福的感觉？吃饭喝酒靠三觉（视觉、嗅觉和味觉），观赏模特靠视觉，轻歌低语靠听觉，与舞伴相拥靠触觉，五官感觉统统地刺激起来，灵敏起来，愉悦起来，就是幸福的感觉吗？如此这般的感觉，比较贴切的称谓，似乎应该是感觉的幸福，而不是幸福的感觉。

据说，在现代社交中，谈生意，办事情，拉关系，要效益，基础性和前提性的社交方式（或曰手段），便是有求于人者为被求者寻找感觉的幸福。请吃请喝垫垫底，于是饭店酒楼生意红火；唱歌跳舞消消神，于是歌厅舞厅日见其多……在灯红酒绿、轻歌曼舞、桑拿按摩，外加几陪之中，求人者与被求者，一起进入了感觉的幸福。

　　不过，单有这感觉的幸福，总是难免过眼烟云。因为，"感觉"这东西必得依赖于感觉对象的存在，撤掉了感觉的对象，感觉的幸福也就消失了。随着感觉的幸福的消失，那实现了的自我也就失落了。因此，真正的自我实现，恐怕不是感觉的幸福，而是幸福的感觉。

　　幸福的感觉当然与感觉的幸福不无联系，但主要的并不是感官的刺激，而是心灵的体验。这是渗透着理性和文化的"感觉"。体验到真诚而不是虚伪，体验到信任而不是防范，体验到友谊而不是交际，体验到爱情而不是做作，这才会有幸福的感觉。按照人本主义心理学家马斯洛的说法，从生存的需要到安全的需要，从归属的需要到尊重的需要，从审美的需要到自我实现的需要，人的需要不仅是多层次的，而且是不断升华的。这里似乎就有一个从感觉的幸福到幸福的感觉的上升。在现代社会生活中，多找一找幸福的感觉，少刺激一些感觉的幸福，于国于民，于人于己，恐怕都是一大幸事。

　　按照时下通行的话语方式，"找感觉"似乎还有一层颇为神秘的含义，这就是寻找一种类似于灵感爆发、直觉顿悟、可意会而不可言传的"第六感"。然而，许多人所寻找的这"第六感"，既不是科学发现中的直觉，也不是艺术创作中的灵感，而是多与极为流行的"炒"字相关——炒地产、炒股票、炒证书、炒文凭，如此等等，不一而足。此类行当，诚如股市评论员所言，风云莫测。缺少神秘的"第六感"，实难稳操胜券。"找感觉"之盛行，也算是"髦得合时"了。然而，在这普及化的"找感觉"中，人们是实现了自我还是失落了自我？这的确是值得深思的。

最后说说"潇洒走一回"。

进入21世纪，也许人们不会忘记1976年金秋的"八亿人民举金杯"，也不会忘记20世纪80年代初的"年轻的朋友来相会"。然而，在不知不觉中，这欢快、舒畅、昂扬的曲调，却被"一无所有"、"我不知道"蒙上了一层困惑与惆怅，似乎"天上的太阳"和"水中的月亮"、"山上的大树"和"山下的小树"真的难以分辨了。于是，"跟着感觉走"便应运而生，流行开来，似乎理性成了生活的羁绊和桎梏，唯有感觉才能引导人们"潇洒走一回"。面对现实，在这风靡全国的"走一回"的呼喊声中，我们是否应该理性地思考一下如何才能潇洒呢？

改革开放为每个中国人施展才智、追求幸福带来了前所未有的机遇，市场经济为中华民族的振兴展现了辉煌的前景。人们脱下了灰、黄、黑的制服，换上了色彩鲜艳的时装；人们告别了低矮破旧的小屋，搬进了宽敞明亮的楼房；人们摆脱了"顽固不化"的咸菜窝头，吃上了大米白面、鸡鸭鱼肉；人们甚至不再稀罕"凤凰""永久""飞鸽"，坐上了奥迪、宝马、奔驰。从吃粗粮、穿布衣、住平房、骑自行车到吃细粮、穿时尚、住楼房、开私家车，中国人真是从未有过地潇洒起来了。

然而，人们又常常感到"别有一番滋味在心头"。这另一番滋味，有对以权谋私、贪污受贿而潇洒起来的腐败现象的痛恨，有对滥拿回扣、贩卖假货而潇洒起来的社会现象的忧虑，有对以灯红酒绿、挥霍无度为潇洒的社会心态的困惑，有对平步青云的"款""腕"们的潇洒的眩晕，当然也免不了对自己的未能潇洒起来的迷茫。这痛恨与忧虑、困惑与眩晕，再加之迷茫混合在一起，于是乎真的感到天上的太阳与水中的月亮明暗难分，山上的大树与山下的小树大小难辨，似乎真的只有"跟着感觉走"了。

认真品品这番滋味，仔细想想人生意义，人们也许又会体悟到许多"潇洒"者们未必真的潇洒，因为总是感到在这潇洒的背后失落了什么。如果仅仅是灯红酒绿、挥霍无度地"走一回"，岂不成了"酒肉穿肠过"，又如何称得上潇洒呢？在拜金主义、享乐主义的浪头中不是失落了理想、信念和真正的自我吗？

真正的潇洒只能是真正的自我实现——知识层次的提高、社会责任的增强、精神境界的升华、理想信念的追求和人生事业的成功。如果一个人失去对理想的追求、对社会的责任、对事业的期待，仅仅把金钱和挥霍视为人生的目的，甚至为金钱与挥霍而不惜道德沦丧，违法乱纪，又谈何自我实现与潇洒呢？自我实现，总要首先认同自我的事业与责任。

在翻看影集的时候，人们只要留心地对比一下，就会不无惊讶地发现，每个人最漂亮的照片，既不是呼三喊六的狂喝乱饮，也不是打情骂俏的忸怩作态，甚至也不是舒心畅意的开怀大笑，而是他全神贯注的工作照。

在思索人生的时候，只要人们真实地体会一下，又会感触颇深地发现，每个人最愉悦的时刻，既不是得到一笔意外之财，也不是混上一顿酒足饭饱，甚至也不是别人羡嫉的目光，而是事业的成功。

事业是潇洒的航船，责任是潇洒的风帆。失去了事业心与责任感，那潇洒的背后总是隐藏着渺小与空虚。

自我实现总要实现自我的充实与升华。时下有两句时髦话儿，一句叫"别活得太累"，另一句叫"欣赏自己"。要想事业有成，要想承担责任，恐怕总要活得"累"一些。如果既要不累，又要欣赏自己，那到底欣赏什么呢？酒桌上有人请吃饭？牌桌上有人替付钱？马路上有人给"打的"？舞厅里有人找舞伴？这样的潇洒，怎么能不让人看到其反面——自我的失落呢？潇洒，不是外在的装腔作势，而首先是一种内在的充实与崇高。记得有一首歌，里面唱道，"你不用涂红又抹绿，只要你不断充实自己，人人都会喜欢你"。这样的道理，似乎是每个人都应该懂得。

现代化与现代人

现代化，首先是人的现代化；现代化，最重要的是人的现代化。这些本来是振聋发聩的话语，似乎已经是不言而喻，无须多论了。然而，放开何谓"现代化"不议，仅就人而言，人为何要现代化，人如何现代化，人的现代化的标志是什么？这就很值得琢磨了。

我们先来看一段对话。这是在 1994 年的一部电视专题片中，记者采访一位 16 岁的放羊少年的对话。

"你为啥放羊？"

"赚钱。"

"赚钱干啥？"

"娶媳妇。"

"娶媳妇为啥？"

"生娃娃。"

"生娃娃作啥？"

"放羊。"

读完这段对话，也许有人会感到有趣，觉得可笑；也许有人会感到震惊，觉得可悲；但更多的有识之士，也许会联想到"人与教育"、"教育与现代化"这些话题。

确实，这段对话不能不使我们重新返回到"人"的问题。试想一下，如果这段对话不是发生在 1994 年，而是发生在 1894 年，甚至是 1000 年前的 994 年，又有谁会感到时间上的"错位"呢？换个说法，如果这位放羊少年不是生活在 20 世纪 90 年代，而是生活在 19 世纪 90 年代，甚至是公元前的 90 年代，又有谁会感到这不是同一个少年呢？

如此想来，恐怕就很难用"现代人"来称呼这位放羊少年。生活在 20 世纪末，却又难以称作"现代人"，这究竟意味着什么？这意味着，人不是单纯的生物性的存在，因而也不能单纯地用生物性来解释人的存在。我们通常所说的原始人、古代人、近代人和现代人，并不是单纯的自然时间概念，而是一种历史时间概念。历史时间是以人的生存状态为标志的。

人的生存状态是以特定的历史文化为内容的。它包括人与自然、人与社会、人与他人、人与自我的历史性的相互关系，它包括人的具有时代性特征的思维方式、价值观念、审美意识和生活方式，它包括人的具有时代性特征的关于自身的处境、理想、选择和焦虑的自我意识。每个人只有与自己时代的历史文化相统一，他才能生活于自己时代的生存状态之中，他才是该时代的人。人不是抽象的、超历史的、生物式的存在，而是具体的、历史的、社会性的存在。"是不是人"，从根本上说，首先在于他（她）是否生活于该时代的生存状态之中。就此而言，如果我们说那个以"放羊"、"赚钱"、"娶媳妇"、"生娃娃"、"放羊"为全部生活内容的少年不是"现代人"，也就等于说，那个少年不是"人"。

对于这样的结论，也许有人会提出抗议：这不是对那位少年（以及众多的类似的人）的侮辱吗？对于这种抗议，我们想提出反问：有谁认为那位少年的生存状态是"现代人"的生存状态？生活在现代而又不是现代人的生存状态，能否说是"人"的生存状态？现代社会的全部努力（物质文明和精神文明建设），其根本目的不就是使每个人都生活于现代生存状态之中，也就是使人成为"人"吗？如果把那位少年的生存状态视作无可非议的"人"的生存状态，还谈什么"社会的现代化"与"人的现代化"？我们认为，把人的现代化视为现代化的根本，并切实地去实现人的现代化，就必须从人与现代的统一去理解"人"。

现代教育与现代教养

人与现代的统一，最根本的途径与方式，莫过于普及和升华现代教育。

教育是一种历史文化的传递活动，执行着社会遗传的特殊功能。人之为人，不仅在于生物学意义上的遗传性的获得，而且更在于社会学意义上的获得性的遗传。每个时代都以教育的方式使个人掌握前人的经验、常识以及各种特殊的知识与技能，以教育的方式使个人掌握该时代的价值观念、道德规范和各种行为准则，以教育的方式使个体丰富自己的情感、陶冶自己的情趣和开发自己的潜能，以教育的方式使个人树立人生的信念与理想，形成健全的人格。教育是个体向历史、社会和时代认同的基础，又是历史、社会和时代对个体认可的前提。教育是个体占有历史文化与历史文化占有个体的中介。

教育又是一种历史文化的创生活动，执行着社会发展的特殊功能。教育是形成未来的最重要因素，它激发个体的求知欲望，拓宽个体的生活视野，撞击个体的理论思维，催化个体的生命体验，升华个体的人生境界。教育不仅仅是历史文化的传递活动，也是历史文化的批判活动。它赋予个体以批判地反思文化遗产和创造地想象未来的能力，激励个体变革既定的世界图景、思维方式、价值观念和审美意识，从而创建人的新的生存状态。

教育还是集德、智、体、美、劳为一体，集传递历史文化和创建未来文化为一体的。把教育的功能归结为一点，就是把"毛坯状态"的人变成自我实现的人，把自然状态的人变成自己时代的人。国外的一项测试报告，曾给出这样的基本数据：在受教育程度很低的人中，具有现代性特质的人的平均比例是13%；而在受教育程度较高的人中，具有现代性特质的人的比例占49%。教育使人成为"现代人"。

在现实生活中，我们无法否认这样的现实：未曾受过必要教育的人，由于缺少文化认同的基本条件，因而难以融入时代文化的主流，也就难以成为一个正常的社会公民，难以自觉地承担起公民的权利与义务；未曾受过必要教育的人，由于缺少对历史文化和社会现实的审视、批判能力，因而难以成为未来文化的创造力量，反而容易成为对任何文化都构成威胁的破坏力量。一位心理学家说："一个人，只有在适当的年龄受到适当的教育，他才是人。"如果不是钻牛角尖，谁都会从这句话中感受到应有的震动，并汲取到应有的启示。

毫无疑问，教育并不是万能的。从形式逻辑上说，教育只是使人成为人的必要条件，而不是使人成为人的充分条件。尤其值得人们反思的是，由于对教育的种种误解与误导，教育还没有充分地发挥它的根本功能——使人作为人而成为"人"。

对教育的最大误解，莫过于把教育仅仅当作培养"某种人"的手段。这里所说的"某种人"，是指从事某种特定职业、具有某种特定身份、扮演某种特定角色的人。为了培养"某种人"，当然就需要教育——传授经验、知识与技能。然而，仅仅从培养"某种人"去理解教育，却会把教育等同于职业教育甚至是职业技能教育，以至于用短训班、轮训班的方式去实施教育，从而模糊甚至是丢弃了教育培养"人"的根本目标和根本功能。

教育的根本目标是培养全面发展的人，需要全面地培养人的德性、智能、情感、意志、理想、信念和情操。教育具有崇高的人文理想和深刻的人文内涵。从现代教育说，其具体内涵，就是使人成为具有现代教养的"现代人"。

何谓教养？教养是指人的综合素质与能力。它包括如何观察、判断和理解事物的思维方式，如何评价、选择和取舍事物的价值观念，如何看待、鉴赏和仿效事物的审美情趣等。它表现为人的自尊与自律、信念与追求、德性与才智、品格与品位等。

现代教养就是指现代人的综合素质与能力。它包括现代的思维方式及其所建构的现代世界图景，现代的价值观念及其所规范的现代行为方式，现代的审美意识及其所陶铸的现代生活旨趣。它表现为现代的求真意识、理论意识、创新意识、批判意识、效率意识和辩证意识，它表现为现代的自尊意识、自律意识、自强态度和自主境界，它表现为现代的审美情趣、审美体验、审美追求和审美反省。现代教养就是现代人的真善美。

教育的根本目标是"使人作为人而成为人"，具体地说，现代教育的根本目标就是使人成为具有现代教养的人。记得《读书》杂志曾先后刊登《清华园里可读书》与《清华园里曾读书》两篇文章。品味这两篇文章，会使我们对教育与教养有新的体悟。

《清华园里可读书》写于1994年清华大学83周年校庆之际，作者由慨叹于清华不再出王国维、陈寅恪、梁思成这样的大师级人才而追问"清华园里可读书"？《清华园里曾读书》则由此抚今追昔，是那样亲切地向我们描述了作者在清华园里的读书生活。作者首先写的是图书馆，"一进入那殿堂就有一种肃穆、宁静，甚至神圣之感，自然而然谁也不会大声说话，连咳嗽也不敢放肆"。接着，作者追忆"那些学识渊博的教授们在课堂上信手拈来，旁征博引，随时提到种种名人、名言、佳作、警句乃至历史公案，像是打开一扇扇小天窗，起了吊胃口的作用，激发起强烈的好奇心，都想进去看个究竟，读到胜处不忍释手，只好挑灯夜读"。于是乎学子们便孜孜于"以有涯逐无涯"，乐此不疲。

作者由曾读书的清华园而发出议论："大学的校园应该是读书气氛最浓的地方，有幸进入这一园地的天之骄子们，不论将来准备做什么，在这里恐怕首要的还是读书，培养读书的兴趣，读书的习惯，尽情享受这读书的氛围，这里可能积累一生取之不尽的财富，或是日后回忆中最纯洁美妙的亮点。"这"取之不尽的财富"，这"最纯洁美妙的亮点"，就是教育所陶铸的人的综合素质与能力——教养。

谈到教养，我们自然特别想到当代大学生的教养。这里借用作家张炜对大学生的一次讲演，来进一步谈论这个话题。张炜说，"大学应该是现代思想的发源地，大学应该高瞻远瞩。大学尤其不应该是个时髦的地方。太时髦了就容易遮掩真正的见解，湮没清晰的思路"。正是基于对大学的这种理解，他认为，不管学习什么专业，"在大学阶段都要涉足比较重要的、深邃的思想体系，这种开阔思路、视野的过程，对一生都非常难得，也算没白上了一次大学"。大学不能满足于学些"雕虫小技"。对于大学生在业余时间去做经纪人、公关小姐等，张炜说，"它与一个求学期间心理上应有的一份严整性、与正在进入的专业上的内守精神是格格不入的"。他提出，"大学生时期最重要的，是要有超越职业追求的某些理念和实践，这样才算没有白过了大学生活"。

我很欣赏张炜关于大学、大学生以及大学生活的这些看法，并认为这些看法阐发了教养之于教育，特别是现代教养之于现代教育的意义。从1995年起，我为吉林大学学生开设了一门新课《哲学通论》。这门新课，试图以"激发学生的理论兴趣，拓宽学生的理论视野，撞击学生的理论思维，提升学生的理论境界"为目标，培养学生的"高举远慕的心态，慎思明辨的理性，体会真切的情感，执着专注的意志和洒脱通达的境界"。课程结束后，偶然在校刊上发现两名同学分别写的两篇文章，使我更为真切地体会到现代教养在现代教育中的意义。

在《学子呼唤哲学》这篇短论中，作者写道：

当我们经过小学、中学的基础学习，再经过大学专业学习之后，知识的积累已达到一定程度，尤其是受着大学校园里浓郁的文化氛围的熏陶，伴着年岁的增长，我们开始学会思考了。我们想触及心灵更深处，想剖析思想更深层。然而，仅从专业知识的学习中，我们无法获得我们所要的解答，困惑与迷茫总是或近或远地缠绕着我们。

我曾看到很多同学的书架上放着黑格尔、弗洛伊德、老子、孔子等名人的论著，同时也常听到有些同学感叹哲学的深奥难懂，甚至"根本读不进去"。这种想学而又难以入门的矛盾显示无遗。

学子们在呼唤哲学教育，呼唤一种可以与时代相结合的、具有时代精神的哲学。公式化的所谓"哲学"只会枯燥无味令人厌倦。年轻一代所需要的是贴近时代又高于时代的哲学，它扎根于社会现实发展又不囿于具体的一事一物，它在一定程度上超脱现实以求对现实发展起着推动作用。

是的，哲学的冷落绝非意味着哲学的无用，我们在呼唤一种与时代精神相结合的、能真正指导人走向更高层次的哲学。如果有一天，真正精辟深刻、启迪人心的哲学基础教育能作为大学生修养的一部分得以在大学校园里普及的话，那岂不是莘莘学子们的一大幸事！

如果说，这篇短论试图表达大学生对提高自身教养的呼唤，那么在《最真的渴求》这篇短文中，作者则真挚地敞开心扉，讲述了自己的心灵体验：

满满的课表，厚厚的笔记，日复一日的"孜孜以求"；学计算机，攻外语，学法学，周末没有了实际意义……不错，一年多来，我翻过的专业书、工具书也算不少，但是，我极少以一种慎思明辨的理性、执着专注的意志去读书，我更无法体会那洒脱通达的境界。我的灵魂长期处于饥渴和贫血，它的底片不断放大而自身却越发苍白，生命的链条越绷越紧却缺乏丰腴的弹性。一种浮华的、实用的东西侵吞了我太多的时间和精力……我现在也庆幸，奔忙中有这一刻驻足和驻足时那几秒钟的清醒与理智。梦醒时分，我那么深切地感受到，在喧嚣与奔忙的间隙中，多么迅猛地滋长着读书这种不能泯灭的渴求，它无始无终地不竭涌动，逐渐蔓延到我的整个生命里……

读过这两篇短文，我更为真切地感受到当代青年，特别是当代学子们对现代教养的渴求。确实，就像伟大哲人黑格尔所说的，"人应尊敬他自己，并应自视能配得上最高尚的东西"。[①]现代化绝非仅仅是高楼大厦耸入云天，高级轿车四处奔驰，高档时装花样翻新，高级享乐炫耀于人。现代化最重要的是人的现代化，人的教养的现代化。我们每个人都需要在现代化的进程中，塑造一个现代的、有教养的自我，塑造一个"尊敬自己"、"自视能配得上最高尚的东西"的自我——把自己塑造成为有教养的中国人。

---

① 黑格尔：《小逻辑》，商务印书馆1980年版，第36页。

上 编

向往美的生活

诗意的存在：人类之美

人诗意地栖居在大地上。

——荷尔德林

美是生活

人的生活是有意义的生命活动，人的生命活动创造了有意义的生活。生活的意义照亮了人的世界，人的世界辉耀着美的光芒。"任何东西，凡是显示出生活或使我们想起生活的，那就是美的。"这是车尔尼雪夫斯基的名言。

美是人的创造。创造美的人，是美的真正的源泉。

人创造了有意义的生活，有意义的生活涵养了人的性、情、品、格，由此便构成和显现出人性之美、人情之美、人品之美和人格之美。人的性、情、品、格对象化为人的生活世界，美就是人的生活，美就是人的世界。

人性之美，首先是人的创造性之美。人创造了人的生活世界，也就是创造了人本身。创造，这意味着无中生有，意味着万象更新。人从生存中创造出生活，从动物中创造出人类，从物质中创造出精神，从存在中创造出美。美是人的发现。

人发现了大地的苍茫之美，海洋的浩瀚之美，群山的阳刚之美，湖泊的宁静之美。从太阳的东升与西落，人发现了旭日和夕阳之美；从春夏秋冬的四季转换，人发现了春绿江岸、夏日骄阳、秋染枫林、瑞雪丰年的风花雪月之美；从星空下的原野与江河，人发现了"星垂平野阔，月涌大江流"的意境之美……一山一水，一草一木，人都会发现它的千姿百态的美。美是人的生活。

生活洋溢着人性和人情，生活才是美的。19世纪法国文艺批评家丹纳，曾以三位美术大师——达·芬奇、米开朗琪罗和高雷琪奥——创作的同一题材、内涵迥异的三幅名画《利达》为例，这样向人们提出问题："我们是喜爱达·芬奇表现的无边的幸福所产生的诗意，是米开朗琪罗描绘的刚强悲壮的气魄，还是高雷琪奥创造的体贴入微的同情？"[1]

对于自己所提出的问题，丹纳作出这样的回答：这三位大师所创造的三种意境，都符合并展现了人性中的某个主要部分，或符合并展现了人类发展的某个主要阶段，因此都是人性之美、人生之美。

确实，无论是快乐或悲哀，还是健全的理性或神秘的幻想，无论是活跃的精力，还是细腻的感觉，无论是肉体畅快时的尽情流露，还是理性思辨时的高瞻远瞩，这都是人性的显现，人生的体

---

[1] 丹纳：《艺术哲学》，人民文学出版社1983年版，第343页。

验，因而都是生活世界的人性之美和人生之美。对美的礼赞，就是对生活的礼赞，对人性与人生的礼赞。

人的生活，创造了人的品、格。人类之美，展现为人的品位、格调、情趣、境界之美。

自爱是人性中最根本的力量，也是人性美的源泉。热爱自己的生命，创造自己的生活，才能发现生活之美，感受生活之美；热爱自己的家庭，营造家庭的和谐与欢乐，才能发现亲情之美，感受亲情之美；热爱自己的事业，全身心地投入到事业之中，才能进入创造的境界，才能创造出美的作品；热爱自己的祖国，乃至热爱自己所属的人类，自己生存的世界，才会有天人合一的至大之美。

自爱首先是自尊。尊重自己，自视能配得上最高尚的东西，人才会有高远的理想，高尚的情趣，高雅的举止，高超的境界。尊重自己，就会追求博大的气度，高明的识度和高雅的风度。博大的气度，会展现出大地般的苍茫之美和海洋般的浩瀚之美；高明的识度，会展现出"阐幽发微而示之以人所未见，率先垂范而示之以人所未行"的睿智之美；高雅的风度，会展现出坦坦荡荡、堂堂正正、不骄不躁、不卑不亢的风采之美。

自尊就要自律、自立、自强。"严于律己，宽以待人"，"己所不欲，勿施于人"，这不仅仅是一种道德的境界，也是一种美的境界。严于律己，方能展现出言谈文雅、行为高雅的风采之美；宽以待人，才会展现出胸纳百川、通达潇洒的境界之美。

冯友兰先生曾提出，人的生活应该是"极高明而道中庸"，在平常的生活中展现出人的性、情、品、格之美。这使我们想起了一篇题为《日子》的散文：

日子，把乳白的芽儿拱出土层，把嫩绿的叶子一片一片地张开，把花朵一枝一枝地释放出香味来，把果实酝酿成希望的彩色，甜柔的收成。

　　即使岁月把日子砍伐成一株轰隆倒塌的大树，但也会有泥土下斩不断、挖不绝的根系，会重新繁殖出新的苗圃来；还会有顽强的种子，用它们独特的旅行方式，走遍世界，去繁衍成理想的部落，美的风景。

这是一篇很美的散文，向我们描绘了美的人生。如果失去了美和美感，日子便只是自然而然的出生、童年、少年、青年、中年、老年和死亡。有了美和美感，出生便是"乳白的芽儿拱出土层"，少年便是"把嫩绿的叶子一片一片地张开"，青年便是"把花朵一枝一枝地释放出香味来"，中老年便是"把果实酝酿成希望的彩色，甜柔的收成"。即便是死亡，也会有"斩不断、挖不绝的根系"，也会"重新繁殖出新的苗圃"，还会有"顽强的种子"去繁衍"理想的部落"和"美的风景"。[1]

生活是美的，是因为生活是美好的。美是相对于丑来说的，好是相对于坏来说的。美和好水乳交融，才是生活之美。

"好"是人的价值评价，它内涵着人的尺度。人的尺度，就是有利于发挥自己的潜能，有利于满足自己的需要，有利于实现自己的发展。人的尺度，就是实现自我或自我实现的尺度。美与好的统一，意味着人的生活之美就是创造生活之美、自我实现之美。马克思说：

---

① 见《读者》1995年第7期。

"动物只是按照它所属的那个物种的尺度和需要来进行塑造，而人则懂得按照任何物种的尺度来进行生产，并且随时随地都能用内在固有的尺度来衡量对象；所以，人也按照美的规律来塑造。"[1]

美是人的尺度与物的尺度的统一。人按照"任何"物种的尺度去进行生产，因而能够创造性地生产出符合"任何"物种规律的产品；人在按照"任何"物种的规律所进行的生产中，"随时随地都能用内在固有的尺度来衡量对象"，对象便成为人的评价对象；在生产对象的活动中，便融入了人的"好"的尺度，因此也就有了生活的创造之美。

人创造了生活，也就创造了美。在人的生活世界和人的生活之旅中，美是无处不在的。热爱生活，生活永远是美的。也许，我们可以引用一首诗来结束这段关于"美是生活"的讨论：

我不去想是否能够成功

既然选择了远方

便只顾风雨兼程

我不去想是否能够赢得爱情

既然钟情于玫瑰

就勇敢地吐露真诚

我不去想背后会不会袭来寒风冷雨

---

[1] 马克思：《1844年经济学哲学手稿》，人民出版社1979年版，第50－51页。

既然目标是地平线

留给世界的只能是背影

我不去想未来是平坦还是泥泞

只要热爱生命

一切都在意料之中

——汪国真：《热爱生命》

生命的形式

美总是使人想到艺术：赏心悦目的舞姿，扣人心弦的乐曲，令人遐想的雕塑，栩栩如生的画卷……艺术把我们带入美的境界，是因为艺术展现了生命的活力与创造，是因为艺术表现了充满活力与创造的生命。艺术是生命的形式。

白石老人画的虾不能在江海中嬉戏，悲鸿先生画的马不能在草原上驰骋。那么，为什么人们需要、创造、欣赏和追求这种虚幻的美呢？因为人是创造性的存在，人是自己所创造的文化的存在，文化的历史积淀造成人的愈来愈丰富的心灵的世界、情感的世界、精神的世界。人需要以某种方式把内心世界对象化，使生命的活力与创造获得某种特殊的和稳定的文化形式。这种文化形式就是创造美的境界的艺术。

艺术形象，无论是音乐形象和舞蹈形象，还是美术形象和文学形象，都是把情感对象化和明朗化，又把对象性的存在主观化和情感化，从而使人在艺术形象中观照自己的情感，理解自己的情感，品味自己的情感，使人的精神世界特别是情感世界获得稳定的文化形式。因此，艺术形象比现实的存在更强烈地显示生命的创造力，更强烈地激发生命的创造力。在艺术创造的作品中，美是生命的生机与活力。对于人的生命体验特别是情感体验来说，艺术世界是比现实存在更为真实的文化存在。

艺术所建造的另一种现实——艺术形象的世界——并不是简单地表现生命创造的生机与活力，而是能够激发人的崇高和美好的情感，诱发人的丰富和神奇的想象，唤起人的深沉和执着的思索，在心灵的观照和陶冶中实现人的精神境界的自我超越。

艺术形象的这种特殊功能，在于它内蕴的文化积淀总是远远地大于它呈现给人的表现形式。这就是艺术形象的美的意境，对于人的内心世界来说，美的意境是比艺术形象更为真实的文化存在。

美的意境，既是充实的，又是空灵的。唯其充实，它才使人感受到充满生机与活力的生命；唯其空灵，它才使人体验到生命的生机与活力。

宗白华先生曾这样谈论艺术的充实与空灵："文艺境界的广大，和人生同其广大；它的深邃，和人生同其深邃，这是多么丰富、充实！""然而它又需超凡入圣，独立于万象之表，凭它独创的形象，范铸一个世界，冰清玉洁，脱尽尘滓，这又是何等的空灵？"[①]

对于"空灵"，宗先生具体地提出，空灵方能容纳万境，而万境浸入人的生命，染上了人的性灵，所以，美感的养成在于能"空"，对物象造成距离，使自己"不沾不滞"。而艺术的空灵，首

---

① 宗白华：《美学散步》，上海人民出版社1981年版，第20页。

先需要精神的淡泊。宗先生以陶渊明的《饮酒》诗为例，来说明这个道理。"结庐在人境，而无车马喧。问君何能尔，心远地自偏。采菊东篱下，悠然见南山。山气日夕佳，飞鸟相与还。此中有真意，欲辨已忘言。"陶渊明之所以能够"悠然见南山"，并且体会到"此中有真意，欲辨已忘言"，是因"心远地自偏"。由此，宗先生说：艺术境界中的空并不是真正的空，乃是由此获得充实，由"心远"接近到"真意"，这正是人生的广大、深邃和充实。

对于"充实"，宗先生又以尼采所说的构成艺术世界的两种精神——梦的境界和醉的境界——为出发点而予以阐发。宗先生说，梦的境界是无数的形象，醉的境界是无比的豪情，"这豪情使我们体验到生命里最深的矛盾、广大的复杂的纠纷，'悲剧'是这壮阔而深邃的生活的具体表现。所以西洋文化顶推重悲剧。悲剧是生命充实的艺术。西洋文艺爱气象宏大、内容丰富的作品。荷马、但丁、莎士比亚、塞万提斯、歌德，直到近代的雨果、巴尔扎克、斯丹达尔、托尔斯泰等，莫不启示一个悲壮而丰实的宇宙"。[1]

艺术的空灵与充实，显示的是生命的空灵与充实。艺术的生命力在于生命的真实的、深切的感受。雨果说，科学——这是我们；艺术——是我。海涅说，世界裂成两块，裂缝正好穿过我的心。李斯特说，如果作曲家不讲述自己的悲伤和欢乐，不讲述自己的平静心情或热烈的希望，听众对他的作品就会无动于衷。列夫·托尔斯泰说，艺术家只有自己的心灵深处才能发现人们感兴趣的东西。

艺术，只有显示生命的欢乐与悲哀，生命的渴望与追求，生

---

① 宗白华：《美学散步》，上海人民出版社1981年版，第23页。

命的活力与创造，才是美的艺术；欣赏艺术作品，只有体验到生命的广大与深邃，生命的空灵与充实，才能进入艺术的世界、美的世界，才能以艺术滋润生命，涵养生命，激发生命的创造，创造美的生活。

人们在艺术所创造的美丽意境中观照、理解和超越自己创造的文化，是对艺术文化的再创造，也是对生活的再创造。在审美对象（艺术品）与审美主体（欣赏者）之间，总是存在着艺术形象的多义性与历史情境的特定性、艺术形象的开放性与个人视野的丰富性等多重关系。美的艺术是艺术家的生命创造，也是欣赏者的生命创造。审美，需要审美主体具有审美的感官、审美的情趣、审美的追求，更需要审美主体的生命创造。

美的意境在艺术文化的创造与再创造中生成，文化的历史积淀在艺术的创造与再创造中升华和跃迁。人的教养程度是艺术的创造与再创造的前提，因而也是在审美活动中实现社会性的生活之美的升华和跃迁的前提。

艺术家所给予的和欣赏者所接受的是艺术形象，艺术家所创造的和欣赏者再创造的则是美的意境——艺术世界的人类文化。因此，艺术的创造者和再创造者的文化教养和文化指向，深层地规范着艺术的基本趋向，规范着艺术对美的创造。

文化教养和文化指向的差距，总是使艺术本身处于深刻的矛盾之中。丹纳称艺术是"又高级又通俗"的东西，并认为艺术是把最高级的内容传达给大众。黑格尔则把艺术的这种内在矛盾归结为"艺术总是同时服侍两个主子"，即艺术一方面要服务于较崇高的目的，另一方面又要服务于闲散和轻浮的心情。

艺术服务于较崇高的目的，其根基是艺术的创造者（艺术家）和艺术的再创造者（审美主体）的高尚的文化教养和崇高的文化指向，其结果就会是艺术的升华和文化的跃迁。反之，艺术服务于闲散和轻浮的心情，其根基则在于艺术的创造者和再创造者的低级的文化教养和庸俗的文化指向，其结果就会是艺术的滑坡和文化的匮乏。

　　艺术的升华和文化的跃迁，具有双向的正效应；艺术的滑坡和文化的匮乏，则表现出双向的负效应。

　　审美主体由于文化教养和文化指向的较低水平而泯灭艺术的再创造功能，会诱导艺术创造主体丢弃追求美的意境的渴望，使艺术服务于黑格尔所说的"闲散和轻浮的心情"。

　　艺术创造主体由于文化教养和文化指向的较低水平而失去艺术的创造功能，会引导审美主体对美的意境的麻木，满足于感官的刺激和愉悦。

　　这种双向的负效应，使得艺术上的赝品博得喝彩，而精神上的佳品却遭受冷遇；使得艺术价值匮乏的作品获得显著的经济效益，艺术价值较高的作品却难以获得经济效益。

　　没有文化力度的艺术是艺术上的赝品，艺术上的赝品博得喝彩的民族是缺乏文化力度的民族。走出艺术滑坡与文化匮乏相互缠绕的怪圈，其出路在于提高全民族的文化教养，并校正"跟着感觉走"、"潇洒走一回"的文化指向。

　　艺术是生命创造的文化形式。它展现的是生命创造之美。我们需要从艺术中去感受生命的创造力，激发生命的创造力，创造更加美好的生活。

无需包装

历史喜欢和人开玩笑：人们本来是要走进这个房间，却常常是走进了另一个房间。这大概就是时下颇为流行的一个词儿——误区。于是，有人谈思想误区、观念误区，有人谈语言误区、心理误区。总之，凡是人的思想与行为，总会有相应的误区。美也是这样。

美是真实的生命活动，美是真实的生活世界。离开生命活动的真实，离开生活世界的真实，美，就不复存在。然而，人们却常常以假为美，把假打扮成美。这就是美的误区。时下流行的另一个概念——包装，就颇有说服力地证明了美的误区。

先说形象包装。涂脂抹粉，穿金戴银，这是古已有之的，不必说了。当代世界，科技发达，包装的技术无奇不有，包装的领域无处不在。人对自身的形象包装，更是机关算尽，花样翻新，几乎是无所不包，以至于"包"得面目全非。

人对自身的形象包装，大体可分为外包装与内包装，所谓外包装，就是涂上去的，抹上去的，穿上去的，戴上去的，总之是外加上去的。这种外加的包装，说到底，就是要使形象大于存在。大于自身存在的形象，就是用形象去遮蔽存在，使存在变成形象。可是，存在隐退了，剩下的只是形象。失去存在的形象，能够是美的吗？这是应该打个问号的。

所谓内包装，不是外加上去的，而是通过改变存在来实现形象的包装。这种内包装，从面部到胸部再到臀部，也已经是无处不在。单眼皮割成双眼皮，塌鼻梁垫成高鼻梁，薄嘴唇扩成厚嘴唇，瘪胸脯变成鼓胸脯，粗腰围变成细腰围，窄臀部变成宽臀部……这种改变存在的内包装，说到底，就是要用形象来代替存在，把存在变成形象。于是，存在消失了，遗留下的只是形象。那么，非存在的形象能够是美的吗？这也是应该打个问号的。

毫无疑问，防冷御寒，蔽体遮羞，人总是需要某些"包装"。历史进步，生活富裕，外包装也好，内包装也好，自我包装者心情愉悦，精神振奋，观赏包装者赏心悦目，心旷神怡，生活因而显得更加五光十色，丰富多彩，这当然无可非议，甚至值得称道。问题在于，如果只是追逐包装的形象，而不是充实真实的存在，甚至用包装的形象去遮蔽、改变以至取代真实的存在，存在的美不就隐退以至消失了吗？有一句歌词发人深省："你不用涂红又抹绿，只要你不断充实自己，人人都会喜欢你。"

形象的包装在现代生活中，总是同广告、时尚、流行这些词儿联系在一起。

广告无处不在，又无时不有，以至无孔不入，这大概是现代社会的一大特征。广告变成了生活的形象，生活的形象变成了广告。有论者说，"广告的秘密是：形象的构成代替了信息的传播"。[①] 人们在接受广告的时候，自以为是在接受商品的信息，但实际上接受的却是商品的形象包装。这样，广告就把销售商品变成销售形象，顾客也把购买商品变成购买形象。人对自身存在的包装也像广告一样，不是传递自身存在的信息，而是展示经过包装的形象。这样，

---

① 肖鹰：《泛审美意识与伪审美精神——审美时代的文化悖论》，《哲学研究》1995年第7期。

就把美的存在变成美的形象，用美的形象代替了美的存在。美的真实性在广告式的包装中隐退了。

对形象的包装，只有一个共同的尺度，这就是流行，最典型的实例就是时装。时装领导新潮流，流行的款式，流行的颜色，流行的质料，是形象包装的标准。从流行到过时，其转换速度之快，真是令人目不暇接，晕头转向。自我失去了连续性，只剩下流行与过时的片断。

有学者以流行 MTV 为例，进行了耐人寻味的分析："MTV 在把音乐转化为形象的同时，进行了对形象的无意识分裂。在画面分割和镜头闪回的节奏化交替之间，人被强制性地束缚在形象分裂的狂欢中。正是在与形象的片断的关系中，而不是与形象的整体关系中，当代人遭到了形象物化力量的打击，并且因为这种打击而迸发出无限制的形象欲望。可以说 MTV 的煽情力量就在于这种分裂的打击力量——它通过形象暴力传达一种自由的幻觉。人对形象的关系局限于一种片断关系，因此，在形象游戏中，关于整体性的瞻望就具有根本性的喜剧意味，是持续不断的自我反讽。自我反讽的风格无疑是当代游戏的基本风格，游戏者通过失败主义的自我戏耍来获得一种空洞的自我意识。表演，而不是对某种东西的表演，被绝对化了。MTV 既不是听觉艺术也不是视觉艺术，而只是表演艺术——它只是表演。在这里，表演的意义是对被表演者的彻底否定来实现的，也就是说，在这里，自我不仅被认为只是一种可能，而且被认为必然是一种危险的可能。成功的希望就是在尝试这种可能的同时逃避或毁灭这种可能。因此，现代形象游戏在反讽表演之外，必然包含着一种疯狂的意志。片断内在地具有复归于整体的欲望，而时间把这种复归转化为更深的分裂，并从相反的方向驱迫这种欲望走向分裂。"①

应当说，这段议论是颇具启发性的。追赶时尚的形象包装，以及时尚的迅速转换所造成的包装追赶不及，把人的存在变成了瞬间的、片断的、分裂的存在，人们在广告形象与形象包装中，形成的不是真实的自我意识，而是"空洞的自我意识"。人的自我意识失去了真实性、完整性、和谐性与统一性，美却是真实、完整、和谐与统一。因此，在"空洞的自我意识"中，人们所获得的不过是一些"伪审美形象"。

再说语言包装。

现在有一种说法，叫作"打击假冒伪劣"或简称"打假"。打来打去，人们发现，除了假烟假酒假种子假化肥等之外，语言之假也非打不可。

语言包装有多种方式。假话、空话、大话、套话，大概是最普遍也最丑陋的语言包装。明知非如此，偏要讲如此，这是假话；明明无话可说，偏要滔滔不绝，这是空话；明明事情不大，偏要慷慨激昂，这是大话；明明用不着说，偏要照本宣科，这是套话。用假话、空话、大话、套话来包装语言，那语言当然是丑得吓人。而偏偏如此包装语言，则可见语言所包装的存在是何等的空洞。

滥用时髦语言，这是一种"金玉其外，败絮其中"的语言包装。就说一个"位"字吧，现在几乎是到处都可以听到或看到错位、定

---

① 肖鹰：《泛审美意识与伪审美精神——审美时代的文化悖论》，《哲学研究》1995年第7期。

位、到位、层位等说法（或写法）。就以其中的"到位"来说，学习成绩不及格，学习未到位；工作业绩不显著，工作未到位；事情没办成，关系未到位；搞对象失败了，恋爱未到位……再比如，大家平时不大用的"举措"这个词儿一流行，打扫卫生是实现环境美的举措，开个班组会是完成工作任务的举措，搞个基层联欢会是建设精神文明的举措……更匪夷所思的是，一说到想问题，就要多侧面、多角度、多层次、全方位，否则就是所谓"平面思维"。这种时髦的语言包装，把简单的说复杂了，把清楚的说含混了，常常使人听得身上起鸡皮疙瘩，这怎么能还有语言之美呢？

语言包装的另一种形式，是没有任何必要地夹杂外文词儿，偏把普通话唱成模仿来的粤语等。这种不伦不类、不中不西的说法和唱法，实在是让人不舒服。语言包装到这份儿，又如何能够美呢？

再说思想包装。

记得在一次国际大学生辩论赛上，代表评委作总结发言的一位学者，曾经中肯地指出，有的辩手虽然很讲究遣词造句，但缺乏思想，恐怕是舍本求末了。思想本身是美的。如果不是展现思想自身的逻辑之美，而是企图把思想包装起来，思想之美也就荡然无存了。

在许多的讲话或论著中，人们常常喜欢运用"辩证思想"。然而，这种所谓的"辩证思想"，却往往只不过是一种思想包装，把思想包装成"一方面"和"另一方面"。这就不由得使人想起恩格斯嘲讽"官方黑格尔学派"的一段话："自从黑格尔逝世之后，把一门科学在其固有的内部联系中来说明的尝试，几乎未曾有过。官方的黑格尔学派从老师的辩证法中只学会搬弄最简单的技巧，拿来到处应用，而且常常笨拙得可笑。在他们看来，黑格尔的全部遗产不过是可以用来套在任何论题上的刻板公式，不过是可以用来在缺乏思想和实证知识的时候及时搪塞一下的词汇语录。……这些黑格尔主义者懂一点'无'，却能写'一切'。"①如此这般地套用"辩证"词句，怎么能不是讲套话、说空话呢？怎么能责怪人们把辩证法讥讽为变戏法呢？辩证智慧之美如何能得以展现呢？

形象的包装，语言的包装，思想的包装，人的存在被重重叠叠地包装起来。人们似乎是在奇形怪状的假面舞会上游戏，互相看到的只是包装的假面，存在本身却被遮蔽了，取代了，遗忘了。

在谈论真、善、美的时候，人们常常这样说："真"是"究竟怎样"；"善"是"应当怎样"；"美"则是"真"与"善"的统一，即"究竟怎样"与"应当怎样"的统一。"究竟怎样"，这是对真实性、现实性、必然性、规律性的寻求；"应当怎样"，这是对理想性、应然性、可能性、未来性的期待。美作为真与善的统一，也就是理想与现实、必然与自由的统一。基于现实去追求理想，又基于理想去观照现实；基于必然去争取自由，又基于自由去认识必然；在生命"超越其所是"的创造活动中去实现理想与现实、自由与必然的统一，这才是生命的创造活动所显示的真实的人类之美。

生命的创造活动内涵着理想，指向着自由，它使人完善起来，崇高起来，因而人的生活是富有诗意的。"人，诗意地栖居在大地上。"富有诗意的创造活动是美的源泉。

人的诗意的创造活动又何需包装？

---

① 马克思、恩格斯：《马克思恩格斯选集》第2卷，人民出版社1972年版，第119页。

和谐的成熟美

如果说美是和谐，那么，成熟就是人的性、情、品、格的和谐，就是人之美的精华。

成熟不是四平八稳、老气横秋，不是谙于世故、八面玲珑，不是因循守旧、知天知命。

作家余秋雨说：

> 成熟是一种明亮而不刺眼的光辉，一种圆润而不腻耳的音响，一种不再需要对别人察言观色的从容，一种终于停止向周围申诉告求的大气，一种不理会哄闹的微笑，一种洗刷了偏激的淡漠，一种无须声张的厚实，一种并不陡峭的高度。勃郁的豪情发过了酵，尖利的山风收住了劲，湍急的细流汇成了湖……

成熟是一种"光辉"，是一种人的性、情、品、格凝聚而成的和谐而明亮的"光辉"。

人性、人情、人品、人格，是人之为人的根本。泯灭人性，缺少人情，没有人品，丧失人格，是最丑陋的人。无论吃着多么珍贵的食物，穿着多么艳丽的服装，住着多么豪华的别墅，坐着多么高级的轿车，丧失了人之为人的性、情、品、格，都是应了老百姓广为流传的一句歇后语：狗戴帽子——装人。这哪里谈得上人之美呢？

人不仅需要坚守自己的人性、人情、人品和人格，而且需要达到性、情、品、格的和谐。人的性、情凝聚于人的品、格，人的品、格展现人的性、情。品位的高尚和格调的高雅，蕴涵着春意融融的人性和人情。这是一种文质彬彬的成熟，表里如一的成熟。这种成熟辉耀着自己的人生，也辉耀着众多的人生。这是一种明亮但不刺眼的成熟的"光辉"。

成熟是一种从容，是一种堂堂正正、坦坦荡荡、自主自律的从容。

李大钊曾说，"人们每被许多琐屑细小的事压住了，不能达观，这于人生给了很多的苦痛"。①生活中总有那些躲不开、绕不过的沟沟坎坎，总有那些说不清、道不明的疙疙瘩瘩，总有那些剪不断、理还乱的恩恩怨怨，总有那些得不到、推不掉的争争夺夺。如果总是盯着这沟沟坎坎，想着这疙疙瘩瘩，说着这恩恩怨怨，做着这争争夺夺，人便会陷入无处不在、无时不有的苦痛，人也便会被扭曲得丑陋不堪。这又哪里谈得上人之美呢？

成熟的从容，首先是一种堂堂正正、坦坦荡荡的生活态度。"不以物喜，不以己悲"，"居庙堂之高则忧其民，处江湖之远则忧其君"，这是古人所标识的从容。"壁立千仞无欲则刚，海纳百川有容乃大"，这是古人指点的从容的根基。

成熟的从容，又是一种自主自律、自尊自爱的主体意识。行止进退，源于自己的追求与约束，源于自己的尊严与操守，而不是来自察言观色和追赶时髦。每临大事有静气，乱云飞渡仍从容，苟利国家生死以，岂因祸福避趋之，这更是一种大手笔、大气象的从容。

---

① 李大钊：《史学与哲学》，人民出版社1984年版，第644页。

从容的反面便是浮躁。汲汲于追名逐利，整日喊喊喳喳，不惜蝇营狗苟，无事生非，自寻烦恼，又哪里能有人生的那份成熟的从容呢？有一篇题为《气场》的中篇小说，小说中的人物为治病或养生而上山学练气功，却又挂念着尘世的功名利禄，排解不掉世俗的恩恩怨怨，不但心静不下来，反而又无端地增添了许多烦恼，于是气功之场变成了生气之场，失落了气功的从容。

成熟是一种大气，是一种超越了唯唯诺诺和斤斤计较的大气，一种摆脱了小家子气的大气。

大气首先是一种气度。"星垂平野阔，月涌大江流。"胸襟博大，视野开阔，可纳百川，可容万仞。"会当凌绝顶，一览众山小。"登高望远，高屋建瓴。相信"是才压不住，压住不是才"的人生真谛，不以一时一事为意，不囿于一孔之见，不止于一得之功，不骄不躁，不卑不亢，不向周围申诉告求，不沾沾自喜于掌声和喝彩，这才是成熟的气度之美。

大气又是一种识度。凡事望得远一程，看得深一成，想得透一层，阐幽发微而示之以人所未见，率先垂范而示之以人所未行。"同一境而登山者独见其远，乘城者独觉其旷，此高明之说也"。无论做工还是经商，无论当官还是教书，总能有自己的一套想法，总能有自己的一套办法，不卖弄个人的智巧而又不随波逐流，这才是成熟的识度之美。

大气还是一种风度。有人说，"人过四十，就要替自己的容貌负责"。初听此话，不以为然：人的容貌是与生俱来的，何以过了四十就要替自己的容貌负责？即使割眼皮、垫鼻梁，不也假的就是假的吗？即使涂红抹绿，穿高跟鞋，不也"你还是你"吗？认真想来，此话又确实不错：人是文化，人的言谈举止，人的音容笑貌，无不积淀着个人的文化与教养。外在的容貌表现着内在的教养。就此而言，相面有它的道理（不是指搞迷信活动）。从一个人的言谈举止、音容笑貌，可以"相"出他的过去（生活经历的精神积淀），可以"相"出他的现在（教养程度以及由此决定的精神状态），甚至也可以"相"出他的未来（机遇垂青于有准备的头脑，未来取决于现在的实力和努力）。风度不是有意为之的，不是故意做作的，不是模仿出来的，风度是由内在的教养所表现出来的成熟之美。

成熟是一种淡漠，是一种洗刷了偏激的淡漠，从容地面对人生的淡漠，大气地把持自我的淡漠。成熟的淡漠，首先是一种人生态度的张力。它超越了非此即彼、两极对立的思维方式和价值观念，它表现了一种辩证的人生智慧。面对人生中扑朔迷离、纷至沓来的利害、是非、祸福、毁誉、荣辱、进退，不把问题看死，不跟自己较劲儿。

成熟的淡漠，又是一种把持自我的自省与自知。张岱年先生说："哲学家因爱智，故决不以自知自炫，而常以无知自警。哲学家不必是世界上知识最丰富之人，而是深切地追求真知之人。哲学家常自疑其知，虚怀而不自满，总不以所得为必是。凡自命为智者，多为诡辩师。"[①] 也许有人会说，这种"常以无知自警"、"不以所得为必是"的淡漠，是对哲学家说的，普通人未必需要也未必做到。其实不然。冯友兰先生说："哲学并不是一件稀罕东西，它是世界之上，人人都有的。人在世上，有许多不能不干的事情，不能不吃饭，不能不睡觉；总而言之，就是不能不跟着这个流行的文化

---

① 张岱年：《求真集》，湖南人民出版社1983年版，第102页。

跑。人身子跑着，心里想着；这'跑'就是人生，这'想'就是哲学。"① 所以，"跑"着"想"着的每个人都需要这种成熟的淡漠。

淡漠不是冷漠。淡漠是对偏激的超越，是保持必要的张力的人生智慧，是善于把持自我的成熟之美。冷漠则是对生活的厌倦，对他人的怀疑，对自我的疏离。冷静地拔剑出鞘的人是无所作为的，也是没有"美"可言的。正如爱智的哲人既需要炽烈地追求智慧，又需要淡漠地面对人生一样，一个有教养的现代人，他的成熟之美，既是一种炽烈的追求，也是一种自知的淡漠。

成熟是一种"厚实"，是一种"得失寸心知"的"厚实"，也是一种"酒香不怕巷子深"的"厚实"。

时下有一种说法（也是做法），叫自我宣传、自我表扬、自我推销，似乎人的"行"与"不行"，就在于自己给自己做的广告好不好。于是"酒香不怕巷子深"这句俗话成了过时的废话，"得失寸心知"这句名言也成了迂腐的象征。然而，与"厚实"相对的"浅薄"，经过宣传、表扬与推销，不是愈加显露其"浅"与"薄"吗？把"博"览群书变成"薄"览群书，不是一说话、一办事就显露其缺"教"少"养"吗？世有"厚实"之美，而未闻"浅薄"之美。

"厚实"与否，首先是"得失寸心知"的。"有"，则从容、大气、淡漠，不急不躁，不卑不亢；"无"，则烦躁、小气、偏激，怨天尤人，自寻烦恼。俗话说，"难者不会，会者不难"。一旦来"真格的"，那"厚实"与否便一清二楚。俗话又说，"行家一出手，便知有没有"。"自我表扬"也好，"自我推销"也罢，总是要给行家看的。而只要你一出手，行家便也就知道你到底"有没有"。如果"没有"，

---

① 冯友兰：《三松堂学术文集》，北京大学出版社1984年版，第1页。

表扬和推销不就成了五彩缤纷的泡沫了吗？俗话还说，"书到用时方恨少"。推而广之，一切的能力、本领、知识、智慧，不都是到了用时"方恨少"吗？"厚实"，使自己感受到充实，也使别人感到愉悦，这当然是一种成熟的美。"浅薄"使自己时时感到捉襟见肘，或以偏激的言辞来辩护，或以"小家子气"来掩饰，那故弄玄虚、色厉内荏的姿态，即使是如何漂亮的容貌，又如何能使人感到美呢？"你不用涂红又抹绿，只要你不断充实自己，人人都会喜欢你"，这句歌词是不错的。

成熟的厚实，就是学养、修养、教养的充实，就是历史文化对个人的占有，就是人被"文化"。我国当代哲学家贺麟先生说："哲学是一种学养。哲学的探究是一种以学术培养品格，以真理指导行为的努力。哲学之真与艺术之美、道德之善同是一种文化、一种价值、一种精神活动，一种使人生高清而有意义所不可缺的要素。"①

贺麟先生这里所说的学养，主要指的是人文教养。教养需要教育，特别是高等教育，它之所以"高"，就在于它要使人成为高贵的人、高尚的人、有教养的人。人有教养，才能变得厚实。以此观照我国现在的高等教育，则不能不提出深化改革的任务。重专轻博，重用轻学，重理轻文，重业（业务）轻人（人的教养），培养人的目标总是被培养专家的目标所模糊，从而失去了教育，特别是高等教育的人文底蕴和人文内涵。要使人不成为"文明的野蛮人"，而成为"有教养的现代人"，就要使人厚实起来，成熟起来，强化我们的人文教育，培育人的现代教养。②

从容、大气、淡漠、厚实，这是人类的成熟之美，也是每个人的成熟之美。

---

①② 贺麟：《哲学与哲学史论文集》，商务印书馆1990年版，第120页。

无声胜有声：真情之美

人生是花，而爱便是花的蜜。

——雨果

从情感的零度开始

我们没有统计过，当年中央电视台的《东方时空》究竟有多少观众；我们也没有整理，《东方时空》究竟播映了多少"东方之子"，讲述了多少"老百姓的故事"。

我们只是知道，许许多多的人和我们一样喜爱《东方时空》；我们只是知道，无论是展示当代豪杰的"东方之子"，还是进入"生活空间"中的普通百姓，都在许许多多的人的脑海中留下了鲜活的面容。

这是《东方时空》的功绩，也是《东方时空》的魅力。这魅力来自直面人生的思考，来自清新高雅的格调，来自鞭辟入里的语言，来自内涵丰富的文化，更来自感人肺腑的真情。

"浓缩人生精华"的"东方之子"，有的"居庙堂之高"而忧天下黎民，有的"处江湖之远"而虑国家大计，有的"腰缠万贯"而怀报国之志，有的"躲进小楼"而思民族振兴。或对丑恶行径拍案而起，或为美好事物呕心沥血。其情之真，其意之切，使人不能不想起鲁迅先生的一句诗：无情未必真豪杰。

　　"讲述老百姓的故事"的"生活空间"，为我们讲述过相濡以沫的夫妻之情，相依为命的父女之情，相互帮助的邻里之情，相互体谅的朋友之情，舍生忘死的爱国之情，助人为乐的博爱之情，保护众生的天地之情。也许我们可以这样说："老百姓的故事"，讲述的就是普通人的情感世界的故事；"生活空间"，展现的就是老百姓的情感世界的空间。有情的故事，有情的空间，才能情系千万家，情系亿万人。唯其情真意切，才能吸引亿万人，感动亿万人，激发亿万人。由此，面对当代种种所谓"从情感的零度开始"的议论，我们不禁要问：真实的人生能够"从情感的零度开始"吗？塑造人生的文学艺术能够"从情感的零度开始"吗？反省人生的哲学理论能够"从情感的零度开始"吗？消解掉人的真情，还能否有真实的人生、美好的人生？消解掉真情的文学艺术，还能否是"生命的文化形式"？消解掉真情的哲学理论，还能否是"理论形态的人类自我意识"？

　　美是真实，美是真诚，美是真情。人世间最美的，莫过于真情实意，有情有义；人世间最丑的，也莫过于虚情假意，无情无义。美是生活，在于生活有真情。

　　冰心老人曾经这样饱含真情写真情："爱在左，同情在右，走在生命的两旁，随时播种，随时开花，将这一径长途，点缀得香花弥漫，使穿枝拂叶的行人，踏着荆棘，不觉得痛苦，有泪可落，却不是悲凉。""真情，使生命之树翠绿茂盛，使生命之旅生意盎然，酷暑严寒，风霜雨雪，都晒不化、刮不去、浇不掉、冻不坏生活的美丽。"

人，也许是世界上最奇异的存在。人有思维，有语言，有历史，于是人去探索思维之谜、语言之谜和历史之谜，于是人们又不断地揭示出思维的规律、语言的规律和历史的规律，于是又形成解释思维、语言和历史的思维科学、语言科学和历史科学。然而，人的最大的奇异之处，也许并不是人的思维、语言和历史，而是人的情感；人类最需要破解的奥秘，或许也正是人的情感。

有人说，每个人的一生，都是为情所惑，被情所累。然而，又正是这种惑，这种累，构成了人的生活。无情所惑，人的奋斗拼搏所为何来？无情所累，人的喜怒悲哀又为何而来？一个"情"字，使生命具有了创造的活力，使生活具有了多彩的意义。生命融注了情，才是有意义的生活，有意义的生活才是美。

有情才有生活。父母与子女的亲情，兄弟姐妹的亲情，这是人的家庭生活。现在，人们常常发出寻找"精神家园"、寻求"在家的感觉"的议论，不就是因为"家"是"情"之所吗？如果失去了"情"，又何以"家"为呢？读过《安娜·卡列尼娜》的人，都会记得这部文学名著的第一句话："每个幸福的家庭都是相似的，每个不幸的家庭都有自己的不幸。""幸福的家庭"，它们的共同之处就是都有照亮生活的真情。贫穷也好，高贵也好，平平淡淡也好，大起大落也好，有了这份真情，就有"在家的感觉"。而"不幸的家庭"，不管它是怎样的不幸，又都是失去了这份真情。山珍海味也好，西装革履也好，轿车别墅也好，一旦没有了真情，就失去了"在家的感觉"，就要寻求新的"家园"。

有情才有事业。有人说，人生在世三件宝，事业、爱情和朋友。更有人不断地讨论，事业与爱情、事业与家庭、事业与友谊、事业与生活等孰重孰轻。然而，事业能与"情"字分开吗？教师要做园丁，是因为他们怀着一份培育桃李的深情；护士要做天使，是因为他们怀着一份救死扶伤的深情；官员要做公仆，是因为他们怀着一份为国为民的深情；战士要做英雄，是因为他们怀着一份保家卫国的深情；革命者要做仁人志士，是因为他们怀着一份救民于水火之中的深情；科学家要探索宇宙、历史、人生的奥秘，是因为他们怀着一份造福人类的深情。这深情，辉耀着他们的事业，辉耀着他们的生命，这事业才是美的，这生命才是美的。

1931 年，爱因斯坦在美国加州理工学院对学习科学技术的青年们说："如果你们想使你们一生的工作有益于人类，那么，你们只懂得应用科学本身是不够的。关心人的本身，应当始终成为一切技术上奋斗的主要目标；关心怎样组织人的劳动和产品分配这样一些尚未解决的重大问题，用以保证我们科学思想的成果会造福于人类而不致成为祸害。在你们埋头于图表和方程时，千万不要忘记这一点。"1935 年，在悼念居里夫人的演讲中，爱因斯坦又说："在像居里夫人这样一位崇高人物结束她的一生的时候，我们不要仅仅满足于回忆她的工作成果对人类已经做出的贡献。第一流人物对于时代和历史进程的意义，在其道德品质方面，也许比单纯的才智成就方面还要大。即使是后者，它们取决于品格的程度，也远超过通常所认为的那样。"① 爱因斯坦的演讲告诉我们，正是对人类的挚爱与深情，才有伟大的科学家和他们贡献给人类的伟大科学成果。

人们都知道，马克思的座右铭是"为全人类而工作"。在悼念马克思的墓前讲话中，恩格斯不仅概括了马克思的两个伟大发现，而且阐述了作为科学巨匠和革命家的马克思。恩格斯指出，争取无产阶级和全人类的解放，这才是马克思的毕生的使命。恩格斯说，马克思"进行斗争的热烈、顽强和卓有成效，是很少见的"；马克思把一切的"嫉恨"和"诬蔑"都"当作蛛丝一样轻轻抹去"；马克思"可能有过许多敌人，但未必有一个私敌"。② 对人类的挚爱，对人类解放的渴求，这是马克思的伟大事业的力量源泉，也是马克思的伟大人格的力量源泉。

生活需要真情，事业需要真情，人间需要真情。"真情真义过一生"，生活才是美好的。

亲情、友情和爱情

说到真情，人们都会自然地想到温暖的亲情、真挚的友情和甜蜜的爱情。

"人生一世，亲情、友情、爱情三者缺一，已为遗憾；三者缺二，实为可怜；三者皆缺，活而如亡！"作家刘心武的这番感慨，确实是肺腑之言，至诚之言。

---

① 爱因斯坦：《爱因斯坦文集》第1卷，商务印书馆1994年版，第339页。
② 马克思、恩格斯：参见《马克思恩格斯选集》第3卷，人民出版社1972年版，第575－576页。

还有人说：亲情是一种深度，友情是一种广度，爱情是一种纯度。亲情的深度，在于它没有条件，不要回报，像春雨滋润心田，如阳光沐浴人生。友情的广度，在于它浩荡宏大，有如可以随时安然栖息的堤岸。爱情的纯度，在于它是一种神秘无边，可以使歌至忘情、泪至潇洒的心灵照耀。体验了亲情的深度，领略了友情的广度，拥有了爱情的纯度，这样的人生，才称得上是名副其实的人生，才说得上是美好的人生。

我们先说亲情。

亲情之美，美在它的自然、深沉。每个人都是"一无所有"地来到人间，人人首先拥有的，便是父母的亲情；每个人都要在人世间奋斗、拼搏，人人都无法离开的，便是家庭的温暖。每个人都会有告别人世的时候，他感到最为依恋的，还是环绕病榻的亲人。亲情，陪伴着我们，环绕着我们，滋润着我们，抚慰着我们，我们感受到生活是美好的。

古往今来，人们用诗歌来吟唱亲情，用绘画来描绘亲情，用音乐来赞美亲情，用小说来表达亲情，亲情永远是文学艺术的最为动人的主题。"慈母手中线，游子身上衣。临行密密缝，意恐迟迟归。谁言寸草心，报得三春晖。"这是古人对母爱的吟诵。生活于现代的今人，又何尝不是依恋着这份亲情？

> 母亲发上的颜色给了我
>
> 又还为原来的白
>
> 父亲眼中的神采传了我
>
> 复现旧隐的淡然

一个很美的名字
　　我过分依恋的地方

当灯火盏盏灭尽
　　只有一盏灯
当门扉扇扇紧闭
　　只有一扇门
只有一盏发黄的灯
只有一扇虚掩的门
不论飞越了天涯或走过了海角

只要轻轻回头
永远有一盏灯，在一扇门后
只因它有一个很美的名字
我有了海的宽柔

　　这个很美的名字就是《家》。

　　尘世嚣嚣，红尘滚滚，浪迹天涯的游子总是怀着一份亲情的温暖；远离故土的人们，总是品味着难以忘怀的乡愁。"劝君更饮一杯酒，西出阳关无故人。"这是多么悲凉、凄怆，又是何等亲切、温柔！一曲《又是九月九》，引发了多少人的感慨与共鸣。"家乡才有美酒，才有问候。"亲情使人变得温柔，亲情也使人变得刚毅。失去了亲情，或许是人生的第一大憾事。

　　在现实生活中，我们看到许许多多的、各种各样的悲欢离合。

然而，最能催人泪下的，也许就是由于家庭破裂、父母离异所造成的失去了亲情的孩子。对孩子来说，失去了亲情，这不只是失去了一份体贴，失去了一份温暖，而是失去了美，失去了生活的本身的美。生活失去了亲情，就失去了它的最温柔的色彩，失去了它的最美好的底色，生活就会变得阴暗、丑陋。刘心武说，亲情、友情、爱情，三者缺一为遗憾，三者缺二为可怜，三者皆缺为白活。而对孩子来说，只要失去了亲情，就会改变生活的颜色。

我们再说友情。

如果说亲情来自自然，友情则来自交往；如果说亲情是深厚的温柔，友情则是宽广的抚慰；如果说亲情是生活的桨，友情则是生活的帆。有人说，真正的友情，是一种心灵的默契，是一种独特的景致。在岁月的尘埃飘荡的日子，朋友昭示着雨水和光明。那些温柔的面孔，紧握的手，诚实的语言，来自真情，源于友情。友情如帆，洁白高远，在人生的旅途，鼓荡起来，潇洒起来。

人生在世，幸福需要有人分享，痛苦需要有人分担，心声需要有人倾听，心灵需要有人抚慰。当幸福到来的时候，比如你工作有了成绩，事业有了成就，恋爱获得了成功，比如你考上了一个理想的学校，你得到了一份理想的工作，你发表了一篇高水平的论文，如果没有朋友来分享这份幸福，那幸福的感受会是如何呢？当痛苦降临的时候，比如你被人误解，你遭到冷遇，你失去亲人，你走投无路，你哭诉无门，如果没有朋友来分担这份痛苦，那痛苦的感受又会如何呢？在所有这样的时刻，也许每个人都会从心里发出这样的呼唤：朋友！

翻开《唐诗三百首》，扑入眼帘的，感人至深的，便尽是抒发友情的诗篇。

"李白乘舟将欲行，忽闻岸上踏歌声。桃花潭水深千尺，不及汪伦送我情！"在这明白如话的诗句中，表达了深挚的友情，以至千古传唱，并把"桃花潭水"作为抒写别情的常用语。

"凉风起天末，君子意如何？鸿雁几时到，江湖秋水多。文章憎命达，魑魅喜人过。应共冤魂语，投诗赠汨罗。"杜甫的这首因秋风感兴而怀念李白的诗篇，低回婉转，沉郁深微，充满着对友人的殷切的思念、细微的关注和发自心灵深处的感情。

"少时犹不忧生计，老后谁能惜酒钱？共把十千沽一斗，相看七十欠三年。闲征雅令穷经史，醉听清吟胜管弦。更待菊黄家酝熟，共君一醉一陶然。"白居易赠刘禹锡的这首诗，言简意富，语淡情深，明写沽酒时的豪爽和闲饮时的欢乐，却包含着政治上共遭冷遇的挚友闲愁难遣的心境和凄凉沉痛的感情。

"山光忽西落，池月渐东上。散发乘夕凉，开轩卧闲敞。荷风送香气，竹露滴清响。欲取鸣琴弹，恨无知音赏。感此怀故人，中宵劳梦想。"夏夜水亭，散发乘凉，耳闻滴水，鼻嗅花香，岂非人间快事？然而，"欲取鸣琴弹，恨无知音赏！"孟浩然的这首诗，也许正是表达了友情才是生活的深切感受。

"城阙辅三秦，风烟望五津。与君离别意，同是宦游人。海内存知己，天涯若比邻。无为在歧路，儿女共沾巾。"王勃的这首送别诗，以"丈夫志四海，万里犹比邻"（曹植诗句）的气概，歌颂了友情的力量，赞美了友情的深远。朋友，即使是远隔千山万水，即使是各在天涯海角，友情却是分不开、隔不断的。友情使生命获得了力量，友情使生活富有了诗意。

人们珍惜友情，赞美友情，是因为人最看重的是人间的冷暖，人与人之间的关系就在于这"冷暖"二字。有人说，赠物于人，并不能使人心暖；赠一份真情于人，才使生活变得温暖。"推心置腹的交谈，忘情的一次郊游，互相推荐几本可读的书，帮他出一个能摆脱困境的主意……这一切都像你赠他一片白云一样，会永远地飘荡在他的天空里，使他欣喜，使他兴奋，使他的生命充满活力。在朋友生命的天空里，飘荡着我赠予的这样的白云；在我生命的天空里，也飘荡无数这友情的白云。不想让白云化雨，不想让白云蔽日，更不想让白云产生什么奇迹，只想经常看几眼白云，让自己明白世上还有友情存在。赠朋友白云般的纯洁，白云般的透明，白云般的人生理想与向往，他才会生活得如白云般洒脱与自由。"（王书春《赠人一片云》）失去了友情，生活会变冷；获得了友情，生活会变暖。温暖的生活才是美的。

我们再说爱情。

最激动人心的真情，大概就是爱情。人们把爱情比喻为火，显示出燃烧的瑰丽；人们把爱情又比喻为水，显示出柔情的魅力；人们把爱情还比喻为花，显示出诱人的芳香；人们也把爱情比喻为诗，显示出难以言说的美丽。也许，一切美好的事物，一切美好的词句，都可以用来比喻爱情，赞美爱情，但又总是说不完、道不尽这令人痴迷、使人陶醉的爱情。

不要去说那些柔情似水的诗人，也不要去说那些凄凄切切的词家，就是以"豪放"著称的陆放翁、苏东坡，不是也为人们写下了爱情的千古绝唱吗？

红酥手，黄縢酒。满城春色宫墙柳。东风恶，欢情薄，一怀愁绪，几年离索。错，错，错！

春如旧，人空瘦。泪痕红浥鲛绡透。桃花落，闲池阁。山盟虽在，锦书难托。莫，莫，莫！

这首《钗头凤》词，感情深沉浓烈，风格凄艳哀婉，以"错，错，错"述说巨大的婚姻不幸，以"莫，莫，莫"表达无可奈何的悲痛绝望之情，真是感天地而泣鬼神。爱之深，情之切，实在是爱情的千古绝唱。

爱情贵在真切，也贵在永恒。如果"不求天长地久，只求曾经拥有"，那"曾经拥有"的不只是过眼烟云吗？读一读苏轼的《江城子》，我们不仅会感受到爱情的美丽，更能体会到爱情的力量。

十年生死两茫茫。不思量，自难忘。千里孤坟，无处话凄凉。纵使相逢应不识，尘满面，鬓如霜。

夜来幽梦忽还乡。小轩窗，正梳妆。相顾无言，唯有泪千行。料得年年肠断处，明月夜，短松冈。

这首词，写梦前对亡妻的思念，写梦中与爱妻相会的情景，写梦醒后独处的悲凉。整首词饱含沉挚深厚的情感，抒发哀切缠绵的思恋，使人感受到天地间的真情实意，体会到夫妻间的永恒爱情。

也许有人会说，这里讲的都是古代的事，谈的都是古人的情。现代人还要这种天长地久之情吗？

毫不夸张地说，现代是一个被情歌包围的时代。大街小巷唱的是情歌，荒山野岭唱的是情歌，大学校园里唱的是情歌，连幼儿园里的孩子唱的也是情歌。满世界泛滥的情歌，总该让人感受到情、体验到情、生活在情之中吧？然而，许多人所感受到的、体验到的，却恰恰是姜育恒在《一如往昔》中所唱的"我没有你。有泪、有酒、有我自己"。

情歌，似乎是失去了情，而只剩下了歌。没有情的情歌，即使唱得哭哭啼啼，即使唱得喊破嗓子，又当如何呢？

也许，满世界泛滥着情歌，正是因为人们难以得到真情，难以感受和体验到真情。匮乏才有需要。

有论者说，流行音乐是社会的晴雨表。满世界泛滥的爱情歌曲，同样在无意中泄露了这个时代的秘密。"当没有什么可以坚持时，坚持的态度本身也成了一种崇高。现代人那光裸殆尽的精神在寻求遮蔽和安慰时，往往选择爱情作为坚持的代用品，几无例外。"

由此，这位论者向我们具体地阐发了情歌泛滥的秘密："当社会走向平稳、走向城市、走向经济，城市人在理想失落的基础上，又日渐沉重地背上了匆忙、疏远、物化。一个事实也许没有引起我们足够的重视：在长长的一生中，人即使未必有信仰的需要，却不能缺少抒情的需要。他需要一件贴身的抒情媒介，在脆弱时抵挡人生的寂寞无依。这媒介前几千年是书画、戏和宗教，这一百年更多是影视，是歌，这是一种更快速、更便捷、更随时的抒情，除了技术的进步，这里面与生产方式、生活方式有某种对应。"

这位论者还说，"为每一个人抒情，这是情歌的另一层妙用，以此来化解越来越深的冷漠和异化"。"虽然唱着平平淡淡才是真，但现在人多想再被什么痴狂玩一把啊。在爱情的神话和自欺中，他们找到了。辉煌灿烂却透着悲哀"。[1]

读过这番议论，也许我们便不难理解，为什么大街上有那么多KTV。这是因为，爱情变成了信仰和理解的"代用品"，情歌可以在脆弱时抵挡人生的寂寞无依，可以化解越来越深的冷漠、疏远和异化。

然而，在情歌的灿烂辉煌的背后，人们怎么能不感受到凄苦悲凉？无情的情歌，是对真情的呼唤，也是对真情的亵渎；是对真情的渴求，也是对真情的自欺。

亲情、友情、爱情，都是真情，不是虚情。虚情只能"抵挡"人生的寂寞无依，却不能消解人生的这种感受。唯有真情，才能化解人生的寂寞，才能带来人生的真实。

现代人，需要真实的情感。

美的发现，需要真实的情感。

昔日的回眸与未来的憧憬

亲情、友情和爱情，都是生命的真实体验。

这些体验到的真情之美，不仅仅是因为亲人、友人和恋人的存在，而且是因为我们真诚地把亲人当作亲人，把友人当作友人，把恋人当作恋人；真诚地沉浸于亲人的亲情之中，友人的友情之中，恋人的爱情之中，品味这些真情，涵养这些真情，升华这些真情。

---

[1]　李皖：《满街都是寂寞的朋友吗》，《读书》1994年第7期。

胡适有一首诗，题为《一笑》：

　　　　十几年前，
　　　　一个人对我笑了一笑。
　　　　我当时不懂得什么，
　　　　只觉得他笑得很好。

　　　　那个人后来不知怎样了，
　　　　只是他那一笑还在：
　　　　我不但忘不了它，
　　　　还觉得它越久越可爱。

　　　　我借它做了许多情诗，
　　　　我替他想出种种境地：
　　　　有的人读了伤心，
　　　　有的人读了欢喜。

　　　　欢喜也罢，伤心也罢，
　　　　其实只是那一笑。
　　　　我也许不会再见着那笑的人，
　　　　但我很感谢他笑得真好。

　　似乎没有必要去考证令胡适先生难以忘怀的这"一笑"，究竟是亲人的一笑，友人的一笑，恋人的一笑，抑或只不过是路人的一笑；似乎也没有必要去考证胡适先生由这"一笑"而作出的"许多情诗"，究竟是甜甜蜜蜜的，悲悲切切的，还是平平淡淡的；只是这"一笑"的令人终生难忘，让人驰骋联想与想象，让人"感谢他笑得真好"，就使人感受到了真情之美。

真情，是情感的积淀，也是情感的升华。昔日的回眸，无论是母亲慈爱的目光还是父亲的粗糙的手，无论是恋人的相依相偎还是夫妻的相濡以沫，无论是童年伙伴的嬉戏玩耍还是青年朋友的推心置腹，无论是老师的音容笑貌还是邻居的亲切友善，都会让人沉浸在温馨的真情之中。在这样的时刻，我们会感到生活是美好的。我们品味这样的真情，就涵养了我们的情性，就升华了我们的情感，就使我们的心灵感受到了人间的真善美。

现代人的生活是急促的，匆忙的，现代人的心态也往往是紧张的，焦躁的。人们似乎已无暇去作昔日的回眸，似乎也无暇去品味心灵的感受。有人甚至断言，回忆只是老年人和传统人的无可奈何的嗜好和精神的自我抚慰，青年人和现代人是一往无前地斩断与过去的联系。这样的断言似乎是忘记了，人们"一往无前"地争取的，并不仅仅是物欲的满足，而是寻求和实现生活的意义。生活的意义离不开情感的积淀与升华，生活的历程离不开昔日回眸中的真情实意。

昔日的回眸，不是沉湎于已逝的过去，而是沉浸在活跃的情感体验之中。普希金说，"过去了的一切，都会成为亲切的怀恋"。这怀恋，是对积淀在人的精神生命之中的情感体验的激活，也是对积淀在人的情感世界之中的万千感受的升华。

有一位外国人写过题为《回忆中的家》的短文。文章说，分别

25 年后的同学聚会在原来生活过的教室，其中的一位同学讲述了年轻时的一件事，并希望这件事能说明这些往日的同学都曾感受过的特殊心情。这位同学 10 岁时，非常想要一辆自行车，可家里却穷得捉襟见肘。有一天，他兴高采烈地跑回家中，对父母说，摸彩的头奖是一辆自行车，而一张彩票只要 20 芬尼。当头奖第二次开奖的时候，他的奖号真的获得了头奖——他得到了自己所渴望的自行车。父亲死后很久，母亲才告诉他真情。原来，父亲头一天晚上借了 150 马克，按商店价格买下了这辆自行车。父亲对摸奖处的人说："明天我带一小男孩来，请您让他的第二张彩票中奖。他得比我更好地学会相信他的运气。"

这就是父母对子女的深情。在昔日的回眸中，我们所感受到的，又何止是这种真挚的深情呢？我们感受到的，是对真情之美的激动，是对真情之美的依恋，是对真情之美的渴望。它净化了我们的心灵，升华了我们的情感。急促、紧张的现代生活在昔日的回眸中得到了情感的滋润，焦躁、烦闷的现代人的心态在昔日的回眸中得到了真挚情感的抚慰。它使生活获得了值得追求的意义，它使生活显现出美的光芒。昔日的回眸，属于世世代代的每一个人。

人诗意地栖居在大地上，栖居在大地上的每一个人都有诗的情怀。当亲情、友情和爱情涌上心头，滋润心田的时候，谁都有诗一样的美丽的情感。诗，并不仅仅属于诗人。

昔日的回眸，激荡起温暖的情怀，也激发起对未来的憧憬。未来，不只是某种尚未到来的状态。未来，是心灵的渴望，是心灵的期待。昔日的回眸，为未来勾画了美的图景，为未来点染了温暖的色彩。

黯淡了昔日的回眸，就是黯淡了美的图景，黯淡了美的色彩。失去情感期待的未来，失去美感憧憬的未来，就失去了亲切感人的图景和激荡心灵的色彩。未来的憧憬与昔日的回眸，是水乳交融的。让我们来欣赏一首西班牙诗人阿·贝克尔的诗《切莫说什么情竭力已衰》：

　　　　切莫说什么情竭力已衰，
　　　　竖琴无用弃置于高台。
　　　　可以没有诗人，但却永远有诗存在。

　　　　只要波涛能继续迎着阳光欢跃澎湃，
　　　　只要红日能继续为行云披霞挂彩，
　　　　只要草馥花香，鸟语虫鸣仍然任风卷带，
　　　　只要人间尚有春的踪迹可寻，就有诗存在！

　　　　只要科学还没有把生命之源全部勘采，
　　　　只要海底或天空还有一个奥秘未被揭开，
　　　　只要人类在行进途中还不能预知未来，
　　　　只要人们还有一个不解之谜，就有诗存在！

　　　　只要眼睛还能把注视自己的目光折射出来，
　　　　只要嘴唇还能对别人的哀声叹息相应启开，
　　　　只要两颗心还能够通过亲吻融合相爱，
　　　　只要还有一个漂亮女人活在世上，就有诗存在！

我们观赏过阳光下波涛的欢跃澎湃，行云的披霞挂彩，我们生活的大地上草馥花香，鸟语虫鸣；科学的逻辑永远也替代不了情感的体验，海洋和天空总是沐浴着人类情感的光彩；昔日的回眸中有真挚的亲情、友情和爱情，也有对人类的深切的爱。人诗意地栖居在大地上，人类的精神家园就永远有诗的存在！

心灵的震荡：崇高之美

> 如果你在自己的心中找不到美，那么，你就没有地方可以发现美的踪迹。

——宗白华

有限的存在与瞬间的永恒

有限与无限，瞬间与永恒，这似乎只是两对时空概念，只是属于自然观的范畴。在有限与无限、瞬间与永恒的矛盾中，似乎只能是无限囊括着有限，永恒蕴含着瞬间。

有限之于无限，是不可企及的；瞬间之于永恒，是微不足道的。这在对有限与无限、瞬间与永恒的一般理解中，几乎是不言而喻的。

然而，这种理解的后果，却是极为可悲的。这是因为，有限与无限、瞬间与永恒这两种概念，并不仅仅属于自然观的范畴，而是具有极为深刻的人生观内涵。人对生命意义的理解，人对生活价值的感受，人对自己的终极关怀，是同有限与无限、瞬间与永恒这两对概念密不可分的。

人的生命是有限的存在。人能够意识到自己生命存在的有限。面对死亡这个最严峻的、不可逃避的却又是人所自觉到的归宿，生命的意义与价值在有限与无限、瞬间与永恒的矛盾中凸显出来。

时间的无始无终，把有限的生命反衬得几乎是无法形容其短暂；空间的无边无际，把有限的生命反衬得几乎是无法形容其渺小。即使是使用"匆匆过客"、"沧海一粟"这样的说法，也不足以表明生命的短暂与渺小。

有限的生命对无限的宇宙来说是如此短暂与渺小，无论生命放射出怎样耀眼的光芒，无论生命创建出怎样惊天动地的伟业，无论生命具有怎样感天地而泣鬼神的美感，对于无限的、永恒的天地来说，人的生命的存在不也是微不足道的吗？生命又有什么意义与价值可言？这就是以有限与无限、瞬间与永恒的通常理解来观照人生的可悲后果。

人能够创造人生的意义与价值，是因为人总是不断地超越对有限与无限、瞬间与永恒的这种纯粹"自然"的理解。面对自然生命的来去匆匆，人总是力图以某种追求去超越个体生命的短暂与有限，从而激起一代又一代人对人的存在的思考：人应当怎样生活才能使短暂的生命具有最大的意义和最高的价值？生命的永恒是在于族类的世代繁衍、声名的万古流芳还是灵魂在天国的安宁？生命的意义是满足自己的需要、发挥自己的潜能、展示自己的才华还是把个体生命的"小我"融汇于人类的"大我"之中？人的生命面对着死亡，人又力图以生命的某种创造与追求去超越死亡，生与死的撞击燃烧起熊熊的生命之火，使生命的瞬间具有了永恒的美感。

美是生命的创造，美是生命创造的每一瞬间。在生与死、有限与无限、瞬间与永恒的深沉思索中，便创造出了永恒的美。

我们先来欣赏曹操的一首诗：

神龟虽寿，犹有竟时。腾蛇乘雾，终为土灰。老骥伏枥，志在千里。烈士暮年，壮心不已。盈缩之期，不但在天。养颐之福，可得永年。

这首历来传诵的《龟虽寿》，表达了作者面对生命的有限却壮心不已的积极进取的精神，当然是值得称颂的。然而，这种积极进取的精神，主要是来自作者政治上的雄心壮志的支撑。他可以用"山不厌高，海不厌深，周公吐哺，天人归心"来表达包揽英才、横扫六合、一统天下的政治抱负，但却无法超脱"譬如朝露，去日苦多"的对生命有限的感伤与无奈。

我们再来欣赏陈子昂的《登幽州台歌》：

前不见古人，后不见来者，念天地之悠悠，独怆然而涕下！

这短短的四句诗，既俯仰古今写时间之无限，又环顾天地写空间之永恒，使人既感受到茫茫宇宙，地久天长的至大之美，又使人体验到立于其间，万千感慨的悲壮之美。然而，面对那无可企及的无限与永恒，思索这不见古人与来者的有限与瞬间，怎能不让人沉浸于孤单寂寞悲凉苦闷的迷惘与困惑之中，又怎能不让人悲从中来，"怆然而涕下"！这使人更深地沉浸于生命对有限的无奈。

我们再来欣赏一段苏轼的《前赤壁赋》：

> 客有吹洞箫者，倚歌而和之。其声呜呜然，如怨如慕，如泣如诉，余音袅袅，不绝如缕。舞幽壑之潜蛟，泣孤舟之嫠妇。苏子愀然，正襟危坐，而问客曰：何为其然也？客曰：月明星稀，乌鹊南飞，此非曹孟德之诗乎？西望夏口，东望武昌，山川相缪，郁乎苍苍，此非孟德之困于周郎者乎？方其破荆州、下江陵、顺流而东也。舳舻千里，旌旗蔽空，酾酒临江，横槊赋诗，固一世之雄也，而今安在哉？况吾与子渔樵于江渚之上，侣鱼虾而友麋鹿，驾一叶之扁舟，举匏樽以相属。寄蜉蝣于天地，渺沧海之一粟。哀吾生之须臾，羡长江之无穷。挟飞仙以遨游，抱明月而长终。知不可乎骤得，托遗响于悲风。苏子曰：客亦知夫水与月乎？逝者如斯，而未尝往也；盈虚者如彼，而卒莫消长也。盖将自其变者而观之，则天地曾不能以一瞬；自其不变者而观之，则物与我皆无尽也，而又何羡乎？且夫天地之间，物各有主，苟非吾之所有，虽一毫而莫取。惟江上之清风，与山间之明月，耳得之而为声，目遇之而成色，取之无禁，用之不竭，是造物者之无尽藏也，而吾与子之所共适。客喜而笑。

这段文字，先写"客"对人生有限之万千感慨，后写"苏子"

对有限人生之独到见解，实在是关于人生之有限与无限、瞬间与永恒的不可多得的千古奇文。

泛舟长江，夜游赤壁，"诵明月之诗，歌窈窕之章"，"纵一苇之所如，凌万顷之茫然"，实乃人生一大快事。然而，游赤壁则不能不怀古，怀古则不能不想到横槊赋诗的曹孟德和火烧赤壁的周公瑾，想到曹孟德和周公瑾则不能不感慨于"一世之雄"，"而今安在"，想到浪花淘尽千古英雄便不能不感叹于"寄蜉蝣于天地，渺沧海之一粟"，"哀吾生之须臾，羡长江之无穷"。于是，有限对无限的无奈，瞬间对永恒的向往，便跃然纸上，使人沉浸于无以名状的悲凉之中。

苏轼的人生妙论，则不仅令人耳目一新，而且让人思之不尽。如果只是"自其变者而观之"，万事万物皆处于瞬息万变之中，无物长在，无物长住，"天地曾不能以一瞬"，又何况人生呢？然而，"自其不变者而观之"，世代繁衍，物质不灭，"物与我皆无尽也"。退而论之，虽然人生有限，但是人生的瞬间却能够浴清风，赏明月，"耳得之而为声，目遇之而成色"，取之不尽，用之不竭，又何必"哀吾生之须臾，羡长江之无穷"呢？这种洒脱通达的人生态度，塑造了一种瞬间的永恒之美，一种有限的崇高之美。

在谈论有限与无限的关系时，黑格尔说，把无限视为有限的叠加，把无限看成对有限的包容，就是把无限当成一种在有限事物彼岸的东西，因此是表述了一种"恶的无限性"，而决不是真正的无限性。为了揭露这种"恶的无限性"，这位以思辨著称的哲人还十分罕见地在他的论述中引证了一首诗：

我们积累起庞大的数字，

一山又一山，一万又一万，

世界之上，我堆起世界，

时间之上，我加上时间，

当我从可怕的高峰，

仰望着你——以眩晕的眼：

所有数的乘方，

再乘以万千遍，

距你的一部分还是很远。

我摆脱它们的纠缠，

你就整个儿呈现在我面前。

以有限去叠加无限，用有限去追逐无限，或者以无限去嘲弄有限，用无限去亵渎有限，有限只能是渺小得跟崇高沾不上边儿，有限只能是短暂得无声无息地消逝在永恒的对岸。有限失去了一切意义，意义只属于不可名状、不可企及的无限的、永恒的彼岸。

对此，黑格尔以其辩证智慧所作的回应是：有限才是真正的无限，有限的自我展开就是无限。黑格尔的这个思想，并不仅仅具有自然观、世界观或宇宙观的意义，而是更为直接地具有价值观、生活观和人生观的意义，具有如何观照和体验人生的美学观的意义。

如果人生放弃了瞬间与有限，而只是苦思冥想永恒无限、长生不死、天堂彼岸，人又如何活得崇高？人又怎样获得美感？而"摆脱它们的纠缠"，就会有瞬间的永恒、生活的崇高和人生的美感，真善美就会"整个儿呈现在我面前"。

因此黑格尔又说："每个人都是一个整体，本身就是一个世界，每个人都是一个完满的、有生气的人，而不是某种孤立的性格特征的寓言式的抽象品。"人用自己的心灵去感受这个世界，体验这个世界，升华这个世界，心灵就会时时感受和体验到生命的瞬间的永恒，就会使人自己崇高起来，就会创造出人的心灵与人的存在的崇高之美。正因如此，黑格尔告诉我们："只有心灵才是真实的，只有心灵才涵盖一切，所以一切美只有在涉及这较高境界而且由这较高境界产生出来时，才真正是美的。"

这里的"唯心"，不是说"心"制造了世界，而是说"心"涵盖了世界，照亮了世界，从而也创造了属于人的美的世界。

岂能只是"遥远的绝响"

心灵似乎永远需要美来滋润。商品大潮中悄然兴起的散文热，把美的渴求展现给现代的人生。于是，人们发现了具有"大灵魂、大气派、大内蕴、大境界"的当代中国的散文大家余秋雨。

有人用"历史的泼墨"、"生命的写意"和"沧桑之美"来概括余秋雨的散文，认为从《文化苦旅》到《山居笔记》，蕴涵了作者"太多太多的对人生况味的执意品尝"：有无可逃遁的苦涩，有渊源于人情冷暖、世态炎凉的人生起落，有人生的伤感、寂寞和肃杀，有人生的壮丽和美、坚毅和报偿。这是"历史化了的人生"，是"人生化了的历史"，是"自然、历史、人生"的"三相交融"，是由这种交融所构成的独特的美学风范——沧桑之美。①

---

① 田崇雪：《大中华的散文气派》，《新华文摘》1995年第3期。

这种蕴涵着缠绵、凄怆与悲壮的"沧桑之美"，它的深层底蕴，是作者对那种曾经有过的"独特的人生风范"和"自觉的文化人格"的品味、追思和激赏，也是作者对这种远逝了的"人生风范"和"文化人格"的感慨、咏叹和怅惘。

　　这就是作者的《遥远的绝响》。在这篇散文中，作者展现给我们的，是"另外一个心灵世界和人格天地"，是"即使仅仅仰望一下，也会对比出我们所习惯的一切的平庸"的"心灵世界和人格天地"。

　　作者写的是魏晋时期的阮籍和嵇康。作者自问："为什么这个时代、这批人物、这些绝响，老是让我们割舍不下？"也许，我们只有照录作者的自答，方能使读者欣赏到文章本身的"沧桑之美"，也方能使读者体悟到作者的"万千感慨"。

　　我想，这些在生命的边界线上艰难跋涉的人物似乎为整部中国文化史作了某种悲剧性的人格奠基。他们追慕宁静而浑身焦灼，他们力求圆通而处处分裂，他们以昂贵的生命代价，第一次标志出一种自觉的文化人格。在他们的血统系列上，未必有直接的传代者，但中国的审美文化从他们的精神酷刑中开始屹然自立。在嵇康、阮籍去世之后的百年间，大书法家王羲之、大画家顾恺之、大诗人陶渊明相继出现，二百年后，大文论家刘勰、钟嵘也相继诞生，如果把视野再拓宽一点，这期间，化学家葛洪、天文学家兼数学家祖冲之、地理学家郦道元等大科学家也一一涌现，这些人，在各自的领域几乎都称得上是开天辟地的巨匠。魏晋名士们的焦灼挣扎，开拓了中国知识分子自在而又自为的一方心灵秘土，文明的成果就是从这方心灵秘土中蓬勃地生长出来的。以后各个门类的千年传代，也都与此有关。但是，当文明的成果逐代繁衍之后，当年精神开拓者们的奇异形象却难以复见。嵇康、阮籍他们在后代眼中越来越显得陌生和乖戾，陌生得像非人，乖戾得像神怪。

有过他们，是中国文化的幸运，失落他们，是中国文化的遗憾。

一切都难于弥补了。

我想，时至今日，我们勉强能对他们说的亲近话只有一句当代熟语：不在乎天长地久，只在乎曾经拥有。

我们曾经拥有！

也许，并不是人人都对我们"曾经拥有"的嵇康、阮籍们作如是观；也许，并不是人人都认可嵇康、阮籍们只是"曾经拥有"；也许，并不是人人都同意嵇康、阮籍们的"有过"与"失落"是中国文化的幸运与遗憾；也许，甚而至于有人否定这种"人生风范"和"文化人格"。

然而，似乎没有人能否认余氏散文使当代中国的散文由"个体灵魂的张扬"走向"整体精神的反思"，也没有人不能在余氏散文中感受到一种"智慧被激活时所产生的审美愉悦"。

更为重要的是，似乎谁也无法否认心灵对美的渴求，谁也无法拒斥"人生的风范"和"遥远的绝响"所引起的心灵的震荡。

于是我们追问：心灵对美的渴求能够只是"遥远的绝响"吗？

美的追求与人格的魅力

震撼心灵的崇高之美，是人的人格力量。

人的人格是一种尊严，一种骨气，一种操守，一种境界。在"成熟对浅薄媚俗，思考对时髦媚俗，文化品格对市侩哲学媚俗，文化的责任和使命对玩世不恭的街头痞子的'理论'媚俗"，"文化人的总体的文化心态，以令人害羞的媚俗之姿同是非不分善恶不分美丑不分的浑噩世相'倒挂'"的时候，人的尊严、骨气、操守和境界，便更加辉耀出诱人的熠熠光芒。

这时，我们首先便会想到鲁迅。

在时下这个流行捷克作家米兰·昆德拉小说的岁月里，面对着无所不在的媚俗，"反媚俗"成了非常时髦的话语。然而，究竟有多少人能够真的抵御那商业潮、"款"、"腕"的诱惑或"明星"效应呢？有多少人能够真的坚守住那属于人的尊严、情操、理想和信念呢？又有多少人把这些只是属于人的尊严、情操、理想和信念当作不屑一顾或肆意嘲弄的存在呢？

或许是人穷志短，或许是的确不如人，于是风光秀丽的苏州只能是"东方威尼斯"，灯火辉煌的上海滩只能是"东方曼哈顿"，高科技密集的北京中关村只能是"中国的硅谷"，一切包装精美的商品全都印上了多数国人并不认识的"洋文"。

于是，我们想到了"我以我血荐轩辕"的鲁迅，想到了"横眉冷对千夫指"的鲁迅，想到了"哀其不幸，怒其不争"的鲁迅，想到了"两间余一卒，荷戟独彷徨"的鲁迅，想到了"没有丝毫的奴颜和媚骨"的鲁迅。

于是，我们想到了鲁迅的"呐喊"，想到了鲁迅笔下的"看客"，想到了鲁迅展现给我们的"灰色的人生"；我们想到了鲁迅的"匕首和投枪"，想到了《热风》和《坟》，想到了《华盖集》和《而已集》，想到了《三闲集》和《二心集》，想到了《南腔北调集》和《伪自由书》，想到了《准风月谈》和《花边文学》，想到了《且介亭杂文》三集。

想到鲁迅，会使我们感觉到"中国人的脊梁"，会使我们体会到现代教养中必不可少的那份人格的力量。

人格的力量是震撼人心的。它激发人们对理想的追求，对美的向往，它支撑人们对尊严的坚守，对媚俗的超越。

世界与人生，在不同人的眼中，总是呈现出不同的画面，显现出不同的意义。在媚俗者的眼中，人人都是媚俗的。在精神贫乏者眼中，世界也是贫乏的。对于音盲来说，贝多芬并不存在；对于画盲来说，毕加索并不存在；对于科盲来说，爱因斯坦并不存在；对于只读明星逸闻、桃色事件、暴力凶杀的"文盲"来说，孔子与鲁迅、苏格拉底和黑格尔、莎士比亚和托尔斯泰都不存在；对于"戏剧的看客"来说，英雄都是戏剧编导者编造的存在；对于失去人格的人来说，人格不过是不值一文的存在。

然而，一旦我们想到"人活在不同的世界"，一旦我们真的去看看那个具有人格魅力的真正人的世界，我们能够感受不到人格之美和心灵的震撼吗？"伟人的生平昭示我们，我们也能够活得高尚。"美国诗人朗费罗的诗句，总是回响在人生活的世界上。

人格的力量，不是"遥远的绝响"。

思维的撞击：逻辑之美

> 那些没有受过未知物折磨的人，不知道什么是发现的快乐。
>
> ——贝尔纳

迎接智力的挑战

美是心灵的震荡，也是思维的撞击。

在心灵的震荡中，我们能感受到崇高之美；在思维的撞击中，我们会体验到逻辑之美。

古希腊神话中有这样一个故事：众神之父宙斯交给美女潘多拉一个精美的盒子，但却不允许她打开。然而，由于无法抑制的好奇心，潘多拉终于还是打开了盒子，结果把疾病、饥荒和仇恨等邪恶的精灵放了出来，从此折磨着全人类。这个故事的本意，也许是要告诫和压抑人的好奇心和探索精神，但却恰恰表明人的好奇心和探索精神是无法压抑的。

人类具有思维的能力和求知的渴望。宇宙之谜、历史之谜、人生之谜，对于具有思维能力和求知渴望的人类来说，是一种精神上的诱惑和智力上的挑战。面对这种诱惑与挑战，人类以思维的逻辑去揭开笼罩着自然、历史和人生的层层面纱，并以思维的逻辑去展现自然、历史和人生的本质与规律。逻辑之美，是智力探险之美，思维撞击之美，理性创造之美。

人类智力的探险和知识的寻求，像人类的历史一样古老。知识的本质是概括。把有关系的因素从无关系的因素中剥离出来，把本质的属性从繁杂的现象中抽象出来，把外在于人的世界变成思维中的逻辑，这是知识的开始，也是智力的创造。比如，在人类智力所创造的数学中，无论是一个人，还是一只羊，或是一条河，都可以概括为数字"1"，从而可以进行无限复杂的计算；无论是圆形的脸，还是圆形的球，或是圆形的太阳，都可以概括为几何图形"圆"，这是一种多么神奇的逻辑之美！伟大的科学家爱因斯坦甚至这样来赞叹数学所创造的逻辑之美："这个世界可以由乐谱组成，也可以由数学公式组成。"

逻辑之美是人类智力创造的奇迹，它对人类的智力具有巨大的吸引。回顾自己的科学探索生涯，爱因斯坦真挚地告诉人们："推动我进行科学工作的是一种想了解自然奥秘的抑制不住的渴望，而不是别的感觉。我热爱正义，也力求对改善人类的处境做出贡献，但这并不同于我的科学兴趣。"而在题为《探索的动机》的演讲中，爱因斯坦还曾把从事科学研究的人分为三类。第一种人是为了娱乐，也就是为了精神上的快感，显示自己的智力和才能。他们对科学的爱好，就像运动员喜欢表现自己的技艺一样。第二种人是为了达到纯粹功利的目的，也就是为了使个人的生活得到某种改善。他们对科学的研究，只不过是一种谋生的手段。第三种人则是渴望用最适当的方式画出一个简化的、容易理解的世界图景，揭示宇宙的奥秘，解答各种世界之谜。他们的科学探索，既不是显示自己的智力和才能，也不为了纯粹的功利目的，而是源于一种"抑制不住的渴望"。

正是这种真挚的"抑制不住的渴望"，促使爱因斯坦和许许多多的科学家进行成年累月的观察、废寝忘食的实验、呕心沥血的思考和愈挫愈奋的探索。克鲁鲍特金说："一个人只要一生中体验过一次科学创造的欢乐，就会终生难忘。"英国生物学家华莱士曾为一个小小的发现——捕获到一种新的蝴蝶——而欣喜若狂。他写道："我的心狂跳不止，热血冲到头部，有一种要晕厥的感觉，甚至在担心马上要死的时候产生的那种感觉。那天我头疼了一整天，一件大多数人看来不足为怪的事竟使我兴奋到了极点。"詹纳在证明了可以用牛痘接种法使人不受天花感染时，他想到这可以使人类从一种巨大灾难中解脱出来，感到一种巨大的快乐以至于有时沉醉于某种梦幻之中。巴斯德和贝尔纳在评论科学家的这种亢奋状态时说："当你终于确实明白了某件事物时，你所感到的快乐是人类所能感到的一种最大的快乐"；"做出新发现时感到的快乐，肯定是人类心灵所能感受到的最鲜明而真实的感情。"

迎接智力的挑战，也会赢来智力的奖赏——灵感与机遇。

在人类科学技术的发展史上，有许多令后人惊羡不已的千古美谈：阿基米德从溢出浴盆的水而顿悟出浮力原理，牛顿从苹果落地而直觉到万有引力，瓦特从沸水鼓开的壶盖而领悟到蒸汽的作用，门捷列夫在梦境中形成严整的化学元素周期表……

这些关于科学家"灵感爆发"的千古美谈告诉人们：灵感，是在人们未曾预料的情况下所获得的创造性认识成果，是人们在突如其来的瞬间所达到的思想豁然开朗，是人们的精神高度亢奋的不同寻常的心理状态。真的发现与美的体验，在灵感的爆发中实现了常人难以想见的统一。

在一般的思维过程中，思维往往表现出按部就班、循序渐进、由浅入深、有理有据、推出结论的特点。与此相反，灵感却具有爆发性、洞见性、暂时性和模糊性的特点。灵感是在人们未曾预料的情况下突然发生的，这就是它的爆发性；灵感的爆发使人的思维瞬间达到某种意想不到的境界，这就是它的洞见性；灵感的爆发是突然闪现并稍纵即逝的，这就是它的暂时性；灵感爆发所获得的思想是未经论证和朦胧含混的，这就是它的模糊性。

在灵感爆发时，人的精神状态是不同寻常的：精力高度集中，想象极其活跃，思维特别敏捷，情绪异常激昂。正是在这种最佳的心理状态中，某些奇特的构思涌现了，某些独到的观点形成了，某些新颖的思路闪亮了，某些百思不得其解的问题得到了解决。我国数学家王梓坤曾对灵感爆发作过这样的描述："某人长期攻研一个问题，不舍昼夜，挥之不去，驱之不散，才下眉头，又上心头，他的思想白热化了，处于高度的受激状态，忽然在某一刹那，或由于某一思路的接通，或由于外界的启发，他的思维立即由常态跃到高能态。这时的他已非平日的他，他超越了自己，超越了他的平均智力水平，完成了智力的跃进。在所研究的问题上，他的新思路如泉涌，如雨注，头脑非常敏锐，想象十分活跃，从而使问题迎刃而解了。"灵感，就像是接通电路的开关，它在突然爆发的瞬间导致了科学的发现和技术的发明、艺术的创造和理论的创新。

灵感是对智力探险者的奖赏，而不是主观幻想的产物。理论物理学家米格达尔提出，要获得灵感，需要具备下述条件：把几个未必可能的事情结合起来，一个困难问题的存在，一种深入人的灵魂的激动，一个只有你能解决问题的意识，必要技术的精通，解决类似的较小问题的足够的经验，令人满意的健康状况，绝对没有烦恼。也许，我们可以把这些条件概括为：丰富的联想力，发现问题的敏锐力，求解问题的意志力，解决问题的经验和全身心投入的忘我精神。而把所有这些条件归结为一点，也许可以概括为"撞击思维的美感"。

科学的艺术品

思维撞击的过程是美的，思维撞击的产品——思想、理论、科学——也是美的。

德国哲学家恩斯特·卡西尔曾这样评价科学："在我们现代世界中，再没有第二种力量可以与科学思想的力量相匹敌。它被看成是我们全部人类活动的顶点和极致，被看成是人类历史的最后篇章和人的哲学的最重要主题"；"在变动不居的宇宙中，科学思想确立了支撑点，确立了不可动摇的支柱。"他还提出，科学之所以具有如此伟大的力量，是因为它具有一种"首尾一贯的"、"新的强有力的符号体系"，"向我们展示了一种清晰而明确的结构法则"，"把我们的观察资料归属到一个秩序井然的符号系统中去，以便使它们相互间系统连贯起来并能用科学的概念来解释"。

在卡西尔盛赞科学的论述中，我们可以感受到科学的"首尾一贯"、"秩序井然"的逻辑结构之美，可以感受到"强有力"的科学语言之美，也可以感受到"清晰而明确"的科学描述之美。

科学概念是人类进行智力探险的结晶，是科学思维的尖端工具，是科学对话的高超技术，也是科学发展的阶梯和支撑点。在科学理论体系中，"概念并不是各种孤立的理解的零星碎片。相反地，它们是彼此联系的，并且联系于一个概念网络，依靠这个概念网络，它们依次得以理解，形成我们可以称之为概念框架或概念结构的东西"。科学正是以其各种不同的概念框架来系统地构筑人类的科学世界图景，并通过这些概念框架来实现科学概念的自我理解和相互理解。我们也正是在科学的概念框架中，感受到人类把握世界的逻辑力量之美，感受到思维把握存在的统一之美，感受到科学概念自我否定与发展的理论创新之美。

在任何一种比较成熟的科学概念框架中，我们都会发现，它总是从最为精练的初始概念和初始条件出发，以严密的逻辑手段推演出一系列的定理、定律、公式、方程，形成具有普遍性和预测性的结论，为思维理解、描述、刻画和解释世界提供强有力的逻辑。

让我们想一想最为熟悉的欧几里得几何学吧。它的初始概念只有"点"、"直线"、"平面"、"在……之上"、"在……之间"、"叠合"就够了，而它的整个理论从 10 条公设和 10 条公理出发，却用严谨的演绎方法推演出一个缜密的几何学体系。无怪乎后世的科学家们常常沉迷于欧几里得《几何原本》的逻辑美之中，并把它作为科学逻辑体系的样板而效仿。

人们都熟知哥白尼的"日心说"，但是，我们却很少把这个学说同美联系在一起。哥白尼在他的《天体运行论》中，却开宗明义地道出了他对美的追求："在哺育人的天赋才智的多种多样的科学和艺术中，我认为首先应该用全副精力来研究那些与最美的事物有关的东西。"哥白尼的"日心说"就是要揭示宇宙天体的妙不可言的秩序之美："太阳在万物的中心统驭着，在这座最美的神庙里，另外还有什么更好的地点能安置这个发光体，使它能一下子照亮整个宇宙呢？……事实上，太阳是坐在宝座上率领着它周围的星体家族……地球由于太阳而受孕，并通过太阳每年怀胎、结果，我们就是在这种布局里发现世界有一种美妙的和谐，和运行轨道与轨道大小之间的一种经常的和谐关系，而这是无法用别的方式发现的。"

让我们再来听听科学家们是如何盛赞爱因斯坦的广义相对论的。法国物理学家德布罗意认为，广义相对论对万有引力现象"这种解释的雅致和美丽是不可争辩的。它该作为 20 世纪数学物理学的一个最优美的纪念碑而永垂不朽"。德国物理学家玻恩这样写道："广义相对论在我面前像一个被人远远观赏的伟大艺术品。"这些赞誉告诉人们，"支配科学家的动机，从一开始就体现为审美的冲动"，"科学达不到艺术的程度就是科学不完备的程度"。

科学是对真的探索，也是对美的追求。因此，科学理论的逻辑之美，并不仅仅体现在自然科学理论之中，它也同样表现在社会科学理论之中。在谈到人们对《资本论》的评论时，马克思说，不管这部著作存在这样或那样的毛病，但它作为一个"完整的艺术品"，却是可以引为自豪的。

确实，凡是读过《资本论》的人，有谁能不深深地折服于这部巨著"由抽象上升到具体"的逻辑呢？有谁能不被这个逻辑引发思维的撞击并产生强烈的逻辑美感呢？列宁说，马克思为人类留下了一部"大写的逻辑"，这就是《资本论》。

在这里，对于这部"大写的逻辑"，我们仅就它的"由抽象上升到具体"的叙述方式，来欣赏它作为一件"完整的艺术品"所具有的撞击人的理论思维的逻辑之美。马克思说，思维的运动遵循着相互联系的两条道路，"在第一条道路上，完整的表象蒸发为抽象的规定；在第二条道路上，抽象的规定在思维行程中导致具体的再现"。第一条道路的任务是从纷繁复杂、光怪陆离、混沌模糊的现象中抽象出简单明确、层次清晰的抽象规定，把握住复杂事物的种种基本关系；第二条道路的任务则是把这些抽象规定重组为思维的整体，造成概念发展的逻辑体系，把研究对象的整体在思维规定的"多样性统一"与"许多规定的综合"中再现出来。

正是得心应手地驾驭这个思维的逻辑，马克思首先是把资本主义作为"混沌的表象"予以科学地"蒸发"，抽象出它的各个侧面、各个层次的规定性；然后又以高屋建瓴的系统思想，从全部规定性中找出最基本、最简单的规定性——包含资本主义全部矛盾"胚芽"的"商品"——将其凝结为科学范畴，确定为整个理论体系的逻辑起点；之后，再展开"商品"所蕴涵的全部矛盾，循序而进，层层递进，使概念的规定性越来越丰富、越来越具体，直至达到资本主义"在思维具体中的再现"。这就是人们所看到的《资本论》的一、二、三卷：资本的直接生产过程；资本的流通过程；资本生产的总过程，即资本的生产过程与流通过程的统一。

结构主义大师索绪尔的《普通语言学教程》，之所以对后世产生巨大而深远的影响，不仅在于它是现代语言学的奠基之作，也不仅在于它是结构主义理论与方法的典范之作，而且在于它具有撞击人的理论思维的强烈的逻辑之美。在这部著作中，我们同样可以看到"由抽象到具体"的成对范畴的自我展开：语言与言语，共时性与历时性，结构性与事件性，静态性与动态性，潜在性与现实性，能指与所指，聚类与组合，约定性与任意性……科学理论的简单性与和谐性，科学理论的结构美与描述美，在这部语言学著作中都得到了充分的展现。

苏联学者苏霍金说，"真正的科学家和真正的诗人是用同一种材料塑造出来的"，"在这个作为创造能力特殊表现的科学和艺术领域内，人与客观现实一起建造起另一种现实，这就是由一些艺术形象构成或由一系列概念表示的世界"。他还以莎士比亚的诗句来呼唤"让真理与美相伴"：

给美的事物
戴上宝贵的真理桂冠，
她就会变得
百倍的美好。

思维的"健美操"

著名科学家爱因斯坦讲过这样一段话："科学家的目的是要得到关于自然界的一个逻辑上前后一贯的摹写。逻辑之对于他，有如比例和透视规律之对于画家一样。"

　　我国数学家陈景润关于哥德巴赫猜想的研究，曾激发许许多多青年朋友摘取数学王冠的理想。这个著名的哥德巴赫猜想，就是运用"不完全归纳推理"提出来的。二百多年前，德国数学家哥德巴赫根据奇数 77 = 53 + 17 + 7，461 = 449 + 7 + 5 = 257 + 199 + 5 等例子看出，每次相加的三个数都是素数（质数），于是他提出这个猜想：所有大于 5 的奇数都可以分解为三个素数之和。正是这个诱人的猜想撞击着一代代数学家的理论思维，去寻求理论彻底性的逻辑之美。

　　任何一门科学，都是系统化的概念逻辑体系。对概念的逻辑分析，是真正的掌握科学理论的基础，也是锻炼和培养理论思维能力的过程。比如，政治经济学告诉我们，"商品是用来交换和出卖的劳动产品"，"货币是固定地充当一般等价物的特殊商品"，"资本是能够带来剩余价值的价值"……对这些概念及其定义进行逻辑分析，我们首先就会发现，这些概念都是通过"属加种差"的方式来定义的。"商品"并不是一般的劳动产品，而是专指"用来交换和出卖"的劳动产品；"货币"并不是一般的商品，而是专指"固定充当一般等价物"的特殊商品；"资本"也不是一般的价值，而是特指"能够带来剩余价值"的价值。这样，我们就不仅比较容易、比较迅速、比较准确、比较牢靠地记住了这些概念的定义，而且从这些概念的相互联系中理解了它们的深刻含义，从而懂得政治经济学是研究物与物的关系中所蕴涵的人与人的关系。这样的逻辑分析，会使我们感受到思维的魅力。

　　辨析概念，这是进行理论研究的基本功。特别是对人们习以为常的概念进行辨析，不仅会使人得到耳目一新的认识，而且会使人获得思维撞击的逻辑之美。我国一位学者对目的与目标、伦理与道德的辨析，不仅是使人们对这些熟知的概念获得了某些"真知"，而且由此构成了颇具新意的伦理学理论。

人们经常是在同等意义上使用目的和目标这两个概念。这位青年学者则提出，生活中最主要的不幸就是误以为生活目的是某种结局，这种态度离间了"生活"与"生活目的"，生活"目的"成了遥远的目标，生活也就似乎总是没有开始。生活目的是与生活一起显现的东西，它不是遥远的目标而是与生活最接近的存在方向性，但又是永远无法完成的追求。可以说，生活目的不是某种结局而是生活本身那种具有无限容纳力的意义。生活是一种自身具有目的性的存在方式，这种目的性就是生活本身的意义。[1]

在对生活的"目的"与"目标"的辨析中，我们获得了对生活"目的"的新的理解。首先，生活的"目标"总是一种通过各种方式去实现的结局，而生活的"目的"则是生活本身的意义。如果把生活的"目的"当成生活的"目标"，就会离间生活与生活目的，使生活变成只是实现某种结局的无意义的过程。其次，生活的"目标"作为某种结局，总是某种可以实现的东西，生活的"目的"作为生活本身的意义，却是永远无法完成的追求。如果生活"目的"是一种需要完成和能够实现的结局，生活的过程还有什么意义？因此，"生活是一种自身具有目的性的存在方式"。

对于"伦理"和"道德"这两个概念，人们更是经常在不加

---

[1] 赵汀阳：《论可能生活》，三联书店1994年版，第14页。

区别的意义上使用它们。这位青年学者则从"为了道德而不是为了伦理"这个命题出发，深入地辨析了这两个概念。他提出，"伦理"表明的是社会规范的性质，"道德"表明的则是生活本意的性质。"伦理"是生活中的策略，"道德"则是人的存在方式的目的性。"伦理"规范作为一些禁令，总是为了保护有意义的生活，因此确立伦理规范只是依照道德要求的技术性处理。"道德"作为存在方式的目的性，则是伦理学的根本性问题。据此，他提出伦理学的主题是道德而不是伦理，而道德主题则引出两大问题，一是关于获得幸福的生活方式，另一个是由获得幸福的生活方式去澄清建立伦理规范的要求。

在对"伦理"与"道德"不加辨析的情况下，往往存在这样的问题：其一，把"道德"当作伦理规范，似乎道德不是生活内在的目的，而是外加于生活的"条条框框"。正因如此，许许多多的所谓"道德读本"，都在罗列"应当这样"，"不应当那样"的各种条文。其二，颠倒了"道德"与"伦理"的关系，似乎"伦理"才是根本的，有了"伦理"才会有"道德"。正因如此，人们常常重视他律而忽视自律，强调规范而忽视教养。

从对上述两对概念的辨析中，我们不仅可以感受到对概念进行分析的逻辑之美，而且可以引发我们对生活更为深切的思考。这也是我们在这里引用对这两对概念进行逻辑分析的用意之所在。

深刻、厚重和优雅

思维撞击产生的逻辑之美，集中地体现在"有理"、"讲理"的学术成果之中。

一篇好的学术论文，一部好的学术著作，既要有深刻的思想，又要有厚重的论证，还要有优雅的叙述。深刻、厚重和优雅，这是读者对学术论著的要求，也是作者对学术论著的追求。

达到这个要求和实现这个追求，从事学术研究的学者就不仅要有坚实的文献积累、艰苦的思想积累和切实的生活积累，而且要有"跟自己过不去"的劲头：一是在思想上跟自己过不去，提出振聋发聩的创见；二是在论证上跟自己过不去，作出令人信服的阐述；三是在叙述上跟自己过不去，写出凝重而又空灵的论著。学术研究是对人类智力的挑战，做学问的学者就要在思想、论证和叙述上"跟自己过不去"。

深刻，就是在思想上"跟自己过不去"。

学问是人类文明史在观念中的积淀和升华，做学问的根基是钻研古往今来的已有的学问。然而，真正做出超越前人的学问，却不仅需要"读出人家的好处"，而且必须"发现人家的问题"，进而"悟出自家的思想"。这就是王国维所说的读书的最高境界："众里寻他千百度，蓦然回首，那人却在灯火阑珊处"，于别人未见之处发现问题，于别人未思之处提出思想。

"读出人家的好处"，并不容易。缺乏人家的学识，达不到人家的见识，体会不到人家的困惑，把握不到人家的洞见，也就难以读出人家的"好处"。"发现人家的问题"，更不容易。人家苦心钻研出来的道理，怎么能让人轻易地发现问题。或许正是有感于此，爱因斯坦才深有体会地说，"提出一个问题比解决一个问题更重要"。在读出人家的"好处"和发现人家的"问题"的过程中，"悟出自家的思想"，当然是难上加难。人家之所以"有问题"，并不是人家没有绞尽脑汁地想问题，并不是人家没有瞻前顾后地看问题，而是后人（他人）在自己的上下求索中发现了人家的问题，从而提出了自家的思想。做学问的"不破不立"与"不立不破"是水乳交融的。"悟出自家的思想"，才能真正"发现人家的问题"；"发现人家的问题"，才能真正"悟出自家的思想"。读出"好处"，发现"问题"，悟出"思想"，都必须在思想上"跟自己过不去"。

厚重，就是在论证上"跟自己过不去"。

做学问，就是想清楚、写明白别人没想清楚、没写明白的道理。想清楚、写明白的道理就是学问，想清楚、写明白的过程就是做学问。想清楚，就是"悟出自家的思想"；写明白，就是"论证自家的思想"。

"论证"同样需要"跟自己过不去"。论证，不只是把悟出的思想条理化、逻辑化、系统化，更不是罗列章、节、目的"散漫的整体性"，而是要把想清楚的道理引向清晰、确定和深化。黑格尔说，"全体的自由性"必须诉诸"环节的必然性"。这就必须对思想进行有理有据的、环环相扣的、由浅到深的论证。在构成"环节的必然性"的论证中，展现思想的任何一个名词，都不只是一个指称对象的名称，而是一个具有确定的思想内涵的概念；构成思想的任何一个概念，都不只是一个孤立的观念，而是在特定的概念框架中获得相互的规定和自我的规定；推进思想的任何一个环节，都不是一个抽象的规定，而是在由抽象到具体的概念运动中获得越来越丰富的规定。文学评论家何其芳曾经这样评论《红楼梦》，说它是"把生活的大山推倒，又重塑了艺术化的生活的大山"。借用这个说法，做学问是要"把观念的大山推倒，又重塑了理论化的思想的大山"。不在论证上"跟自己过不去"，"理论化的思想的大山"就无法"重塑"

起来。

优雅，就是在叙述上"跟自己过不去"。

"言之无文，行而不远。"学术论著的语言，既要凝重，又要空灵，既要准确，又要优美。学术论著的逻辑，既要严谨，又要跃动，既要坚实，又要活泼。学术论著的优雅，既是思维的撞击，又是心灵的震撼，既要使人得到哲理智慧的启迪，又要使人享受震撼心灵的逻辑之美。

凡是读过《资本论》的人，都不仅会被它的理论力量所震撼，而且会被它的逻辑之美所折服。马克思说，思维的运动遵循着相互联系的两条道路，"在第一条道路上，完整的表象蒸发为抽象的规定；在第二条道路上，抽象的规定在思维行程中导致具体的再现"。正是得心应手地驾驭这个思维的逻辑，马克思首先是把资本主义作为"混沌的表象"予以科学地"蒸发"，抽象出它的各个侧面、各个层次的"规定性"。然后又以高屋建瓴的辩证智慧展开"商品"所蕴涵的全部矛盾，循序渐进，层层推进，直至达到资本主义"在思维具体中的再现"。对此，马克思说，不管《资本论》存在这样或那样的毛病，但它作为一个"完整的艺术品"，却是可以引为自豪的。

大文豪莎士比亚有这样的诗句："给美的事物戴上宝贵的真理的桂冠，她就会变得百倍的美好。"让真理与美相伴，学术论著就能"激发人们的思想活力，启迪人们的哲理智慧，滋养人们的浩然之气"。这就不仅需要"做学问"的学者在思想上、论证上"跟自己过不去"，而且应当在叙述上"跟自己过不去"，让读者阅读到深刻、厚重、优雅的学术论著。

回归的喜悦：自然之美

见到自然的人在每一个地方都能见到自然，见不到自然的
人到哪里也见不到自然。

————歌德

喧嚣中的孤独

美是和谐。和谐才有美。

人与自我的和谐，便会感受到自我之美，欣赏自我之美。自己的思想，自己的情感，自己的意志，在人与自我的和谐中，都会自然而然地形成美的体验，美的愉悦。

人与社会的和谐，也会感受到社会之美，欣赏社会之美。无论是亲情、友情和爱情，无论是科学、艺术和道德，无论是当官、经商和搞学问，在人与社会的和谐中，都会发现美的存在。

人与自然的和谐，又会感受到自然之美，欣赏自然之美。风花雪月有它的赏心悦目之美，电闪雷鸣有它的激动人心之美，翻江倒

海有它的震撼心灵之美。在人与自然的和谐中，美是无所不在的。

罗丹说，美是到处都有的。对于我们的眼睛，不是缺少美，而是缺少发现。

对于罗丹的这句话，我们也许应该提出这样的问题：为什么人们总是"缺少"美的"发现"？是因为我们的眼睛缺少发现的能力吗？为什么那些具有艺术眼光的大师们也总是感受到丑而不是发现美呢？为什么有那么多讴歌美的诗人却不堪忍受丑的发现而告别世界呢？

我们能够作出的回答是：美是和谐。如果失落了人与自我、人与社会、人与自然的和谐，美便不复存在，人也就无法感受到美，体验到美。

在人与自我的关系中，无论是处于生活中不堪忍受之重的煎熬中，还是处于生命中不能承受之轻的焦虑中，其心灵体验都只能是痛苦不堪，又如何能"发现"美呢？

在人与社会的关系中，无论是人对人的依附关系所造成的自我的失落，还是人对物的依赖关系所造成的自我的异化，无论是蝇营狗苟的自欺欺人，还是钩心斗角的你争我夺，人的眼睛所发现的都是一幅丑陋的画面，又如何能体验到美呢？

在人与自然的关系中，如果自然只是被改造、被掠夺、被占有的异己的对象，如果自然只是控制人、奴役人、惩罚人的异己的力量，人又如何能从自然中发现美呢？前几年热播的电视剧《篱笆·女人和狗》中有这样一句歌词："一路上的好景色没仔细琢磨，回到家里还照样推碾子拉磨。"这句歌词倒过来，就会说明人与自然的关系：如果回到家里照样推碾子拉磨，又如何能欣赏一路上的好景色呢？

有论者说，"诗的境界"是自由的境界、自在的境界，劳作不是为了直接占有，而是为了自由地对待自己的作品，这才是"诗意地栖居在大地上"。比如，在门前栽种桃树，不仅为了吃桃子，而且也为观赏桃花。为桃花而栽种，栽种就具有自由劳作的意味，即让桃树自在，让桃花自在，同时栽种者也自在。"我"和"对象"都自在，便是诗的境界，美的境界。

　　美是和谐，是人与自我，人与社会，人与自然的和谐；美是自在，是人与自我、社会、自然的和谐的自在。然而，在现代社会中，人时时感受到的，却恰恰是一种无可奈何的疏离：人与自我的疏离，人与社会的疏离，人与自然的疏离。

　　这种疏离，以及人的"疏离"的自我感觉和自我意识，是现代性的非和谐、非自在，也是现代人的焦虑。因为，人疏离了自我、社会和自然，也就是疏离了存在、疏离了生活、疏离了美。

　　现代社会的"疏离"，是一种喧嚣中的孤独。

　　有人说，现代人的寂寞不是凄风苦雨独对孤灯远怀友人故乡的酸楚，而是灯红酒绿、用体温互相慰藉的悲凉；现代人的孤独不在窗外高挂的明月，不在阶前急扣的雨声，而在只有情节没有情怀的连续剧，在拨几个号码就可以解决思念的电话，在人潮汹涌竟然无一人相识的街头。

　　这段很美但又很苦的文字，道出了现代社会的喧嚣，也道出了这种喧嚣中的孤独。

　　喧嚣中的孤独，是人与自我疏离的孤独。广告，模特，明星，时装，股票，证券，桑拿，发廊，通俗小说，流行歌曲，电视喜剧，有奖销售，为人们制造了铺天盖地、光怪陆离、无所不包的生活形象。认同这些形象，追赶这些形象，模仿这些形象，充当这些形象，便是自我的存在，自我的生活。自我被疏离了，自我被淹没了，自我被丢失了。当着人感受到这些形象的异在性，也就感受到人与自我的疏离。由此，人就会深深地体验到失落自我与寻求自我的冲撞与痛苦。人与自我的不和谐，便失落了自我之美，失落了对自我之美的感受与体验。

喧嚣中的孤独，也是人与社会疏离的孤独。现代社会的显著特征，是非日常生活的日常化。日常交往的社交化，日常行为的法制化，日常经验的技术化，农村生活的城市化，使每个人的"社会性"取得了现实的丰富性。"单独的个人"是无法在现代社会存在的。然而，在非日常生活的日常化过程中，在人的社会性取得现实的丰富性的过程中，人却感受到了疏离与孤独。

在把友情变成交情和人情的时候，在把友情变成社交和公关的时候，人就和友情疏离了，就感受到了失去友情的孤独。在"一把一利索"的交情中，人怎么能感受的不是孤独而是美呢？在把爱情变成"用体温相互慰藉"的时候，在把爱情压缩、简略为性爱的时候，甚至把爱情变成用金钱换来的宣泄的时候，人就和爱情疏离了，就体验到了不谈爱情的孤独。在不求天长地久、"过一把瘾就死"的性爱中，人如何能感受的不是孤独而是美呢？

喧嚣中的孤独，又是人与自然疏离的孤独。疏离自然，就是"对存在的遗忘"。现代科学技术日益迅速地把自然变成人化了的自然，自然越来越失去了它的本真性和神秘性。"古人经由神秘知识，诗人经由想象，哲学家经由他们整体性的理解，都和这最高的真实有所接触。今天是有史以来人类头一回除了他自己和他自己的产品外无以所对。现代人甚至和他内在的自我都失去了接触，科学和技术不再帮助人更深入一层地去寻获世界和自我内心的度向。科学和科技用人自己的构思和发明、计划和目标来阻挡人，以至于现代人只能够从理性的构思和实用性的观点来看自然。今天，一条河在人看来只是推动涡轮机的能源，森林只是生产木材的地方，山脉只是矿藏的地方，动物只是肉类食物的来源。科技时代的人不再和自然做获益匪浅的对话，他只和自己的产品做无意义的独白。"这就是人与自然的疏离，就是人与自然之美的疏离。

这种疏离，特别明显地表现在城市生活，特别是现代大都市生活。"在大都市生活的人几乎完全给人自己各式各样的产品和现代生活的紧张包围。都市的生活形态纯粹就是人的发明，并开始按照自己的经验判断一切事物。""大都市的居民和自然界隔得远远的，即使他们决定回到自然去享受自然的'治疗'，都市人的概念仍然控制他们，使他们不能和自然做真实的相遇。许多人想借旅行来逃避都市生活，从他们身上，我们观察到类似的事情。旅行的教育价值不容忽视，旅行可以是一种不断和新的、未可预期的、美丽的世界的对话，但现代旅行经常沦为肤浅的、只求感官上满足的活动。现代的想法是这样的：要尽量在最短的时间，走最长的旅程，看最多的东西，根本没有时间做深入了解或做有意义的反省。人甩脱不掉都市的影响，即使是面对自然的美景、各种的文化成就，人仍然是停留在疏离、无聊、挫折、恐惧之中。"

现代化，在它的技术扩张和财富增殖的过程中，为人的丰富和发展提供了现实的基础。与此同时，现代性的普遍交换原则和技术优先原则，及其所蕴涵的功利主义价值态度和工具主义思维方式，却在削平一切价值的过程中，也削平了人自身的价值。物欲的喧嚣遮蔽了美的发现，造成了人的孤独。这或许可以启示我们：现代化，不仅需要实现，而且必须反省。

自在自为的存在

自在，自为，自在自为，这是黑格尔用来描述存在的三个概念。

自在，即自然的存在，天然的存在，无我的存在，浑然一体的存在。

自为，则是有我的存在，自觉的存在，人的存在，主客对待的存在。自为是对自在的否定。

自在自为，则是自在与自为的统一即自由的存在。自在自为是对自在的否定之否定。

美是自由的存在，自在自为的存在。

源于自然的人类，作为自然的生活和生命的自然，同其他的生物一样，是自在的存在，自然而然的存在。

超越自然的人类，作为认识和改造世界的主体，与其他所有生物不同，是有我的存在，自觉的存在，主客对待的存在，即自为的存在。

自为是对自在的超越，但不是与自在的分离。人的生活是对自然的生命存在的超越，但不是与自然生命的分离。以自为的方式去实现自在的存在，以生活的方式去实现生命的存在，这就是自在自为的存在。

单纯的自在是"无我"的存在，没有审美的主体，也没有审美的对象，这种浑然一体的存在，是"无我"即"无美"的自在。

单纯的自为是"我"与"非我"互相割裂、主体与客体彼此对立的存在，没有主客的统一，没有物我的和谐，这种抽象对立的存在是没有统一与和谐就没有美的存在。

人的生活，不是单纯的自在，也不是单纯的自为，而是对单纯的自在和单纯的自为的双重否定，是自在自为的存在。

自在自为是主客的统一，物我的和谐，自由的存在。因此，美是自在自为的存在，美是生活。

然而，生活并不就是美。

这是因为，生活中的人，不仅经常生活在人与自我、人与社会、人与自然的"疏离"之中，而且经常处在冯友兰先生所说的"自然境界"即"单纯的自在"或"功利境界"即"单纯的自为"之中。在这样的"疏离"或这样的"境界"之中，人的自我感觉和自我意识，不是主客的统一和物我的和谐，而是主客的分裂和物我的异在。自在自为的自由便不复存在了，美的生活便不复存在了。

美要超越单纯的自在，还要超越单纯的自为，美是对单纯的自在和单纯的自为的双重否定。美是自在自为。

台湾作家林清玄曾借一位"真正懂得化妆"的化妆师之口，向人们讲述了生命的化妆。这位化妆师说，化妆的最高境界可以用两个字形容，就是自然。由此，她把化妆术分为"最高明的"、"次级的"、"拙劣的"和"最坏的"这样四个档次。

最高明的化妆术，是经过非常考究的化妆，让人家看起来好像没有化过妆一样，并且这化出来的妆与主人的身份匹配，能自然表现那个人的个性与气质。

次级的化妆术是把人突显出来，让她醒目，引起众人的注意。

拙劣的化妆是一站出来别人就发现她化了很浓的妆，而这层妆是为了掩盖自己的缺点或年龄的。

最坏的一种化妆，是化过妆以后扭曲了自己的个性，又失去了五官的协调，例如小眼睛的人竟化了浓眉，大脸蛋的人竟化了白脸，阔嘴的人竟化了红唇……

如果评论一下这位化妆师关于化妆术的理论，或许可以使我们领悟到美的真谛。最高明的化妆术，它的高明之处是在于，既"自然表现那个人的个性与气质"，又"看起来好像没有化过妆一样"。以化妆术来表现人的个性与气质，这当然是一种"自为"；化过妆之后却又好像没有化过妆，这当然又是"自在"。看来，化妆术的最高境界，就是"自在自为"的境界，因而是美的存在。

次级的化妆术，着眼于"众人的注意"，着力于"把人突显出来，让她醒目"，这显然是偏重于"自为"。然而，这种"自为"毕竟还是以"自在"为本，总还有些"自在自为"的意蕴，所以还可以说是美的。

拙劣的化妆术，不仅一下子就让人发现"化过很浓的妆"，而且一下子就让人知道这"很浓的妆"是为了"掩盖自己的缺点或年龄"。看来，这种"拙劣的化妆术"是把"自在"与"自为"对立起来了，意在以"自为"去掩盖"自在"，却又既突显了"自为"又暴露了对"自在"的掩盖。于是，美的追求变成了丑的存在。

最坏的化妆，是"扭曲了自己的个性"，又"失去了五官的协调"。这种化妆，不仅是把"自在"与"自为"对立起来，而且是把

"自在"和"自为"双重地扭曲了。"自为"扭曲了"自在",把"自在"的"个性"和"五官"都扭曲了;"自为"也扭曲了自己,把"自为"变成了扭曲行为。这种化妆的结果,除了丑不堪言,还哪里有美的存在呢?

其实,人的生活正如这小小的化妆术,总是以不同的档次去"化妆"生活,生活便也分为美、次美、丑、最丑的不同档次的存在。

林清玄在借用化妆师之口谈论化妆术的美与丑之后,又借用化妆师之口去评论文章的美与丑。这位化妆师说,拙劣的文章常常是词句的堆砌,扭曲了作者的个性;好一点的文章是光芒四射,吸引了人的视线,但别人知道你是在写文章;最好的文章是作家自然的流露,读的时候不觉得是在读文章,而是在读一个生命。

堆砌词句的文章,是"自在"的遗忘,也是"自为"的匮乏。遗忘了"自在"的真情实感,又缺少"自为"的真正能力,这样的文章当然只能是拙劣的。

文章虽然"光芒四射",但却让人看出是在"写文章",这样的文章显示了"自为"的力量,却又失去了"自在"的真实,仍然不是自在自为的统一。所以,这是"好一点"的文章,但也仅此而已。

"最好的文章",不觉得是在"读文章",而是在"读生命"。这"生命"是"自为"的,但又是"自在"的,是自然的流露,是自在自为的和谐统一,因此是美的。

林清玄还借用化妆师之口,对化妆和写文章的档次作了这样的总结:三流的化妆是"脸上"的化妆,三流的文章是"文字"的化妆;二流的化妆和文章都是"精神"的化妆;一流的化妆和文章则只能是"生命"的化妆。

如果这样的总结还显得抽象的话，那么，化妆师对化妆本身的解释则是具有更为丰富的内涵：化妆只是最末的一个枝节，它能改变的事实很少；深一层的化妆是改变体质，让一个人改变生活方式，睡眠充足，注意运动与营养，从而使皮肤得到改善，保持旺盛的精神；再深一层的化妆是改变气质，多读书，多欣赏艺术，多思考，对生活乐观，对生命有信心，心地善良，关怀别人，自爱而有尊严。

这里的"深一层的"和"再深一层的"化妆，已经不是"化妆术"意义上的化妆，而是对体质和气质的改变。这两种改变都是"自为"的，因而也可以说是化妆；但这两种化妆，又都是通过"自为"而实现对"自在"的复归——改善"自在"的"皮肤"和"精神"，体现"自在"的"生命"和"心理"。因此，这种深层的化妆，就是实现自为与自在的统一。人的自在自为的存在，人的自在自为的生活，才是美的。

一个人未当演员之前，他自然而然地活着，活得很真实，但却谈不上演技之美，因为他还不是演员。初演戏时，总是让人看着是在"演戏"，显得不真实。戏演好了，好像又不是在演戏，而像真实的生活了。这种"演戏"之美，不也是"自为"（在演戏）与"自在"（不像在演戏）的统一吗？

同样，一个人未学武功之前，他自然而然地活着，活得很真实，但也谈不上武功之美，因为他还未练武功。初练武功时，也总是让人看着是在"练武功"，显得是在拉"花架子"。武功练到火候，好像又不是"练"武功了。这种武功之美，不同样是"自为"（练武功）与"自在"（不像是练武功）的统一吗？

所谓大智若愚、大巧若拙、返璞归真，都是"自在自为"之美。无"智"无"巧"当然无"美"；有"智"有"巧"而失去"朴"与"真"，也是无"美"。真实的总是自然的。美是真实的，美就是自然的。

经过"自为"和"自觉"而达到"自在"和"自然"，这不是轻而易举的。齐白石的虾，徐悲鸿的马，看起来都是"自在"的，"自然"的，但却是炉火纯青的艺术境界。因此，美是自然的，美就是创造的。

美的发现需要创造。

渴望诗意地栖居

现代文明创造了一个人工的世界，人工的世界是现代人的生活世界。

耸入云天的高楼大厦是人工的崇山峻岭，呼啸奔驰的车水马龙是人工的湖海江河，纵横交错的交通网络是人工的森林原野，五光十色的灯火霓虹是人工的白日黑夜。

自然变成了遥远的旧梦，自然在现代人的生活世界中隐退了。

自然的隐退，使人感受到一种"分离"，一种"演员与他的布景的分离"，人的生命活动似乎是一场"无底棋盘上的游戏"。

自然的隐退，又使人感受到一种"缺失"，一种"确定性"的缺失，"根基性"的缺失，人的生活像闪烁的霓虹一样不断地变幻着颜色。

于是，现代人在焦虑中形成了强烈的寻根求本的自我意识——

寻求生命活动之根和安身立命之本。

那么，生命之根在哪里？立命之本在哪里？

老子说："人法地，地法天，天法道，道法自然。"庄子说："天不得不高，地不得不广，日月不得不行，万物不得不昌，此其道与！"于是，老子向人们展示了"绝圣弃知"的小国寡民之美，庄子向人们讲述了"卧则居居，起则于于，民知其母，不知其父，与麋鹿共处，耕而食，织而衣，无有相害之心"的"至德之隆"。陶渊明还为人们描绘了一幅"结庐在人境，而无车马喧"的美好淳朴、自由自在的"桃花源"的图景。

在老庄的思想中，是人类的文明搅乱了物我并存、各得其性的自然生活，人的立命之根是原始形态的自然，人的立命之本是原始人性的自然。由此可见，老庄的回归自然，是要求向"自在"的自然的回归。如果老庄看到自然隐退的现代文明，真不知该是怎样的深恶痛绝。

然而，无论有多少人向往那种无物我之分、无主客之别的浑然一体的"自在"的自然，人却不可能"再返回森林去和熊一起生活"，人也不可能"渴慕用四只脚走路"。回归自然，不是舍弃文明回到"自在"的自然。向远古荒蛮时代寻找人性的自然，只能是表达人们力图克服人工世界带给人们的"无根感觉"的憧憬，只能是表达人们力图改变"自然的隐退"带给人们的流浪感的向往。一句话，向远古荒蛮时代寻找人性的自然，只是人的寻求生命之根和立命之本的表达，而决不是生命之根和立命之本的现实。

现实的生命之根和立命之本是人的生活。生活的自在自为即自由的生活，才是人的生命之根和立命之本。

人的生命不同于动物的生命，人的生活不同于动物的生存。动物只有生物生命，只是按照物种的本能生存。"一只鸽子会饿死在满盛美味的肉食的大盆旁边"，"一只猫会饿死在水果或谷物堆上"。这是因为，动物只有一个尺度，它所属的物种的尺度。动物的生命之根就是它所属的物种的尺度，动物的立命之本就是它生存的"自在"的自然。

人不仅有生物生命，而且有精神生命和社会生命，人是三重生命的矛盾统一体；人不仅生活于自然世界，而且生活于自己创造的文化世界和意义世界，人的世界是三重世界的矛盾统一体。因此，人的生命之根是人的三重生命的和谐，人的立命之本是人的三重世界的统一。美，就是人的三重生命与人的三重世界的统一与和谐。

生命无根和立命无本的自我感觉和自我意识，从根本上说，是人的三重生命和人的三重世界的扭曲与断裂。美的匮乏，则是由这种扭曲与断裂所造成的统一与和谐的缺失。

人不是脱离自然的存在，人也不是纯粹自然的存在。因此人既不是神也不是兽。把人视为神或把人归为兽，都是对人的生命和人的世界的扭曲和断裂，都会造成生命无根和立命无本的自我感觉和自我意识。

在论述人的时候，恩格斯这样告诉我们："人来源于动物界这一事实已经决定人永远不能完全摆脱兽性，所以问题永远只能在于摆脱得多些或少些，在于兽性或人性的程度上的差异。把人类分成截然不同的种类，分成人性的人和兽性的人，分成善人和恶人，绵羊和山羊，这样的分类，除现实哲学外，只有在基督教里才可以找到，基督教一贯地也有自己的世界审判者来实行这种分类。"①

人的自然生命与精神生命，或者说人的"兽性"与"人性"，并不是相互断裂的两种生命、两种特性，而是对立统一的人的生命、人的特性。自然生命与精神生命的相互制约与相互包含、相互肯定与相互否定、相互引发与相互冲撞，构成了生命创造的源泉与动力，也构成了人的生命之根和立命之本。

在人类所创造的神话世界中，常常把人的自然生命与精神生命的冲撞，形象地描绘为某种人面兽身的存在。比如，有一种人面马身的生灵，她用失望的上半身扑向空中，扑向她伸长了的手臂所无法掠获的目的物，但她的后脚却用力地蹬在地上，健壮的下半身几乎要插入大地。这或许就是人类生存状态的绝妙写照。他们对响彻在精神苍穹的灵魂的召唤发出回应，万分珍重心灵昭示的神圣启迪，渴望着灵魂的升腾；然而，他们的物质肉体毕竟又陷于现实之中，不可能与灵魂一道振翼高飞，而灵魂也绝不情愿俯就肉体，与肉体一道沉没在尘埃之中。人类总是不会放弃任何一方，总是处在两者撕裂与扭结之中，无可奈何又回肠荡气的矛盾和冲突、混沌和变形、荒谬和异化、孤独和困惑，演出了一幕又一幕的人生的戏剧。这人生的戏剧，是人自己演出的，也是人自己观看的。人在自己的演出与观看中，体验到人生的痛苦，也体验到人生的幸福，从而也体验到人生的壮美。

现代人对生命的寻根，是因为"扑向空中"的"伸长了的手臂"寻找不到"掠获的目的物"，也是因为"用力地蹬在地上"的后脚感受不到大地的坚实。"上不着天，下不着地"，这就是现代人的困惑与焦虑。

---

① 马克思、恩格斯：《马克思恩格斯选集》第3卷，人民出版社1972年版，第140页。

于是，现代人寻找"家园"，寻求"在家"的感觉。

"在家"的感觉，是一种自在自为的感觉，也就是自由的感觉，美的感觉。"在家里"，你可以任性，可以任意，可以无拘无束，可以不遮不掩，可以"自在"，可以"自为"，"自在"即是"自为"，"自为"也是"自在"。"在家"感受的是自在自为之美。

寻找"家园"，是希望社会成为大家的"家园"；寻求"在家"的感觉，是向往社会就是"在家"的感觉。如果"人和人像狼一样"，"他人就是地狱"，只能是让人感受到"喧嚣中的孤独"，又如何会有"在家"的那份自在自为的感觉呢？又怎么会有"在家"的那份自在自为之美呢？对生命的寻根，是寻求社会的和谐；对"家园"的向往，是向往生活于美好和谐的社会。离开社会生命，人的生物生命和精神生命，就会成为"上不着天、下不着地"的悬浮之物。

寻求"家园"，又是希望"自然"成为人类的"家园"；寻求"在家"的感觉，又是向往"自然"就是"在家"的感觉。地球是人类生存的家园。人无法忍受"家园"的绿野变成荒漠，无法忍受"家园"的江河变得混浊，无法忍受"家园"的蓝天变得灰暗，无法忍受"家园"的生物濒临灭绝。人不能在满目疮痍的"家园"中生活，人不能在"无底的棋盘上游戏"。

人类超越了自然，又在自身的发展中力图使自己在高级的层次上回归于自然，达到天人合一的境界，"自在自为"的境界，人与自我、人与社会、人与自然的和谐之美的境界。这是现代人的生态意识、全球意识和人类意识，也是现代人的心态意识、价值意识和审美意识。这种现代人的教养，是人类实现新的自我超越的生命之根和立命之本。

现代人对美的向往，就是渴望"诗意地栖居在大地上"。

中 编

追求善的存在

选择的困惑：现代人生

> 一个人单凭生活在现在并不就有资格被称为现代人……唯有对现在最有感知性的人才是现代人。
>
> ——荣格

谁可怜

孟子说，"恻隐之心"不只是"人皆有之"，而且是"仁之端也"。这种对他人的不幸表示同情的"恻隐之心"，大概最能显示"善"的存在吧？为此，我们就从表示同情的"可怜"说起吧！

可怜别人，这大概可以分为不同的种类：一种是所谓"恻隐之心"的爱怜，如"老吾老以及人之老，幼吾幼以及人之幼"等；一种是所谓"物伤其类"的自怜，可怜别人其实是可怜自己；一种是所谓"不足齿数"的怜悯，可怜别人其实鄙视别人；一种是"悲从中来"的痛惜，如鲁迅的"哀其不幸，怒其不争"。此外，恐怕还有种种不同的"可怜"。

这是说"可怜别人"。如果是"被人可怜",那就不管是爱怜还是自怜,怜悯还是痛惜,总是一种羞愧与悲哀。人活到被人可怜的份儿,那滋味怕是很不好受的。有意思的是,"可怜别人"的人总是"被人可怜","被人可怜"的人也总是"可怜别人"。于是,究竟谁可怜,就成了大问题。

鲁迅写的《药》,是大家所熟知的。其中就有一段关于"谁可怜"的对话,因而也就提出了"谁可怜"这个大问题。

《药》里的夏瑜是反清的革命者,康大叔则是对革命者行刑的刽子手。行刑后的康大叔,在老栓的茶馆里,与茶客们有这样一段对话:

> "包好,包好!"康大叔瞥了小栓一眼,仍然回过脸,对众人说,"夏三爷真是乖角儿,要是他不先告官,连他满门抄斩。现在怎样?银子!——这小东西也真不成东西!关在牢里,还要劝牢头造反。"
>
> "啊呀,那还了得。"坐在后排的一个二十多岁的人,很现出气愤模样。
>
> "你要晓得红眼睛阿义是去盘盘底细的,他却和他攀谈了。他说,这大清的天下是我们大家的。你想:这是人话吗?红眼睛原知道他家里只有一个老娘,可是没有料到他竟会那么穷,榨不出一点油水,已经气破肚皮了。他还要老虎头上搔痒,便给他两个嘴巴!"
>
> "义哥是一手好拳棒,这两下,一定够他受用了。"壁角的驼背忽然高兴起来。

"他这贱骨头打不怕，还要说可怜可怜哩。"

花白胡子的人说："打了这种东西，有什么可怜呢？"

康大叔显出看他不上的样子，冷笑着说："你没有听清我的话；看他神气，是说阿义可怜哩！"

听着的人的眼光，忽然有些板滞，话也停顿了。小栓已经吃完饭，吃得满身流汗，头上都冒出蒸气来。

"阿义可怜——疯话，简直是发了疯了。"花白胡子恍然大悟似的说。

"发了疯了。"二十多岁的人也恍然大悟地说。

读完这段文字，谁都会感到一种冰冷的悲哀。这悲哀来自对阿义们的"可怜"，或许也包含对夏瑜们的"可怜"。对阿义们的"可怜"，用现代的话语说，是可怜其失去了人的"主体自我意识"；对夏瑜们的"可怜"，则是可怜其杀身成仁反被视为疯子——救民于水火却被"民"们视为疯子。

然而，夏瑜们只是可怜阿义们，却绝不以为自己可怜，因为他们是为拯救阿义们而献身。他们或许感到悲凉和悲哀，但不是自怜。在夏瑜们的心中，对"谁可怜"，有一种自觉到的标准和尺度。这就是人之为人的标准和历史的进步与发展的尺度。我们用这个标准和尺度去评价夏瑜们和阿义们，"谁可怜"的答案也还是清楚明白的。

现在，"谁可怜"的问题似乎是更为复杂了。读过作家韩小蕙女士的《怜悯断想》，便引发了更多的关于现代人生的联想。这篇断想的开头说，"怜悯"这个词平时只用于典雅的书面语，老百姓们更习惯说"可怜"。这是人类的一种很普遍的情感，芸芸众生者我们每一个人，都可怜过别人，也被别人可怜过。文章接着又说，正是由于"可怜"这种情感太过普遍了，所以我们往往失去了感觉，一定要有某种外力的撞击，才会唤起我们的思索。那么，究竟是什么"外力的撞击"，唤起了韩小蕙的思索，并写出了这篇断想呢？

韩小蕙说的是，她去参加一个文学沙龙，来的"全是出过几本书的青年作家们"。没想到一进门，"但见一位时髦女郎端坐屋中"，却原来是"一位男作家带来的女朋友"。于是便有了下面的叙述与感慨：

> 我们都很礼貌地和她打了招呼。怕她感到冷落，几位女性还特意与她聊上几句服饰之类。她呢，不大开口，只是垂着眼帘听我们讲。但很显然的，她一点也没进入我们的氛围，只是在熬时光，一心巴望早点被男朋友带出这个门，就像搭错了车的一个乘客。

> 我不禁可怜起她来。看她还很年轻，却连固定工作都没有。只是每天跟着男朋友，从早到黑当他的影子。男朋友固然很有钱，可以供她穿金戴银，出入高级宾馆饭店。可是可以明显地看出来，他并不拿她当成与自己平等的人，她只是属于他的一个私有财产，就像他的彩电冰箱或宠狗宠猫一样。

> 这种完全没有自我的日子，难道不难受吗？我一边端详着她的脸蛋一边想：这难道就是她的理想生活方式？她真是心甘情愿的么？她的今后怎么办呢？……

> 谁知后来竟听说，她同时也在可怜我们——可怜我

们生为女人，竟还得自己思想、自己写作、自己上大学读书、自己上班挣钱、自己进入文学沙龙和男人一样讨论问题、自己苦兮兮地往前奋斗……

上帝啊，这两种互为逆向的、同时又都是那么真切的怜悯啊！

由这个描述与感慨，作者便敞开对"怜悯"的思索的空间，为我们展现了生活中随处可见的种种"截然相反的怜悯与被怜悯"。如果改写或缩写原文，总觉得会失去原有的文采与深沉，还是照录几段以飨读者：

有表层形态的。比如早上你情绪饱满地踏上上班的路途。你正一心一意地蹬你的自行车，突然斜刺里冲出一辆车抢行。你躲闪不及被猛然撞倒，那人却不但不道歉，反而对你破口大骂。这个时候，你当然不屑于同他争吵，而是从心里可怜他，这么没有教养，不怕被人看不起？他呢，看你文质彬彬的一声不吭，竟也在可怜你——就你这书呆子样，也配跟我较劲？！……

有观念不同的。比如有一位小报记者曾对我夸口，说他每天根本不用回家吃饭："要是记者还回家吃饭，这记者不就白当了吗？"我不无讽刺地说，那你就天天都去赶会。他自豪地"哈哈"！然后说："哪还用赶会呀？你就这么出了门，推哪个门进去，不是你的报道对象？"说实在的，我当时的第一感觉就是怜悯他：就为了这么一顿饭，就得日日天天周旋表演一番，也太不值了！谁知他还大感其慨地怜悯我——"没想到你这个大报记者这么不开窍，我要是有你这个位子……"

还有关乎道德伦理的。前段时间，文坛出现了一股隐私文学热。有些作者利用小说、散文等文学样式，来展示自己的婚外恋、同性恋、性欲望、性生活乃至手淫、强奸……在读者中引起极其强烈的批评。我对这些作者深深怜悯，可怜他们靠出卖自己招徕读者的做法，就写了批评性文章。不久却收到了这样的反馈："你干吗要当卫道士呢？"其怜悯之情也是溢于言表的。

还有人格差距的。生活中，我接触过一些大伪似真的家伙。本来在他们丑恶的内心中，对这个世界充满了攫取欲和占有欲，整天焦虑着争名、争利、争官、争宠，随时算计着怎样使别人倒点霉，怎样把别人打入地狱。可越是这样的家伙，脸面上越作出迷人的少女微笑，嘴巴里越高唱着真善美的歌谣，文章里也总是不忘以美丽辞藻装点自己。我极度讨厌这样的伪善儿，宁愿跟表里如一的恶魔打一仗也不愿跟伪善儿说句话；同时我亦从心里深深可怜他们，可怜他们忙于做婊子又累心立牌坊，而又随时随地都有被人戳穿的可能——现代人是多么聪明，谁能欺骗和掩盖得久呢？可是当我把这层心思向朋友说起时，不料朋友劈头向我断喝："你别发呆了，他们还从心里更可怜你呢！可怜你都什么年代了，还讲究什么表里俱澄澈！"

读过这些表层形态的、观念不同的、道德伦理的、人格差距的"截然相反的怜悯与被怜悯",我们会有怎样的感受呢? 也许,我们的第一感受就是感同身受的强烈共鸣。虽然人们的身份、地位、职业和处境不同,但这种"怜悯与被怜悯"的矛盾却是"无处不在、无时不有"的。如果说这感受有所区别,也还是对"谁可怜"的感受不同。也许,有人像文章的作者一样,"可怜"那位男作家的女朋友、那位任意横行的撞车人、那位出卖自己的撰稿人、那位不择手段的伪善儿,以及作者所"可怜"的此类人等,但也许有人"可怜"此文的作者以及与此文作者抱有同样心态的人。

　　于是,读过此文的第二感受,便是痛感一条古训——"人同此心,心同此理"之可疑。如果此心此理人所皆然,又何以搞不清楚到底"谁可怜"呢? 于是我们又读到了作者的议论:"价值观不同,判断就全然不同。是耶? 非耶? 嘲弄崇高,亵渎神圣,蔑视道德,排斥传统,丧失目标。生活可以全不必问为什么,只要有钱,傻吃傻喝也算当代英雄……今天提倡价值观念的多元选择,有一晚我督着女儿弹钢琴,她想偷懒,突然嬉皮笑脸地给我唱了一首儿歌:'好男不上班,好女傍大款。得了5分算什么,不敌他爹20万'。""女儿刚10岁,天可怜见!"

　　读过此文的第三感受,是感动于作者的"文人的良心"。为了寻找到底"谁可怜"的答案,作者"问天"、"问地"、"问古人","天地不语,圣人答焉"。于是作者引证了孔子的"见贤思齐焉,见不贤而内自省也",引证了韩愈的"古之君子,其责己也重以周,其待人也轻以约。重以周,故不怠;轻以约,故人乐为善",又引证了在作者"心目中被奉若神明"的当代学者张中行先生的所言所行。作者说，张中行先生"在许多文人和青年人的心目当中，都是'神'。他集哲学家、文学家、语言学家、教育家、诗人、作家……于一身，对我说的却是'我这一辈子学问太浅，让高明人笑话'"。于是，作者感慨道："而我辈之人呢？有的一共也没读过几本书写出过几篇像样的文章，就敢自我陶醉、自我膨胀、自我吹嘘、自我扩张、唯我独尊、妄自尊大，老子天下第一，整天汲汲于名次、争座位，诋毁别人，抬高自己，愤愤然于得不到的焦躁里。"由于找到这种"差距"，作者提出了如下的见解："我们人类，本来就有着许多先天的毛病，面对着泱泱大千世界，浩浩历史长空，最大的悲哀就是由于认识能力的有限，我们永远无法穷尽真理，使世界好得到位。但是我们也有一些能够做到的事——学习，便是其中之一。这是万事之源，立身之本，悠悠世间，唯此为大。"

对"安身立命"来说，学习，当然就不仅仅是认识的问题，而是包含着认识在内的人的修养与教养的问题。不过，既然说到认识，我们不妨就此分析下去：为什么"可怜别人"的人总是"被人可怜"、"被人可怜"的又总是"可怜别人"？究竟"谁可怜"？"可怜"的标准是什么？现代社会为什么会造成如此对立的相互"可怜"？人们如何走出这种"相互可怜"的怪圈？这些，大概就是现代人生的选择的困惑，因而也是现代价值观念的核心问题。

价值坐标的震荡

"谁可怜？"这种价值观的困惑，它集中地表征着价值标准的冲突和价值坐标的震荡。

任何一个社会的价值问题，都表现为相互矛盾的两个方面：一是"我们到底要什么"？这就是社会的价值导向和价值规范问题；二是"我到底要什么"？这就是个人的价值取向和价值认同问题。

从表层看，"我到底要什么"的个人价值取向和价值认同具有极大的主观性、任意性和随机性，似乎完全是依据个人的利益、欲望、需要、兴趣甚至是情绪进行价值选择；从深层看，个人的价值取向总是"取向"某种社会的价值导向，个人的价值认同总是"认同"某种社会的价值规范。因此，在现实的价值冲突中，"我们到底要什么"的社会价值导向和价值规范总是居于主导的和支配的地位。个人想什么和不想什么、怎么想和不怎么想、做什么和不做什么、怎么做和不怎么做，首先是取决于社会的价值导向和价值规范。由此可见，"谁可怜"的问题，似乎首先不是追究个人之间的价值观冲突，而是正视和探索社会的价值标准的冲突和价值坐标的震荡。

在当代中国，从以阶级斗争为纲到以经济建设为中心，从计划经济到建立社会主义市场经济，必然伴生着价值范式的重建，由此便首先是凸显了"我们到底要什么"的社会价值导向和价值规范问题。

在《怜悯断想》一文中，韩小蕙女士叙述了种种"截然相反的怜悯与被怜悯"之后，还有一段值得深思的叙述与议论。她说："记得9岁那年，我被批准第一批加入少先队。当我穿着白衬衫花裙子，站得笔直，在队旗下宣誓的时候，好几位没被批准入队的同学都哭了起来。在那时的日子里，人文大环境崇尚的是活得崇高，有意义，为社会和人民奉献。人们心中的是非标准尺度虽然单纯，但极为明确，以善为善，以美为美，白天就是白天，黑夜也就是黑夜。"

这段叙述与议论，既把我们那一代人带回到天真烂漫甚至是纯洁无瑕的少年时代，因而勾引起许许多多美好的回忆；也使我们联想到时下的那种"耻言理想，蔑视道德，躲避崇高，拒斥传统，不要规则，怎么都行"的社会思潮，禁不住发出许许多多的感慨与叹息，确实感到"人文大环境"变了。

然而，当着我们冷静下来，认认真真地反思那"白天就是白天，黑夜也就是黑夜"的日日夜夜，除了许许多多美好的回忆，是否也会引起许许多多痛苦的思索呢？反之，认认真真地品味这"怜悯被怜悯"纠缠不清的社会思潮，除了许许多多的感慨与叹息，是否也会引起许许多多更为深切的思索呢？

确实，那个"白天就是白天，黑夜也就是黑夜"的时代，是一个有着"单纯"的价值标准的时代，是一个个人的价值取向和价值认同既无须选择也别无选择的时代。它给我们带来了许许多多的激动和喜悦，许许多多的成功和欢庆。然而，在单一的和僵化的计划经济模式中，特别是在以阶级斗争为纲的极"左"思潮中，却逐步升级地形成了"要么……要么……"乃至"宁要……不要……"的思维方式和价值模式。无论是作为"我们到底要什么"的社会价值导向和价值规范，还是作为"我到底要什么"的价值取向和价值认同，都表现出显著的单层化和单一化的总体特征。只讲理想不顾现实，只讲道德不讲利益，只讲崇高不讲平凡，只讲统一不讲选择的价值导向和价值规范，不仅形成了单一化的政治意识的价值范式，而且造成了理想、革命、崇高本身的扭曲。在那个把以阶级斗争为纲的单纯的价值范式推向极端的"十年动乱"中，我们曾经付出了多么沉重的代价！

以"单纯"的价值标准去看人，人便被"一分为二"地划分为好人与坏人；以"单纯"的价值标准去观己，己便被"一分为二"地归入正确与错误；以"单纯"的价值标准去论事，事便被"一分为二"地区分为好事与坏事。于是，看人只能是"亲不亲，线上分"，什么人性、人情、人格、人品，统统成了"立场不稳"、"界限不清"的犯忌的名词；观己则必须是"狠斗私字一闪念"、"灵魂深处闹革命"，时刻警惕"个人奋斗"、"白专道路"、"名利思想"、"小资情调"；对事则要"做不做，纲上分"，"需要"、"欲望"、"利益"、"富裕"都成了讳莫如深的错误想头。

正是这种被推向了极端的"单纯"的价值标准，造成了"要么……要么……"乃至"宁要……不要……"的两极对立、非此即彼的形而上学的思维方式。无论看人还是论事，只能是要么好要么坏、要么正确要么错误、要么肯定要么否定。人的多重需要和事物的多重属性，人的丰富生活和事物的矛盾存在，人的多样选择和事物的多种可能，均被拒斥于"要么……要么……"的思维方式之外。把这种两极对立、非此即彼的思维方式和价值观念推向极端，便是"十年动乱"中的"宁要……不要……"的猖獗。痛定思痛，当年的"宁要社会主义的草，不要资本主义的苗"，"宁要社会主义的低速度，不要资本主义的高速度"，"宁要贫穷的社会主义，不要富裕的资本主义"，岂不是荒谬绝伦吗？

改革开放以来，人们愈来愈懂得了"贫穷不是社会主义"、"发展才是硬道理"和"三个有利于"的价值标准。社会的价值导向和价值规范，以及个人的价值取向和价值认同，已经和正在发生深刻的变革。这就是以经济建设为中心和共同富裕的主导性价值范式的建立。

在这个主导性价值范式的建设过程中，出现了各种价值观念的冲撞，引起了价值坐标的震荡。人们愈来愈强烈地感受到，那种所谓"中止对立的是非判断"、"封闭一切价值通道"、"从情感的零度开始"的理论思潮，那种所谓"跟着感觉走"、"谁也别管谁"、"咋活咋有理"的社会思潮，正在把社会的价值导向和个人的价值取向从一个极端引向另一个极端。

这另一个极端，就是盛行于当代世界的相对主义的价值观。在这种价值观中，理想似乎等于幻想甚至于狂想，因而耻言理想；信仰似乎等于迷信或盲从，因而嘲弄信仰；道德似乎等于迂腐甚至愚笨，因而蔑视道德；崇高似乎等于虚伪甚至是愚弄，因而躲避崇高；传统似乎等于废品或垃圾，因而拒斥传统；规则似乎等于枷锁或桎梏，因而不要规则……耻言理想，嘲弄信仰，蔑视道德，躲避崇高，拒斥传统，不要规则，于是变成了"怎么都行"，于是互相觉得"可怜"，于是出现了《怜悯断想》中所描述的傍大款的靓女、出言不逊的撞车人、出卖自己的撰稿人、不择手段的伪善儿……

如果说人们在以阶级斗争为纲的日日夜夜感受到一种"生命中不堪忍受之重"，人们在"怎么都行"的相对主义的社会思潮中则深深地感受到一种"生命中不能承受之轻"。失落了理想就是失去了目的，失落了信仰就是失去了动力，失落了道德就是失去了人伦，失落了崇高就是失去了尊严，失落了传统就是失去了依托，失落了规则就是失去了尺度，"怎么都行"只能是一种失去标准的"存在主义的焦虑"。

于是，人们开始议论信仰危机、形上迷失、意义失落，人们开始寻求精神的家园、人文的价值、安身立命之本，人们开始探索精神文明的建设，构建社会主义市场经济的价值范式。

面对现实，我们应当超越两极对立的思维方式去思考"我们到底要什么"的价值导向和"我到底要什么"的价值取向，在理想主义与功利主义、期待道德与义务道德等之间保持一种"必要的张力"。

崇高的位置

面对现代人生的价值选择的困惑，我们需要一种辩证的哲学智慧。

在人类生活的价值坐标上，崇高与渺小一向是对立的两极：崇高表征着真善美，渺小则意味着假恶丑；追求崇高是人生的真谛，沦为渺小才是可怜的境地。因此，献身崇高的事业，弘扬崇高的思想，完善崇高的人格，臻于崇高的境界，一向是人生价值的最高尺度，人生意义的基本内涵和人生追求的根本目的。

哲学作为理论形态的人类自我意识，即理论地把握到的人类关于自身的存在、焦虑、理想和选择的自我意识，无论是中国哲学还是西方哲学，一向是以建构人类生活的精神坐标为根本使命，也就是以阐扬崇高和贬抑渺小为根本使命。然而，现代的哲学理性却在反省崇高和批判传统哲学的精神历程中，既消解着种种被异化了的崇高，又承受着失落了崇高的精神困倦。世纪之交的哲学理性正徘徊于对崇高的沉思之中。

社会的价值导向和价值规范，最深层的是它的理论导向与理论规范；个人的价值取向和价值认同，最根本的是对"取向"及其理论根据的认同。哲学理性的困惑是人类的焦虑的理论表征，反过来，哲学理性的困惑又会导致人类精神的焦虑。因此，面对"谁可怜"的迷惘与价值坐标的震荡，我们似乎有必要在哲学智慧的海洋中游弋一番。

首先，我们领略一番传统哲学及其所表征的人类对崇高的追求。

20世纪以来，在关于中国哲学与西方哲学的比较研究中，人们常常以如下的观点来表述中西哲学之异，即：中国哲学突显对人生的意义与价值的体认，道、仁、心、理皆为伦理实体；西方哲学则贯穿对知识的逻辑基础的寻求，本体、理念、规律、自由均以真理为目标。按照这样的理解，似乎中国哲学是以"拟价值"的形态去充任"一切价值的价值"，西方哲学则是以"拟科学"的方式去充任"全部科学的科学"。

在我看来，这种认识虽然在某些方面说明了中西哲学的差异，却从根本上丢弃了中西哲学在人类性上的深层一致性，以及中西哲学在时代性上的历史共同性。实际上，无论是中国哲学还是西方哲学，它们都是理论形态的人类自我意识，因而它们都是集中地、深层地表达着人类对自身存在的焦虑和渴望；它们都是以建构人类生活的精神坐标为目的，因而都能够强烈地影响和规范社会的价值导向和个人的价值取向。哲学的魅力，就在于它是对人生的意义与价值的理论回答。

在漫长的以自然经济为基础的传统社会中，人类一向是以两极对立、非此即彼的思维方式去看待人生的价值与意义。这种思维方式和价值观念，集中地、深刻地体现为整个传统哲学对崇高的追求。

传统哲学对崇高的追求，是以崇高与渺小的绝对对立和互不相容为前提，是以确立崇高的永恒性和终极性的存在为目标，是以自身所达到的理论形态作为崇高的终极实现而自期自许。这不正是人们长期以来所理解的崇高的理论写照吗？

传统哲学向自己提出的问题是：什么是绝对之真？什么是至上之善？什么是最高之美？在传统哲学看来，只有当哲学为人类提供出这种绝对之真、至上之善和最高之美，并且人类按照这种绝对之真、至上之善和最高之美去规范自己的全部思想与行为，人类才能崇高起来。传统哲学的这种追求与期待，不正是表征着人们长期以来对真善美的追求与期待吗？

传统哲学的这种自期与自许，把人类对崇高的向往与追求，变成了种种亘古不变的哲学理念，把崇高的历史性的时代内涵，变成了限制人的思想与行为的种种僵化的教条和崇拜的偶像。在这种思想与行为的禁锢与束缚中，人们怎么能不感受到"生命中不堪忍受之重"，又如何以创造性的精神去推动历史的进步和人的全面发展？

中国传统哲学，一向是以"为天地立心，为生民立命"为己任，以"究天人之际，通古今之变"为底蕴，以修齐治平、内圣外王为门径，去构建人类生活的精神坐标，确立人类生活的安身立命之本。中国传统哲学对崇高的追求，真可谓百折不挠、一以贯之。

然而，在"存天理，灭人欲"，"君子喻于义，小人喻于利"，"君为臣纲，父为子纲"，以及所谓"法先王之法"、"以孔子之是非为是非"的告诫与纲常中，我们不仅可以看到非此即彼、两极对立的绝对化的思维方式和价值观念，而且可以看到被扭曲了的价值标准和价值导向：崇高被扭曲为代表国家、社稷的君主，从而构成了君权神授、一切听命于皇帝的价值导向；崇高被扭曲为代表经典、文本的儒学，从而构成了尊孔读经、一切由典籍来裁判的价值导向；崇高被扭曲为代表伦理、道德的纲常，从而构成了循规蹈矩、不得越雷池一步的价值导向；崇高被扭曲为代表人格、人品的圣贤，从而构成了"君子喻于义"、"小人喻于利"，以"君子"为人生典范的价值导向……在这种非此即彼、两极对立的思维方式和价值观念中，一切背离这种导向与规范的思想与行为，则被视为离经叛道或大逆不道。这就是"没有选择的标准"的"本质主义的肆虐"。

由此我们可以看到，正是由于传统哲学对崇高的追求及其所造成的崇高的扭曲，我们才必须对中国传统哲学及其所代表的整个传统文化，采取"取其精华、弃其糟粕"的批判继承、推陈出新的态度。今人所谓继承中华民族优秀传统、弘扬中华民族传统文化，大概最重要的就是继承且发挥其追求崇高的传统；"五四"以来的所谓"打倒孔家店"，就其深层指向而言，恐怕最根本的就是消解种种被扭曲了的"崇高"。因此，在现代人生的价值选择中，历史虚无主义与复古主义是同样不合时宜的。以当代的社会发展为背景重建人类生活的价值坐标，即重新确立崇高的位置，应该是当代中国哲学理性思考的轴心，也应该是每个有教养的当代中国人的思考的轴心。

在这种理性思考中，我们还需要重新理解西方传统哲学及其所表征的整个西方传统文化。西方传统哲学虽然在理论形态和研究方式等诸方面与中国传统哲学存在种种差异，但它作为理论形态的人类自我意识，却同样是以崇高和使人崇高起来作为自己追求的目标，并同样以传统社会的自然经济为基础而造成了对崇高的种种的扭曲。尤为重要的是，在当代中国产生广泛影响的现代西方哲学——无论是科学主义思潮和人本主义思潮，还是所谓的后现代主义思潮——都是以消解被扭曲的"崇高"为出发点的。正是在这个消解崇高与失落崇高的矛盾中，表现出了当代哲学理性的深刻的精神困倦，当代相对主义价值观的理论危机，也表现出了当代人类所面对的价值选择的困境。那么，就让我们一起来探讨这个问题。

盛行于当代的所谓后现代主义思潮，有一位在当代中国思想理论界和文学艺术界产生重要影响的代表人物，这就是理查德·罗蒂。他写了两本颇有影响的书，一本叫《哲学和自然之镜》，另一本叫《后哲学文化》。我们就以这两本书为对象，来分析和思考西方传统哲学，以及后现代主义对它的批判。

在《哲学和自然之镜》一书中，罗蒂对整个西方传统哲学及其所表征的整个西方传统文化，作出这样的概括："自希腊时代以来，西方思想家们一直在寻求一套统一的观念……这套观念可被用于证明或批评个人行为和生活以及社会习俗和制度，还可以为人们提供一个进行个人道德思考和社会政治思考的框架。"

那么，西方传统的思想家们如何保证这套观念或框架的合理性或有效性呢？罗蒂说："作为一门学科的哲学，把自己看成是对由科学、道德、艺术或宗教所提出的知识主张加以认可或揭穿的企图。它企图根据它对知识和心灵的性质的特殊理解来完成这一工作。哲学相对于文化的其他领域而言能够是基本性的，因为文化就是各种知识主张的总和，而哲学则为这些主张进行辩护。"

正是基于这种理解，罗蒂提出了哲学理性的当代任务："摈弃西方特有的那种将万物万事归结为第一原理或在人类活动中寻求一种自然等级秩序的诱惑。"由此所形成的，便是罗蒂所说的"后哲学文化"。罗蒂提出："在这个文化中，无论是牧师，还是物理学家，或是诗人，还是政党，都不会被认为比别人更'理性'、更'科学'、更'深刻'"；"在这样一个文化中，仍然有英雄崇拜，但这不是对因与不朽者接近而与其他人相区别的、作为神祇之子的英雄的崇拜。这只是对那些非常善于做各种不同的事情的、特别出众的男女的羡慕。"

罗蒂的这些思想，不仅集中地表现了当代西方哲学的特征与趋向，而且理论地表现了当代西方价值观念的变化。所以，我们准备分三个层次予以评述，从而更为清晰地说明"崇高"在西方文化中的表现形态和演化趋势。

第一个层次，西方传统哲学及其所表征的西方文化所追求的目标是什么？在这个层次上，我们赞同罗蒂的概括，即：西方传统哲学是以寻求和提供一套裁判人的全部思想与行为的观念或框架为目标。它所寻求和提供的这套观念或框架，构成人的全部思想与行为的根据、标准和尺度，也就是人类生活的精神坐标上的"崇高"的理论表征。它对西方人的生活具有价值导向和价值规范的作用。

第二个层次，西方传统哲学寻求这套观念或框架的方式和途径是什么？在这个层次上，我们同样肯定罗蒂的概括，即：西方传统哲学是以对"科学、道德、艺术或宗教所提出的知识主张加以认可或揭穿"的方式，来履行它作为崇高的理论表征的社会功能。正是在追求崇高的方式与途径的这个层次上，凸显了西方传统哲学与中国传统哲学的重大差异。

在西方传统哲学那里，对崇高的追求，最根本的是超越"意见"而获得"真理"、认识"必然"而实现"自由"。所以，它总是寻求超越全部知识又能够解释全部知识的"最高原因的基本原理"（亚里士多德语），超越经验世界而又能够规范经验世界的永恒不变的本体。超验的本体论，是西方传统哲学的核心内容，也是构成西方文化价值观念的思维方式。

美国当代哲学家瓦托夫斯基说，西方哲学及其所代表的思维方式，是企图"把各种事物综合成一个整体，提供出一种统一的图景或框架，在其中我们经验中的各式各样的事物能够在某些普遍原理的基础上得到解释，或可以被解释为某种普遍本质或过程的各种表现"。[1]

这表明，西方传统哲学对崇高的追求，是一种理性主义的、逻辑主义的追求，是一种求知的、求证的知识论立场的追求，而不是中国传统哲学的体悟的、内省的、直觉的追求。这不仅表现了中西传统哲学对崇高的追求方式的重大差异，而且造成了把崇高扭曲为不同的形态。

崇高在中国传统哲学中的扭曲形态，主要是表现为君权、经典、纲常等伦理关系的神圣化；崇高在西方传统哲学中的扭曲形态，则主要表现为本体、共相、逻辑等认知关系的神圣化。这里，

---

[1] 瓦托夫斯基：《科学思想的概念基础——科学哲学导论》，求实出版社1982年版，第14页。

我们主要谈谈西方文化中的"上帝"。

在西方文化中，上帝是人的全部思想与行为的最高规范和最高裁判，也就是被神圣化了的崇高。上帝是绝对之真、至上之善和最高之美的"三位一体"。因此，上帝不仅规范人的思想和行为，而且裁判人的思想与行为。上帝是人的全部思想与行为的最高的根据、标准和尺度。

那么，上帝的观念是从哪里来的？它并不是幻想的或想象的或直觉的或信仰的产物，而恰恰是极端理性主义或极端逻辑主义的产物。西方文化在寻求本体、理念的过程中，总是企图寻找到一种永恒不变、绝对确定的终极性存在。这种存在便被合乎逻辑地推演为无所不在、无所不知、无所不能的上帝。这表明，上帝是作为超越经验的理性思维所创造的本体而存在。无论是在柏拉图的"最高的善"和亚里士多德的"形式的形式"的实体演绎中，还是在牛顿的"第一推动力"和黑格尔的"绝对精神"的逻辑证明中，上帝都是作为极端理性主义的产物而形成的。上帝作为神圣化了的崇高，其实质就是理性、逻辑的神圣化。试想一下，如果我们把理性主义或逻辑主义推向极端，认为一切的存在都是某种目的性的产物，我们将会产生怎样的观念？而一旦形成上帝创造一切、规范一切、裁判一切的观念，人又会过着怎样的生活？上帝像无所不在、无所不知、无所不能的"宪兵"一样，无时无刻不在窥视和监视人的思想与行为，人怎么能不时时感到"生命中不堪忍受之重"呢？人又如何能够忍受这个被异化的"崇高"呢？

罗蒂说，他所谓的"后哲学文化"，"指的是克服人们以为人生最重要的东西就是建立与某种非人类的东西（某种像上帝，或柏拉图的善的形式，或黑格尔的绝对精神，或实证主义的物理实在本身，或康德的道德律这样的东西）联系的信念"。在这里，罗蒂正是把"善的形式"、"绝对精神"、"物理实在本身"、"道德律"等的神圣化，都视为与上帝一样的"非人类的东西"。就是说，如果人们把人生最重要的东西（比如价值标准）异化给"非人类"的东西，人自己的生活就被异化了，就会感受到"生命中不堪忍受之重"。

例如，如果我们不是把科学看成是人类自己的活动，而是用"科学"去规范和裁判人的全部思想与行为，就会造成工具理性和科学主义的泛滥，把人看成是一种纯粹逻辑的存在。美国当代哲学家伊姆雷·拉卡托斯在论述"科学"时说，人们本来是用"科学"去反对"神学"，但人们却常常"根据他们直接由神学继承过来的标准"去要求"科学"，认为"它必须被证明是确凿无疑的。科学必须达到神学未达到的那种确实性"。似乎一说什么是"科学"的，就是绝对正确、不容置疑和不可变易的。现代西方的科学主义思潮，其实质就是以"科学"去拒斥"哲学"，取代"哲学"。由此我们谈到第三个层次。

第三个层次，如何看待和评价传统哲学及其所表征的人类对崇高的追求？在这个层次上，我们对包括罗蒂在内的现代西方哲学的观点持否定态度。

现代西方科学主义思潮的代表人物之一汉斯·赖欣巴哈，曾经这样谈论他所批判的"哲学"。他说，哲学是表现了人类的"不幸的本性"，即人类总是倾向于"还无法找到正确答案时就作出答案"，由此赖欣巴哈断言："当科学解释由于当时的知识不足以获致正确概括时，想象就代替了它，提出一类朴素类比法的解释来满足要求普遍性的冲动……这样，普遍性的寻求就被假解释所满足了。哲学就是从这个土地上兴起的。"

对于这种观点，我们至少需要提出如下的双重质疑：一方面，既然"要求普遍性的冲动"是人类的本性（尽管赖欣巴哈称之为"不幸的本性"），它又如何能够从人类的本性中清除掉呢？另一方面，科学是否也是人类"要求普遍性的冲动"？它为什么就具有理性自我批判的"豁免权"呢？

由此我们可以看到，赖欣巴哈的观点表现了双重的"非法性"：一方面，它非法地剥夺了人类本性的权利，具体地说，就是非法地剥夺了哲学所表征的人类对最重要的普遍性——价值坐标上的崇高——追求的权利；另一方面，它又非法地把"科学"供奉在裁判人的全部思想与行为的崇高的位置上。这样，赖欣巴哈所代表的科学主义思潮，就把人类对真善美的价值目标的全面性追求，变成了极端理性主义或极端逻辑主义的单向度的追求。

以罗蒂为代表的所谓"后现代主义"思潮，在批判科学主义思潮的过程中，不仅否定科学主义思潮以科学去代替哲学的位置，而且从根本上拒绝一切文化形式对崇高的追求。在罗蒂所倡言的"后哲学文化"中，没有任何一门学科或任何一种文化占有特殊的位置，因而是一种没有基础的"对话"；无论是自然科学家还是社会科学家，无论是政治人物还是文学家，都没有特别"深刻"之处，因而也不代表人类的价值追求；人们以为是崇高的人格化的英雄，其实不过是一些比较能干的"好男好女"，因而也不是价值标准的典范。总之，在这种"后哲学文化"中，高层精英文化失落了，英雄主义时代隐退了，理性主义权威丧失了，崇高被彻底地消解了。

面对当代的种种相对主义和虚无主义的理论思潮和社会思潮，我们要提出的问题是：人类能够忍受崇高的失落和价值坐标的消解吗？没有崇高的生活不是昆德拉所说的"生命中不能承受之轻"吗？面对价值选择的困惑，我们需要更深沉地、理论地求索崇高的位置。

理论的启示

20 世纪的哲学理性，直接地是以黑格尔哲学为背景而凸显出来的。"在黑格尔的博大体系中，以往哲学的全部雏鸡都终于到家栖息了"。传统哲学及其所表征的人类对崇高的追求，在黑格尔的哲学体系中得到了最集中也是最深刻的理论表达。首先耐心地分析一下黑格尔哲学，也许会帮助我们更深切地理解人类对崇高的追求。

对于黑格尔哲学，人们总是习以为常地这样谈论它的二重性，即：一方面，由于它把整个自然、历史和精神的世界描述为一个过程，所以它给我们留下了一份宝贵的精神遗产即辩证法理论；另一方面，由于它以所谓的"绝对精神"的自我运动来展现世界的辩证发展过程，所以它又给我们留下了一堆糟糕的精神垃圾即彻底的唯心主义理论。

对于这种"通常解释"，一个有教养的现代人也许应当提出这样的追问：黑格尔这位大思想家为什么会荒谬绝伦地把世界的辩证发展说成是"绝对精神"的自我运动？造成黑格尔哲学的辩证法与唯心主义的矛盾根源在哪里？作为传统哲学集大成者的黑格尔所要解决的巨大理论困难究竟是什么？

黑格尔曾经形象地把哲学比喻为"庙里的神"。谁都知道，有庙必有"神"，无"神"不成其为庙。同样，人类的精神殿堂必有"精神"，没有"精神"也不成其为精神殿堂。在黑格尔看来，哲学是"庙里的神"，也就是精神殿堂里的"精神"。这个"精神"，就是人类生活精神坐标上的"崇高"，所以黑格尔说，"凡生活中真实的伟大的神圣的事物，其所以真实、伟大、神圣，均由于理念"。他又说，"人应尊敬他自己，并应自视能配得上最高尚的东西"。

现在的问题是：为什么黑格尔要把人类所追求的"崇高"视为"理念"即"绝对精神"？我们知道，哲学史是人类的艰难而曲折的自我认识的思想史，也就是人类的艰难曲折的追求崇高的精神历程史。为了回答上面的问题，我们必须探寻黑格尔所自觉到的理论困难。

人类及其哲学对崇高的追求，始终贯穿着三大问题：崇高的存在、崇高的标准和崇高的实现。哲学作为理论形态的人类自我意识，它必须理论地回答这些问题，才能规范和引导人类对崇高的追求。

从总体上看，传统哲学对崇高问题的回答，构成了两种基本的理论思路：一种是以"心"即中国哲学所说的"良知"为崇高的存在，以"心所同然"即"人同此心，心同此理"为崇高的标准，并以"发明本心"即"致良知"为崇高的实现；另一种则以"理"或"理念"为崇高的存在，以"理"或"理念"的"本真性"为崇高的标准，并以人们对"理"或"理念"的普遍认同为崇高的实现。

然而，这两种理论思路都蕴涵着深刻的矛盾。就前者说，"人同此心"的"心"，"心同此理"的"理"，必为超越一己之心的普遍之"心"，超越一己之理的普遍之"理"。因此，以"发明本心"去实现的崇高，只能是归于对普遍性的"理"的认同。就后者说，超然于心外之"理"，只能是以认知的方式去实现"思"与"在"、"心"与"理"的统一。而认知作为过程，又必然是以已知求未知，以有限逐无限，永远也达不到黑格尔所说的"全体的自由性"的崇高。

正是由于自觉到这种矛盾，黑格尔从"思维的本性"去批判以往哲学对崇高的追求。他提出：如果仅仅从思维的主观性上看，它作为一种普遍性的精神活动，当然也就是"全体的自由性"。但是，正因为这样的"自由"只不过是抽象的思想的自我联系，所以又只能是一种没有任何规定的虚幻的自由。反之，如果仅仅从思维的客观性上看，它的内容就应该是存在的规定。但是，正因为存在的规定只能是有限的认识的结果，所以认识过程中的思维也就无法达到"全体的自由性"。

由此，黑格尔批判了他所说的两种错误的思维方式。其一是表象思维。黑格尔说，这种思维可以称作"物质的思维"、"偶然的意识"，"它完全沉浸在材料里，因而很难从物质里将它自身摆脱出来而同时还能独立存在"。其二是形式推理。黑格尔说，这种思维"以脱离内容为自由，并以超出内容而骄傲"。表象思维和形式推理都不能达到"自由"，那么，怎样才能达到"自由"即"崇高"呢？黑格尔的下述思想是耐人寻味的，这就是他对"个体理性"和"历史理性"的双重"消解"。

首先，黑格尔提出，思维的主体并不是"能思者"，而是"能思者的思维"。这样，他就把思维的主体由个体的思维转换成人类的思维，用人类思维的普遍性去"消解"个体思维的有限性。其次，黑格尔又提出，思维的历史，并不是思想获得越来越多的认识成果的过程，而是思维的"全体的自由性"与"各个环节的必然性"的统一过程。这样，他又把思维的历史性转换成精神的历程性，用人类精神历程的内在性去"消解"认知过程的外在性。

正是通过对思维的个体性和历史性的双重"消解"，人类对崇高的追求，就变成了黑格尔所说的"普遍理性"即"绝对精神"的自我运动和自我认识。而个体理性认同普遍理性的精神历程与历史理性展现普遍理性的逻辑进程的统一，就是黑格尔的"绝对精神"作为崇高的存在、标准和实现的统一。所以，有学者曾经深刻地指出："不幸和努力是结合在一起的，没有这种结合，就没有深刻的生活。基督的形象就是这种结合的象征。这一思想构成了黑格尔体系的基础。"

然而，人们似乎不大注意黑格尔的"这一思想"，而只是致力于批判黑格尔的"理性的狂妄"（如现代科学主义思潮）、"理性的冷酷"（如现代人本主义思潮）、"理性的抽象"（如国内通行的观点）。这些批判是必要的，也是重要的。但是，由于现代哲学的众多流派仅仅着眼于批判黑格尔的极端理性主义或极端逻辑主义，仅仅把黑格尔哲学看成是所谓"理性的放荡"，却造成了现代哲学理性的精神困倦。

这是因为，仅仅把黑格尔哲学看成是"理性的放荡"，就否定了黑格尔哲学及其所代表的整个传统哲学对崇高的追求。20世纪哲学理性的精神困倦，说到底，就是在消解种种被扭曲的崇高的过程中，却否定了对崇高的追求以致失落了崇高。

这还是因为，仅仅把黑格尔哲学看成是"理性的放荡"，就忽略了造成这种"放荡"的根源，也就是忽略了黑格尔面对的巨大理论困难，以及他解决这个理论困难的重大意义。这样一来，困难还存在着，而解决这个困难的理论启示却被丢弃了。

应当看到，黑格尔对个体理性和历史理性的双重消解，把人类理性对崇高的追求，变成个体理性和历史理性认同与展现普遍理性，把崇高的实现变成个体理性融合于普遍理性的精神历程，"这一思想"既是极其荒谬的——它导致了彻底的唯心主义，又是极为深刻的——它启发人类理性以辩证法的思维方式去理解崇高和对崇高的追求。

19世纪后半叶，在"德国知识界吹牛的后生小子们"把黑格尔当作一条"死狗"抛掉的时候，马克思曾针锋相对地说，他"公开承认"自己是这位大思想家的"门人"。对此，常常被解释为马克思批判地继承了黑格尔的辩证法思想。然而，这样的解释是远远不够的。作为由民主主义者发展为共产主义者的马克思，终生恪守其"始终如一"的目标——为全人类而工作。马克思不仅炽烈而执着地坚守人类及其哲学对崇高的追求，而且把崇高的实现作为自己毕生的事业。追求和实现崇高，在最深的层次上构成了马克思对黑格尔的批判继承关系。

马克思认为，任何真正的哲学，都是自己时代精神的精华。哲学对崇高的追求，崇高在哲学中的异化，都不能仅仅用哲学自身来说明，而必须用哲学所把握到的时代来解释。正因如此，马克思认为黑格尔是以"最抽象的形式"表达了"最现实的人类状况"。

黑格尔哲学既是"法国革命的德国理论"，又是"思想体系中的时代"。作为前者，黑格尔是以"绝对精神"的普遍性与真理性去展现和论证法国大革命所要求的自由、平等、博爱的绝对普遍性和终极真理性。作为后者，黑格尔是以"绝对精神"的逻辑统一性与理性合理性去表达和论证科学的逻辑统一性和人类的理性合理性。作为这两方面的统一，黑格尔是以"最抽象的形式"表达了"最现实的人类状况"——"个人现在受抽象统治，而他们以前是互相依赖的。但是，抽象或观念无非是那些统治个人的物质关系的理论表现"。

马克思这里所说的"统治个人的物质关系"，就是资本统治一切的资本主义社会的物质关系。由此可见，黑格尔把崇高异化为"绝对精神"，既不是他个人的"偏好"，也不是他个人的"编造"，而恰恰是"思想中的现实"——现实被"抽象"（资本）所统治。因此，消解崇高的异化，不仅需要批判崇高在哲学中的异化，而且必须批判哲学所表征的现实。这就是马克思所进行的对各种"神圣形象"和"非神圣形象"的批判。

在这种批判中，马克思从宏观的历史视野，把崇高的追求、异化与实现，同人类存在的历史形态联系起来，并用后者去解释前者。马克思认为，在"人的依赖关系"的历史形态中，个人依附于群体，个人不具有独立性，只不过是"一定的狭隘人群的附属物"。因此，个体对崇高的追求，就是对群体的崇拜。被崇拜的群体，则异化为非人的种种"神圣形象"。马克思说："人创造了宗教，而不是宗教创造了人。就是说，宗教是那些还没有获得自己或是再度丧失了自己的人的自我意识和自我感觉。"这深刻地揭示了崇高在"神圣形象"（上帝）中被异化的现实根源。

在"以物的依赖性为基础的人的独立性"的历史形态中，个人摆脱了人身依附关系而获得了独立性，但这种独立性却是"以物的依赖性为基础的"。人依赖于物，人受物的统治，人与人的关系受制于物与物的关系，人在对"物的依赖性"中"再度丧失了自己"。于是，对"神"（如上帝）的崇拜，变成对"物"（如金钱）的崇拜；崇高在"神圣形象"中的异化，变成在"非神圣形象"中的异化。马克思对"非神圣形象"的批判，就是对造成崇高异化的现实的批判，也就是要把崇高变成人的现实。人类存在的第三种历史形态，用马克思的话说，就是"建立在个人全面发展和他们共同的社会生产能力成为他们的社会财富这一基础上的自由个性"。

由此，我们可以把马克思主义的崇高观概括如下：崇高的追求，就是对人自身的全面发展的追求；崇高的异化，就是把人对自身全面发展的追求变成对各种非人的"神圣形象"或"非神圣形象"的崇拜；崇高的实现，就是在消解崇高的异化形态的过程中实现人的全面发展。

在人类争取自身解放和实现个人全面发展的过程中，不可避免地会形成各种各样的、具有时代特征的崇高的异化形态。因此，人类及其哲学必须坚韧不拔地、百折不挠地承担起双重的使命：在坚守对崇高的现实的追求中消解崇高的异化；在消解崇高的异化中坚守对崇高的现实的追求。

如果说马克思是以追求崇高的现实（人类的自身解放和个人的全面发展）为目标，致力于批判和消解以资本为根基的各种"非神圣形象"，那么，20世纪的西方哲学，却是以批判和消解哲学等文化形式所表征的"非神圣形象"为目标，致力于对崇高本身的批判。由于这种转换，现代西方哲学对"哲学"的批判，就变成了对哲学所追求的崇高的否定；消解"异化的崇高"，就变成了拒斥对"崇高的追求"。这就是 20 世纪哲学的"消解哲学"与"失落崇高"的理论困境，这也是当代人类理性的迷惘与困倦。

所谓"消解哲学"，从根本上说，就是消解普遍对个别的规范、现实对传统的依赖、必然对偶然的支配、统一对选择的制约、崇高对渺小的蔑视，也就是重构甚至是"倒置"普遍与个别、现实与传统、必然与偶然、统一与选择、崇高与渺小的关系。这种百年来的消解运动，既是对几千年来的肆行无忌的本质主义的惩罚，也是对现代发达工业社会的现实困境的理论折射。

记得一位伟人说过，无政府主义是对机会主义的惩罚。如果借用这句话来说明当代的哲学理性及其所表征的当代人类理性，那么，"消解哲学"的哲学首先是对以"崇高"自期自许的本质主义的传统哲学的惩罚，是对非此即彼、两极对立的传统哲学的思维方式和价值观念的惩罚。同时，这种"消解运动"，也是现代发达工业社会的理论折射。

20 世纪的西方发达工业社会，是市场经济、科技文明和大众文化的新的"三位一体"，是"人已经创造了一个前所未有的人造物的世界"（弗罗姆语）。科学技术的加速更替，生活环境的急速转换，大众文化的快速变异，审美时尚的迅速变化，人们仿佛是生活在一个光怪陆离、变幻莫测的"万花筒"中，似乎是在一个"无底的棋盘"上游戏。"现代性的酸"使一切神圣的事物都失去了原来笼罩着的灵光。两极对立模式的消解，英雄主义时代的隐退，高层精英文化的失落，理性主义权威的弱化，使得关于"崇高"的思想变成了所谓"往昔时代旧理想的隐退了的光辉"（宾克莱语）。就此而言，消解崇高的思想，只不过是对失落了崇高的现实的理论表达。

在现代发达工业社会，英雄主义时代隐退了，英雄作为人格化的"崇高"被消解了。由于科学技术的迅速发展，特别是科学的整体化与分支化的同步增强，任何一项科学成就的获得，都依赖于各种形式的"科学家集团"，传统意义的、"巨人"式的"科学巨匠"被现代的"科学家集团"取代了；大众文化的兴起，特别是以电视、网络为主要媒体的大众传媒的普及，文化成了消费，传统意义的"文学大师"被各式各样的"文化明星"取代了；市场经济的功利主义的价值取向和工具理性的思维方式，使人们沉湎于对当前利益的知性思考，传统意义的"思想伟人"被各式各样的"智囊人物"甚至是"点子公司"取代了；公民意识的普及和社会公德的规范化，传统意义上的"人格典范"或"行为楷模"被各式各样的"好男好女"取代了。于是，"英雄"变成了"明星"，"明星"取代了"英雄"。歌星、影星、视星、球星、笑星，变成了人们心中的偶像。这就是"英雄主义时代的隐退"。

在现代发达工业社会，随着文化的大众化、消费化、商业化和工业化，文化主要不再是教化的手段，而主要是消费、消遣、宣泄的方式。传统意义的"高层精英文化"日益被通俗小说、通俗歌曲、卡拉OK、MTV甚至是网络游戏所取代，传统意义的知识分子也愈来愈显著地分化为技术官僚、文化明星和孤寂的学人。这就是所谓"高层精英文化的失落"。

在现代发达工业社会，所谓反本质主义、反中心主义、反基础主义的后现代主义思潮，表达了对各种文化形式——哲学、科学、文学、政治的特殊地位的消解。这种消解，使传统意义的"理性主义"失去了昔日的灵光，使各种各样的非理性得到了普遍的认同。这就是所谓"理性主义权威的弱化"。

英雄主义时代的隐退，高层精英文化的失落和理性主义权威的弱化，造成了人类精神家园的困惑。人化的世界与自然的隐退，使人似乎是生活在一个无所依托的无根的世界。价值标准的多元化和不确定性，使人感受到一种失去根据的焦虑。终极关怀的失落所造成的价值坐标的震荡，使人时时感受到一种"生命中不能承受之轻"。人与自然的疏离，人与他人的疏离，人与自我的疏离，这就是所谓"现代人的困惑"。

20世纪的发达工业社会，既以"现代性的酸"消解掉一向被视为神圣事物的灵光，又以市场经济的规则构建出"非神圣形象"的社会模式化。这种模式化，用西方马克思主义的重要代表人物马尔库塞的话说，就是使人变成了一种失去了否定性、批判性和超越性的"单向度的人"。马尔库塞说，这种所谓"单向度的人"，不仅不再有能力去追求，甚至也不再有能力去想象与现实生活不同的另一种生活。因此，马尔库塞把现代发达工业社会称作"新型的极权主义社会"。

由于失去了对"崇高"的追求，并失去了选择的标准，因此，试图挣脱"单向度"的人，也只不过是"没有目标而造反，没有纲领而拒绝，没有未来应当如何的理想而不接受当前的现状"①。就此

---

① 宾克莱：《理想的冲突——西方社会中变化着的价值观念》，商务印书馆1983年版，第47页。

而言，现代西方的哲学思潮，不仅是理论地折射出崇高的失落，而且是理论地表现着崇高被遗弃的迷惘与困倦。这种精神状况，可以称之为失落了崇高的"生命中不能承受之轻"，也可以称之为没有标准的选择的"存在主义的焦虑"。

哲学作为"时代精神的精华"，其"精华"之所在，不仅在于它理论地"表达时代"，而且在于它理论地"超越时代"，即从对时代的批判性反思中引发出对崇高的新的追求。由此我们可以对20世纪的消解运动作出这样的概括与评价：这种消解的意义是明显的，因为它在哲学的层面上挺立了个人的独立性、文化的多样性和选择的合理性；这种消解的困境也是明显的，因为它蔑视和侮辱了人类生活精神坐标的支撑点，否弃了人类对崇高的追求和人类实现崇高的理想。

用这种理论思考来观照现代人生，来透视选择的困惑，来回答"谁可怜"的问题，我们也许可以得到这样的"共识"：重新寻求和确立崇高在人类生活精神坐标上的位置。而在走向新世界的这种理论思考中，我们应当并且能够从马克思那里获得更多的哲学智慧和理论力量。

生命的价值：思考人生

未经省察的人生是没有价值的。

——苏格拉底

人生的座右铭

现代人生的选择的困惑，源于现代社会的价值坐标的震荡，源于"我们到底要什么"的历史与现实的多元冲撞，源于"我到底要什么"的拒斥与认同的无根的抉择。

面对选择的困惑，除了深沉的理性思考，也许我们非常需要一种最为简洁而朴实的价值选择的定位与定向——人生的座右铭。

法国作家司汤达说，一个人在踏进社会时，应该准备若干条格言，作为处事指南。从这些处事指南或人生的座右铭中，我们可以汲取到"我到底要什么"的信念。

美国诗人朗费罗也说，"伟人的生平昭示我们，我们也能够生活得高尚"。从"伟人的生平"中，我们不仅可以找到价值选择的依据，而且可以汲取到进行这种选择的人格的力量。

说到"人生的座右铭"，也许人们会非常自然地想到《钢铁是怎样炼成的》这部影响了几代人的小说，想到这部小说中的保尔·柯察金的名言：

> 人最宝贵的是生命。生命属于每个人只有一次。人的一生应当这样度过：当他回首往事时，不会因虚度年华而悔恨，也不会因碌碌无为而愧疚。这样，在临死的时候，他就能够说：我已把自己的整个生命和全部精力都献给了世界上最壮丽的事业——为人类解放而奋斗。

在头脑中涌现这句名言的时候，我们的头脑中也会浮现出这部小说的作者尼古拉·奥斯特洛夫斯基的令人终生难忘的形象：乌黑的头发，瘦削的面庞，宽宽的额头，高高的颧骨，深陷的眼眶，特别是那双虽然已经失明但却似乎仍在逼视着我们的大大的眼睛：那瘦削的面庞和高高的颧骨，使我们想到作者历经磨难却从不向苦难低头的一生；那宽宽的额头和深陷的眼眶，使我们想到作者对人生的苦苦求索和无怨无悔的追求；那双虽已失明但却逼视着我们的大大的眼睛，使我们感受到心灵的震颤并激发我们对人生价值的求索……

奥斯特洛夫斯基的一生，是光辉而短暂的一生。他饱尝了贫穷的艰辛，他经历了战争的考验，他承受了感情的折磨，他遭受了病魔的摧残。他在人生最宝贵的年华双目失明，全身瘫痪。他在举枪准备结束自己生命的时候，却为自己的怯懦而感到深深的愧疚。于是，他扔掉了准备结束生命的手枪，拿起了赞美生命和求索人生的笔。

然而，对于这位双目失明、全身瘫痪的年轻的战士，命运之神也许是太不公平了。他以常人无法想见的毅力写成的书稿，却丢失在无法查询的邮路上。面对不公平的甚至是残忍的命运，奥斯特洛夫斯基没有向命运低下他那高贵的头。他以钢铁般的意志和赤子样的情怀，终于完成了这部显示生命价值和人生意义的名著，告诉一代又一代的人们：钢铁一样的人生是怎样炼成的。

甚至在生命的最后一刻，奥斯特洛夫斯基也以自己对死神的抗争，向人类显示着人的生命的力量与尊严。当他在弥留中醒过来时，对守候身边的妻子说："我哼哼了吗？"妻子说："没有。"奥斯特洛夫斯基说："你瞧！死神走近了我，但我没有向它屈服。"

不向苦难屈服，不向病魔屈服，不向死神屈服，这就是奥斯特洛夫斯基的人生，显示人的钢铁一般的意志的人生；不因虚度年华而悔恨，不因碌碌无为而愧疚，这就是奥斯特洛夫斯基的人生格言，赋予每个人的生命以意义的人生格言。

毫无疑问，人生活在这个世界上，不是为了饱受苦难的蹂躏，不是为了经受疾病的折磨，不是为了迎接死神的降临。然而，在每个人的一生中，有谁能躲避种种苦难的考验、种种病魔的缠绕和最终的死亡的归宿呢？在这样的时刻，我们会特别强烈地感受到奥斯特洛夫斯基的力量，会特别强烈地意识到生命的宝贵和人生的尊严。

人生是人的生命显示自己的尊严、力量和价值的过程，虚度年华和碌碌无为是人的生命的枯萎与否定。人们所需要的，不是回首往事时的"悔恨"和"愧疚"，而是生命过程中的奋斗与光彩。奥斯特洛夫斯基的名言，对于每个热爱生活的人生，都是显示人生真谛的座右铭。

生活可以不是"英雄主义的时代"，但人生不可以失落"英雄主义的精神"。

英雄主义精神，首先是一种人的尊严。把自己当作人，而不是"千万别把我当人"。有了人的尊严，才能活得堂堂正正、坦坦荡荡。在遭受冷遇的时候，敢于对自己说"天生我才必有用"；面对可畏的人言，敢于对自己说"吾善养吾浩然之气"；在条件艰苦的时候，敢于对自己说"斯是陋室，惟吾德馨"；在受到委屈的时候，敢于对自己说"莫道前路无知己，天下谁人不识君"；在坎坷的人生之旅中，敢于对自己说"莫怕穿林打叶声，何妨吟啸且徐行，竹杖芒鞋轻胜马，一蓑烟雨任平生"；而在病魔缠身、死神逼近的时候，敢于对自己说"只因平生无愧事，方敢死后对青天"。这是人的傲骨，这是人的尊严。"贫贱不能移，富贵不能淫，威武不能屈"。是什么不能使之移、不能使之淫、不能使之屈？就是人的尊严！

英雄主义精神，又是一种使命意识。人是真正的类的存在，使命意识则是真正的类的意识。人的性、情、品、格，是在个人与人类的关系中显现出来的。马克思的崇高形象，是由他"目标始终如一"地"为全人类而工作"塑造起来的。人的使命意识，使他成为民族的象征、时代的象征、人类的象征。我们并不否认，在"平平淡淡，从从容容"的日常生活中，"生活是根据下一步必须要解决的具体问题来考虑的，而不是根据人们会被要求为之献身的终极价值来考虑的"；然而，似乎谁也无法否认，"一种终极价值是那种最终目标或目的，所有较小的目标都是为达到它而采取的手段——它也是对一切较小目标进行衡量的标准"。哲学家冯友兰先生说，人的生活应该是"极高明而道中庸"。在平凡的生活中融注和洋溢着英雄主义的使命意识，生活才有亮丽的光彩，而不是平凡得只剩下单一的灰色。

英雄主义精神，就是反媚俗的精神，反市侩的精神。在高尔基的作品盛行于世的时候，人们曾经熟悉了这位歌颂"大写的人"的作家，也熟悉了他对小市民的猥琐与阴暗的鞭笞。如今，在昆德拉的小说广为流传的时候，人们也不仅仅是知道了这位反媚俗的作家，而且也知道了什么是"媚俗"。昆德拉说："那些不懂得笑，毫无幽默感的人，不但墨守成规，而且媚俗取宠。"这句话，也许还可以倒过来说：正是为了"媚俗取宠"，才"墨守成规"，并且"不懂得笑"、"毫无幽默感"。"懂得笑"，"敢于笑"，需要一种反媚俗、反市侩的英雄主义精神。

英雄主义精神，是主体自我意识的灵魂。它支撑人的自立和自主，它维护人的自爱和自尊，它激励人的自律和自省，它把主体挺立起来。失去英雄主义精神，而高谈主体自我意识，就只能是任意妄为的意识，哗众取宠的意识，投机钻营的意识。主体的自我意识，是发挥潜能的意识，实现价值的意识，全面发展的意识。它需要英雄主义精神的支撑、维护和激励。

有一本书的名叫《活出意义来》，作者提出，人在任何处境中，都应该也能够"活出意义"。他还具体地指出"活出意义"的三种不同的途径：第一种途径是创造和工作，这是功绩和成就之路；第二种途径是通过体认工作、文化、爱情等的价值来发现生命的意义；第三种途径是在苦难之中，借助于受苦受难来获得生命的意义。"人们在绝境中不能选择生死，但可以选择面对它的态度，这正是大写的人的力量，超越外在命运的力量"。

英雄主义精神并不是"光荣的梦想"。它是人之为人的尊严，它是人之为类的使命，它是在滚滚红尘中挺立人的主体意识的支柱，它是在物欲横流中反媚俗的安身立命之本，它是人"活出意义"的无怨无悔的追求。

这应该是奥斯特洛夫斯基留给我们的人生座右铭的永恒意义。

生命、生存与生活

生命属于人只有一次。"热爱生命"，这也许应该是一切人生座右铭的基调和底色。然而，人所热爱的生命，人所珍视的生命，并不仅仅是指人的自然生命，而是指水乳交融的自然生命、精神生命和社会生命构成的人的完整的生命。

"生命诚可贵，爱情价更高，若为自由故，二者皆可抛。"这似乎是把人的自然生命、精神生命和社会生命区分开来，为人的三重生命列出了价值的等级表。然而，这首诗的震撼心灵的魅力，却恰恰在于它揭示了人的生命的真谛：对人来说，生命，不只是所有的生物都具有的自然生命，而且是所有的其他生物都不具有的精神的生命、社会的生命。如果失去了精神的和社会的生命，自然的生命就失去了人的生命的意义。正因如此，人的三重生命具有了价值的不同等级，为了捍卫精神的和社会的生命可以舍弃自然的生命。

直面人生，我们需要思考人的生命。

世界上的一切存在，可以分为生命的存在与非生命存在。

生命的存在，可以分为人的生命存在与其他生物的生命存在。

人的生命存在的方式是生活，其他生物的生命存在则仅仅是生存。生活与生存，是人与其他生物的根本区别。

生活与生存的区别，首先在于生活是有意识的生命创造活动，而生存则是无意识的生命适应活动。马克思说："动物是和它的生命活动直接同一的。它没有自己和自己的生命活动之间的区别。它就是这种生命活动。人则把自己的生活活动本身变成自己的意志和意识的对象。他的生活活动是有意识的……有意识的生活活动直接把人跟动物的生命活动区别开来。"

动物的生命活动就是它的生存，它的生存也就是它的生命活动。动物以自然所赋予的生命本能去适应自然，从而维持自身的生存。这种生存的生命活动是纯粹的自然存在。

人则不仅以生命活动的方式存在，而且意识到自己的生命活动，并且根据自己的意志和意识进行生命活动。这样，人的生命活动就成为实现人的目的性要求的活动，把自己的目的性要求变成人所希望的现实的活动，让世界满足自己的需要的活动。正因如此，人的生命活动就不再是纯粹适应自然以维持自身存在的生存方式，而是改变自然以创造人的世界的生活方式。超越"生存"的"生活"，构成了人所特有的生命的存在。

生活与生存的区别，还在于动物的生命活动只是按照自己所属的物种的尺度去适应自然的活动，而人的生命活动则是物的尺度与人的尺度相统一的变革自然的活动。这正如马克思所说："动物只是按照它所属的那个物种的尺度和需要来进行塑造，而人则懂得按照任何物种的尺度来进行生产，并且随时随地都能用内在固有的尺度来衡量对象，所以，人也按照美的规律来塑造。"

　　动物只是按照它所属的物种的尺度进行生命活动，它就只能是按照它所属的物种的本能去适应自然。肉食类动物只能吃肉，草食类动物只能吃草；陆地上的动物只能生存于陆地，水里的动物只能生存于水中；动物只能按照它所属的物种的方式生存，而不能按照其他物种的方式存在；动物只有自己所属的物种的尺度，而没有变革自己的存在方式的"内在"的尺度。与动物只有一种尺度不同，人则可以根据任何一种物种的尺度进行生产，并且按照人的尺度（人的意愿、目的、情感等）去改变对象的存在。

　　生活与生存的区别，又在于人的生命活动是创造性的历史活动，而动物的生命活动则是适应自然的非历史活动。动物只是按照它所属的那个物种的尺度本能地适应自然，因此它永远只能是一代又一代地"复制"自身。这种纯粹自然的物种繁衍，造成一代又一代的本能的生命存在，因而是非历史的存在。人则不然。人在自己的生命活动中，不仅仅是按照物的尺度与人的尺度的统一进行生产，而且不断地在这种生产中改变自身的存在。因此，人不像动物那样一代又一代地"复制"自己，而是一代又一代地"发展"自己。只有人才有自己的"历史"，只有人的生命才是"历史性"的存在。

　　历史性的存在，就是"文化"的存在。人的生命活动，不仅是改变生活环境的活动，使自然"人化"的活动，把"人属的世界"变成"属人的世界"的活动，而且是改变人类自身的活动，使自身"文化"的活动，把"属人的世界"变成"文化世界"的活动。

　　文化是人的存在方式。人类创造了把握世界的各种各样的文化方式，诸如经验、常识、神话、宗教、艺术、伦理、科学、哲学的和实践的文化方式。人类以文化的方式去把握世界，就形成了丰富多彩的、生生不已的人的文化世界，诸如宗教的世界、艺术的世界、伦理的世界、科学的世界等。文化是人的生活世界。

文化又是人类的遗传方式。"在动物和植物中，形成对环境的适应性，是通过其基因型的变异。只有人类对环境刺激的反应，才主要是通过发明、创造和文化所赋予的各种行为。现今文化上的进化过程，比生物学上的进化更为迅速和更为有效"，"获得和传递文化特征的能力，就成为在人种内选择上最为重要的了"。人类是在文化的遗传与进化中实现自身的历史发展。

人在自身的历史发展中，永远处于这样的矛盾之中：人既是历史的经常的"前提"，又是历史的经常的"结果"。每一代人的存在都依赖于先前世世代代人所创造的历史条件，同时又以自己的生命活动为后代创造新的历史条件。正是在这种互为"前提"与"结果"的历史活动中，人类的存在具有了愈来愈丰富的文化内涵，人的世界愈来愈成为"文化"了的生活世界。

人的生活世界，是人的自然生命、精神生命和社会生命相互融合所创造的世界。人所创造的生活世界，是物质文明、精神文明和制度文明相互融合的文化的世界。

人的文化世界，是发挥人的潜能、满足人的需要、实现人的发展的世界，因而是一个有"意义"的世界。

人的意义世界

"万物生长靠太阳"，这是一首歌中的歌词。

确实，没有阳光，世界将陷入黑暗，万物将不复存在。这几乎是人人都懂得的道理。

人的生活世界的存在，人的个体生活的存在，也依赖于一种特殊的阳光——意义之光。

意义，照亮了人的生活世界，使得生活世界五彩缤纷，辉煌灿烂。

意义，照亮了人的个体生活，使得个体生活多姿多彩，气象万千。

人的生活世界，是意义的世界；人的个体生活，是寻求和获得意义的生活。

生活失去意义，就是生活的否定。人无法忍受无意义的生活。

人与动物的区别，在于动物是生存于无意义的自然世界，而人则是生活于有意义的意义世界。

一袋种子，人可以吃掉它来充饥，但人却把它播撒进土地，因为人知道"种子"的意义；一片森林，人可以砍伐它来作燃料，但人却守护它茂盛地生长，因为人知道"森林"的意义；一件文物，人可以把它派上某种实用的用场，但人却小心翼翼地把它保护起来，因为人知道"文物"的意义；一笔金钱，人可以用它吃喝玩乐，但人却用它去送子女上学，因为人知道"教育"的意义……

意义，使生存变成了生活。

意义，使人的世界变成丰富多彩的生活世界。

人的眼睛，不只是看到各种事物的存在，而且"看"到事物存在的"意义"，因此事物才成为人的多重世界的物质承担者。比如，我们"看"到一幢楼房。从这幢楼房，我们"看"到了它的质料和结构，构成了我们知识的世界；我们"看"到了它的用途，构成了我们的价值的世界；我们"看"到了它的线条与颜色，构成了我们的审美的世界；我们"看"到了它的风格与特点，引发我们驰骋于想象的世界；我们"看"到了它的古朴或华美，诱导我们进入了或庄严肃穆或心旌摇曳的情感世界……

至于每个人究竟能"看"到什么，能构成怎样的意义，则取决于个人能否被"意义"所照亮。"眼睛要欣赏绘画，就必须是懂得绘画的眼睛；耳朵要欣赏音乐，就必须是懂得音乐的耳朵"；同样，心灵要体验某种情感，就必须是懂得咀嚼情感的心灵；头脑要想象某种真实，就必须是善于真实想象的头脑……意义的世界，是人创造的世界。

人所创造的意义世界，是以人类把握世界的多种方式为中介的，是通过文化的多种形式来实现的。马克思说，人类是以神话的、宗教的、艺术的、伦理的、科学的和哲学的多种方式去把握世界，由此便构成了人的神话世界、宗教世界、艺术世界、伦理世界、科学世界和哲学世界。卡西尔说，各种各样的文化形式构成了"人性的圆周"，形成了意义的"同一主旋律的多重变奏"。意义的世界，是由人类文化的多样性所创造的多姿多彩的世界。

神话方式是一种幻化的方式，是对人和世界的双重的幻化。它既以宇宙事件来看待人的行为，又以人的行为去解释宇宙事件，从而构成了神话意义的世界。比如，风调雨顺或涝旱成灾，风和日丽或电闪雷鸣，在神话的意义世界中，或是神灵的恩赐，或是神灵的惩罚，宇宙事件被拟人化为情感或意愿的表达。神话，表现了人对意义的寻求。对人来说，人的行为也好，宇宙事件也好，都不能是无意义的。用人的行为来解释宇宙事件的意义，或者反过来，用宇宙事件来解释人的行为的意义，都表明人无法忍受无意义的生活。

神话，它能够成为人类把握世界的一种方式，也许最重要的是表现了人对生命意义的寻求。人无法忍受自己只是浩渺宇宙中匆匆过客式的存在，更无法忍受自己只能是无声无息、一了百了地死去。生命的无所归依的毁灭，是无法接受的，也是无法忍受的。于是，在神话的意义世界中，生命活动具有了宇宙事件的意义，生命消逝具有了灵魂转移的再生的意义。

宗教，是人创造的另一个意义世界。它以神圣的形象使人的存在获得"神圣"的意义。

宗教中的神圣形象，把各种各样的力量统一为至高无上的力量，把各种各样的智能统一为洞察一切的智能，把各种各样的情感统一为至大无外的情感，把各种各样的价值统一为至善至美的价值。这样，宗教中的神圣形象，就成为一切力量的源泉，一切智能的根据，一切情感的标准，一切价值的尺度，人从这种异在的神圣形象中获得存在的根本意义。

人创造了宗教，是为了从宗教中获得存在的神圣的意义。然而，对人来说，宗教的神圣意义，却恰恰表明了人的悖论性存在：生活的意义来源于宗教的神圣意义，这意味着人把自己的本质力量异化给了宗教的神圣形象，是人还没有获得自我或再度丧失了自我的自我感觉和自我意识；消解掉宗教的神圣意义，这意味着生活本身不再具有神圣的意义，生活失落了规范和裁判自己的最高的根据、标准和尺度。如果存在宗教的神圣意义，人的生活就具有宗教赋予的神圣意义；如果不存在宗教的神圣意义，人就是宇宙中的匆匆过客，死亡就是不可再生的永逝。意识到神圣形象的存在，会感受到人的全部思想和行为都被一种洞察一切的力量监视，因此生活变得"不堪忍受之重"；意识到神圣形象的消逝，会感受到人的一切思想与行为都只不过是自己在思想和行为，因此生活变得"不能承受之轻"。

人能够超越宗教意义世界的悖论，在于人有多重的文化意义世界。

艺术是人类把握世界的又一种基本方式，它构成人的艺术的意义世界。艺术的意义世界，不是关于世界究竟是怎样的那种知识的世界，也不是关于人究竟应当怎样的那种价值的世界，而是使我们的感受更加强烈、生命更富色彩的审美的世界。

关于艺术，有种种不同的观点。"模仿说"认为艺术是对自然的模仿，"想象说"认为艺术是人的想象力的产物，"显现说"认为艺术是对理念的感性显现，"表现说"认为艺术是情感的对象化存在，"象征说"认为艺术是苦闷的宣泄，"存在说"认为艺术是人诗意地生活的方式……但是，不管对艺术有多少不同的理解，艺术总是为人类展现了一个审美的世界，一个表现人的感觉深度的世界，一个深化了人的感觉与体验的世界。在艺术世界中，情感体验本身获得了自足的意义。

艺术使个人的感受条理化，使个人的体验和谐化，它调整和升华了人的感受与体验。艺术又使人的情感对象化、明朗化，在想象的真实中获得真实的想象。艺术没有"创造"画布和颜料，没有"创造"肉体和声音，也没有"创造"语言和文字，然而，它创造了美的线条和色彩，创造了和谐的舞姿和韵律，创造了形象和意境。一句话，艺术创造了艺术的意义世界。它把宗教的神圣形象的情感意义，展现为艺术世界的审美意义。

如果说艺术创造了属人的艺术世界，那么，科学就创造了属人的认知的世界、知识的世界、智能的世界。

科学，它首先是为人类提供了科学的世界图景。在科学的世界图景中，人们不只是"看"到了离开科学所看不到的存在，比如分子、原子、基本粒子、遗传基因、历史规律等，更重要的是"看"到了世界对人的意义，比如能量转换的意义、生物进化的意义、历史发展的意义、信息交换的意义等。正是在科学所展现的意义中，人们愈来愈深刻地认识到科学的意义，并以科学的意义去取代神学的意义，用科学的世界图景去取代神学的世界图景。"科学"已经成为人的思想与行为的根据。

用卡西尔的话说，"科学是人的智力发展中的最后一步，并且可以被看成是人类文化最高最独特的成就"。科学是人以智力解释世界的新形式，它为人的智力活动提供了新的强有力的符号体系，它把人的智力活动凝聚为秩序井然的符号系统、"对于科学，我们可以用阿基米德的话来说：给我一个支点，我就能推动宇宙，在变动不居的宇宙中，科学思想确立了支撑点，确立了不可动摇的支柱"。科学智力的力量及其所创造的人间奇迹，代替了被异化的人类智力的奇迹——神圣形象的智力奇迹。

在科学的意义世界中，人们不仅获得了科学的世界图景，也不仅展现了智力的奇迹，而且获得了价值评价的尺度和价值规范的依据。"科学"与否，成为判断人的思想与行为的标准。人们用"科学"去衡量人的思想是否合理，科学成为"合乎理性"的标准；人们用

"科学"去裁判人的行为是否"适当",科学成为"适宜恰当"的标准。于是,作为宗教的神圣形象所具有的裁判人的思想与行为的意义,被科学的价值标准所取代了。

科学为人类提供的世界图景、思维方式和价值规范,构成了一个系统的、完整的、强大的意义世界。然而,在科学的意义世界中,也隐含着科学自身所无法解决的主观与客观、主体与客体、个别与一般、观察与理论、逻辑与直觉、意识与潜意识、理性与非理性等的矛盾与冲突。对这些矛盾与冲突的意义的寻求,构成了人的哲学意义世界。

哲学是社会的自我意识的理论表现,即理论地表现的人类对自身存在的境遇、焦虑、选择和理想的自我意识。哲学不是"表述"人类存在的经验事实,也不是"表达"人类的情感意愿,而是理论地"表征"人类存在的意义。哲学是关于"意义"的意义世界,也就是人们所"觉解"到的意义世界。

哲学所表现的人类对生活意义的寻求,有它的特殊方式。这种方式的特殊性,首先在于它揭露、批判、反思和消解"虚假的意义"。反过来说,哲学方式的特殊性,首先在于它引导人类自己去寻求"真实的意义"。

按照马克思的思想,人的历史发展在总体上表现为"人的依附性"、"人的独立性"和"类"主体这样三种基本形态。以自然经济为基础的"人的依附性",表现为人在神圣形象中的"自我异化",即人把生活的意义异化为某种"神圣形象",从某种"神圣形象"中去获得生活的意义。"以物的依赖性为基础的人的独立性",又表现为人在非神圣形象中的"自我异化",即人把生活的意义异化为某种"非神圣形象",从某种"非神圣形象"中去获得生活的意义。由此,便造成了人类生活中的种种"虚假的意义"。

这种种"虚假的意义"说到底,就是人的生活意义变成了某种超人的、异己的存在。宗教中的"神圣形象",把人的生活意义异化为上帝的存在。意义的尺度,就变成了是否"与上帝同在"。近代哲学所倡言的"先自我而后上帝,先理解而后信仰",正是要求把超人的意义复归为人的生活的意义,发挥人的潜能和满足人的需要的意义。这就是所谓"人的发现"。现代哲学所倡言的"存在先于本质"、"理解是人的存在方式"、"语言是存在的家"等,特别是马克思主义哲学所倡言的"实践是人的存在方式",则是要求超越把人的生活意义归结为某种特定的文化形式,批判把某种特定的文化形式当作赋予人的生活以意义的"非神圣形象",从而把生活意义实现为人自身的全面发展。

人的意义世界,在"同时态"上表现为人类把握世界方式的多样性、人类文化形式的多样性,以及这种多样性的统一性。神话的世界、宗教的世界、常识的世界、艺术的世界、伦理的世界、科学的世界、哲学的世界等,构成了五彩缤纷的人的意义世界。各种文化形式作为"同一主旋律的多重变奏",就如同赤橙黄绿青蓝紫合成的阳光,又构成统一的意义世界。意义世界的多样统一性,在"同时态"上便结晶为"时代精神"——人类在自己时代的意义世界。

人的意义世界,在"历时态"上又表现为生活意义的扩展与深化。文化的各种形式,都具有历史的继承性和时代的创新性。它们积淀着生活的传统意义,又创生着生活的当代意义,并孕育着生活的未来意义。人的意义世界处于生生不已的转换之中。在意义世界的历史转换中，个人既被历史文化所占有，又改变着历史文化，从而获得新的生活意义、构成新的意义世界。

按照当代解释学的说法，个人的意义世界，是历史文化对个人的占有和个人正在展开的可能性的统一，是历史视野与个人视野的融合。个人的意义世界，既依赖于历史文化，也依赖于人的创造。有意义地生活，就要如饥似渴地汲取历史文化，就要自由自觉地创建新的文化。"人所有的，我都具有。"这是人的教养，也是人的生活意义。

超越了动物的人类，生活于三重的时空世界：人作为自然存在物，同其他存在物一样，生存于自然时空所构成的"自然世界"；人作为超越自然的社会存在物，否定了其他存在物的自在性，生活于自己所创造的由文化时空构成的"文化世界"；人作为社会—历史—文化存在物，既被历史文化所占有，又在自己的历史活动中展现新的可能性，因而生活于历史与个人相融合的"意义世界"。具有文化内涵的"意义世界"，才是真正的人的世界。

建构人类的新的"意义世界"，需要提高人类的文化教养；建构个人的新的"意义世界"，需要提高个人的文化教养。教养，就是现代人生活的"意义世界"。

走出生活的"二律背反"

生活中人们经常感受到的意义问题，似乎并不是生活意义的正向度——意义的存在，反倒是生活意义的负向度——意义的失落。

这也许是证明了一句俗话："谁有什么病，谁就总说什么病。"

而这又恰好表明：人不能忍受无意义的生活。

确实，当我们身体健康的时候，健康的"意义"存在着，但我们都很难自觉地提醒自己健康的"意义"。只有当疾病降临的时候，人才会痛切地感受到健康的"意义"，才会竭力地寻求健康的回复。

当亲情、友情或爱情就是我们的生活的时候，我们觉得生活就是这样，生活就应该是这样。而当亲人永远离开的时候，当朋友产生隔膜日渐疏远的时候，当爱情破裂恋人分手的时候，我们就会强烈地感受到淳朴的亲情、真挚的友情和火热的爱情，对我们的生活有那么重要的"意义"。那时，我们才会感到普希金的诗句是那样亲切："过去了的一切，都会成为亲切的怀恋。"

在高唱理想、信仰、崇高的时候，也许会使我们热血涌沸，斗志昂扬，但并不见得真实地、深切地感受到理想、信仰、崇高的"意义"。而当耻言理想、蔑视道德、躲避崇高、拒斥信仰、不要规则成为一种社会思潮的时候，我们才会真切地感受到，理想、信仰与崇高，才是生活中不可缺少甚至是最为宝贵的东西。于是，人们才大声惊呼"形上迷失"、"信仰缺失"、"意义危机"，才去探讨"人文精神"，才去寻找"精神家园"。著名心理学家荣格说："人类最大的敌人不在于饥荒、地震、病菌或癌症，而是在于人类本身；因为，就目前而言，我们仍然没有任何适当的方法，来防止远比自然灾害更危险的人类心灵疾病的蔓延。"这是人类心灵感受到意义危机时向自己发出的告诫。

任何意义的存在，人们都会感到平平淡淡，理所当然，习以为常。而任何一种意义的失落，又使人们感到无法接受，甚至是不可容忍。于是，人们总是感到"得不到想要的，又推不掉不想要的"。

公务、家务、事务缠身，会议、接待、应酬频繁，人们会感到紧张得喘不过气来，于是吟唱"平平淡淡，从从容容"才是真，渴望着温馨和宁静。真的平淡了，从容了，宁静了，人们又会感到平淡得乏味，从容得单调，宁静得压抑，烦躁不安，寂寞难挨，盼望着火火爆爆的生活，期待着"人生能有几回搏"，甚至是"过一把瘾就死"。

记得有一篇小说题为《电话》，讲的是一位离休的老干部，每有电话打来，总是嚷着"整天都是电话，真是让人烦死了"。然而，他却整天都在等待别人打来的电话。离休了，又哪里会有那么多电话打给他呢？当然还是老伴儿最理解他的心情，于是便暗地里嘱咐熟悉的亲友，有事没事常打打电话给他。这位离休的老干部，便又可以嚷一嚷电话"烦死了"。

20 世纪 80 年代中期流行一种说法，叫作"当官的路红通通，经商的路黄灿灿，搞学问的路黑洞洞"。然而，当官的和经商的却常常羡慕搞学问的那种苦中有乐的格调与情趣，搞学问的又未尝不想试试当官的权势与荣耀、经商的富有与显赫。然而，真的调调个儿，换着做一做，又彼此都会感到难以忍受的失落。

有一首歌里唱道："新鞋子，旧鞋子，都是过生活。"这话的确不假，怎样过还不是过生活？然而，放着新鞋子不穿，专门穿旧鞋子，试图过一种传统的生活，那心里的滋味怕也不能好受，因为"外面的世界"实在诱人。如果有了新鞋子就扔旧鞋子，"新鞋子"的潮流又是日新月异，追赶不及；"旧鞋子"的存在又只是明日黄花，过眼烟云，在追赶"新鞋子"的急迫匆忙中从未好好地穿穿"旧鞋子"；那恐怕"新鞋子"、"旧鞋子"都失去了人生的"意义"。捷克小说家昆德拉曾借用福楼拜编辑的一本流行用语辞典中的话说："现代化的愚蠢并不是无知，而是对各种思潮生吞活剥。"这大概也就是"新鞋子"与"旧鞋子"的矛盾。

其实，生活中的"二律背反"，又何止于"想要的"与"推不掉的"、"新鞋子"与"旧鞋子"的矛盾。理与欲，义与利，情与智，福与祸，荣与辱，进与退，意识与潜意识，理性与非理性，生活的"二律背反"比比皆是。这或许表明，人自身就是悖论性的存在。

"实践是人的存在方式"。而人的实践活动恰恰蕴涵着人与自然、人与他人、人与自我的无限的矛盾。

实践把世界"二重化"了。本来是"自然而然"的世界，人的实践活动却把它分化为自在的世界与自为的世界，自然的世界与文化的世界，"人属的世界"与"属人的世界"。实践使世界具有了二重属性。

对动物来说，世界就是自在的世界、自然的世界。它本能地生存于自然之中，它对世界的关系，并不是作为"关系"而存在的。人却以实践的方式使自己成为认识和改造世界的主体，同时把世界变成认识和改造的客体。由此便形成了主体与客体、主观与客观、思维与存在的种种矛盾。

实践又把人"二重化"了。人作为自然界的产物，本来也仅仅是自然的存在。然而，人却以实践活动把自己从自然中分化出来，成为自为、自觉、自主的存在。自然对人具有"本原性"，人对自然具有"超越性"。人依据"人的尺度"对世界提出目的性要求，人又按照"物的尺度"把目的变成现实。

实践也把历史"二重化"了。人是社会历史的主体，"历史不过是追求着自己的目的的人的活动而已"。就此而言，历史是经过思虑或凭借激情的人的活动的历史，是人们自己创造自己的历史。然而，正如历史所证明的，人们创造历史的活动又不是随心所欲的，不是在人们自己选定的条件下进行的，而恰恰是在某种既定的、给予的条件下进行的。就此而言，历史又是不以人们的意愿为转移的历史进程，是制约和规范人们的思想与行为的历史规律，于是便产生了"人决定环境"与"环境决定人"、"英雄造时势"与"时势造英雄"等的"二律背反"。

由此我们可以看到，正是被实践"二重化"了的世界、人和历史，使人成为一种悖论性的存在。

人以实践的方式把自在的、自然的世界变成人化的、属人的世界，也就是把"生存"的世界变成"生活"的世界。这个生活的世界越来越文化化，越来越符号化，其结果却造成了"自然的隐退"和"人与自然的疏离"。自然的广袤与粗犷，自然的朴实与深厚，似乎是离人越来越远了，"无根"的感觉造成现代人的困惑。远离自然也就是远离动物状态，这是人的进步；远离自然又是远离生命之根，这是进步的代价。生活的意义由于人越来越远离动物状态而日益丰富，生活的意义也由于人越来越远离自然而日益纤弱。这可以说是生命之根的二律背反。

人以实践的方式使自身从自在、自然的存在变成自为、自觉的存在。人不仅自觉到个体是"我"的存在，而且自觉到人类是"我们"的存在。"我"与"我们"之间的个人利益与社会正义的矛盾，成为一切社会所面对的主要问题。

"我"有情感和欲望，又有理智和意志。面对"滚滚红尘"，到底是"跟着感觉走"，追逐和满足那无法填满的欲望，还是"跟着理智走"，听命和服从于理智的逻辑？有这样一句话："让理智的鞭子把感情抽打得鲜血淋漓。"这是要感情服从理智。还有一句话："冷静地拔剑出鞘的人是无所作为的。"这是要理智服从感情。如果只是用理智去压抑感情，人岂不成了冰冷的逻辑？如果只是用感情去代替理智，人又岂不成了燃烧的情感？

　　按照弗洛伊德的精神分析学说，人的意识不仅仅是觉其所觉、知其所知、想其所想的"显意识"，而且是未觉所觉、未知所知、未想所想的"潜意识"。"想"到了，未必就照所"想"的去做，因为还有无须想也无法想的"潜意识"在制约着做什么。反之，"没想到"的，也未必就不会做，因为那无须想也无法想的"潜意识"在起作用。特别是所谓的"集体无意识"或"文化无意识"，它作为历史文化积淀所形成的"无意识"，无时无处不在深层规范着人们的思想与行为。这造成了人类意识活动的悖论性。

　　科学是"人类文化最高最独特的成就"，"全部人类活动的顶点和极致"。没有科学，现代文明是无法想象的。然而，对科学的崇拜，却造成了盛行于当代的科学主义思潮。工具主义思维方式的滥用，不仅钝化了人的形上追求，而且"清洗"了生活的意义。

　　如果说"语言是存在的家"，那么，语言也是生活意义的家。然而，在科学主义或者说工具理性的思维方式中，却要求用科学语言去裁判其他一切文化形式的语言，用科学语言的意义去清洗其他一切文化语言的意义。科学主义要求语义的单一性、概念的确定性和意义的可证实性，然而，日常语言也好，艺术语言也好，却恰恰要求语义的多义性、概念的隐喻性和意义的可增生性。如果用科学语言去裁判语言的其他文化形式，这就如同马尔库塞所说，"在对日常语言进行如此分析治疗的过程中，日常语言实际上遭到了清洗和麻醉。多向度语言被转变成单向度语言，在这个过程中，不同的、对立的意义不再相互渗透，而是相互隔离；意义的容易引起争议的历史向度却被迫保持缄默"。多向度的语言被清洗成单向度的语言，这不仅仅是语言的清洗，而且是语言意义的清洗，也就是生活意义的清洗。在这种清洗中，不只是语言成为单向度的语言，更为重要的是人被变成"单向度的人"。这是当代人类生活的最为深刻的矛盾。

所谓"单向度的人"，用马尔库塞的话说，就是失去了否定性、批判性和超越性的向度的人，就是不仅不再有能力去追求，甚至也不再有能力去想象与现实生活不同的另一种生活的人。马尔库塞认为，这是当代发达工业社会极权主义特征的集中表现。

人是"超越其所是的存在"，人的实践活动就是对实践本身的超越。因此，虽然人只能是生活于现实之中，但人却总是不满意于自己生活的现实，总是追求把现实变成自己所要求的理想的现实。这就是人的否定性、批判性、超越性的向度。如果失去这种向度，人又如何"超越其所是"，实践又如何超越实践本身，现实又如何变成理想的现实？

如果人失去"形上的追求"和"解放的旨趣"，就会把某种目标当作生活目的，用目标"遮蔽"目的。这样，就会经常陷入有限目标实现后的空虚与失落，就会时时感受到生活中的彷徨无主，就会总是体验着生活意义的失落。生活，需要走出生活的"二律背反"的哲学智慧。

在《论辩证法的人生态度和理想》一文中，我的朋友孙利天提出："在知性思维中如果执着于人的精神性、超越性、群体性，就陷入了唯理主义的独断论，把人生意义抽象地规定为某种脱离现实生活的理想世界、神性世界，这就是极端理想主义的人生态度。如果执着于人的感性欲望，情欲需要等自然性和物质性的方面则陷入了经验主义的独断论，这就导致了极端功利主义、个人主义的人生态度。""如果先行具有了某种极端理想主义或极端功利主义的人生态度，这就注定了在知性思维中左右摇摆或固执一端的认识路径。我们很难设想一个利欲熏心的人会有超越的辩证思考，也很难设想一个虔诚的宗教信徒会有对世俗生活的辩证理解。""辩证法的超验性和超越性就是人类的生命和生活意义的无限追求，是有限的生命力求达到无限意义的向往、企盼和精神的实践。""从意义论、价值论、政治哲学、历史哲学等不同方面去理解辩证法的价值态度和本质精神，都会有见仁见智的不同理解，但有一点是确凿无疑的，只有人才有意义的追求，生活和历史的意义就在意义追求的过程中，而意义追求的过程即是不断否定和批判的过程，任何终极意义的独断和绝对规范即取消了意义追求的可能性，因而必然是意义的绝对丧失。"

人作为实践的存在，总是为自己悬设某种基于现实而又超越现实的理想，否定自己的现实存在，把现实变成更为理想的现实。人类追求和实现理想的过程，就是创造生活意义的过程。哲学的辩证智慧引导人们在理想与现实之间永远保持一种"必要的张力"，从而使人们在自己的全部活动中保持生机勃勃的求真意识、向善意识和审美意识，永远敞开创造生活意义的空间。

多彩的世界：体悟人生

> 生活得最有意义的人，并不是年岁活得最大的人，而是对生活最有感受的人。
>
> ——卢梭

烦恼人生

记得马克思曾说过，在太阳的辉耀下，每一滴露水珠都会闪耀出五颜六色的光芒，人的精神怎么能只有一种颜色——灰色？

或许，我们不必板起面孔先去争辩这样的问题：是灰色的精神造就了灰色的生活，还是灰色的生活造成了灰色的精神；我们还是直面人的生活与精神，先去探索这样的问题：如何超越"烦恼的人生"或"人生的烦恼"，去体悟和创造多彩的世界、人生和人的精神？

文学是人的生活世界的形象表征，或者说，文学是形象地表征着人的生活世界。捷克著名小说家米兰·昆德拉说："评价一个时代精神不能光从思想和理论概念着手，必须考虑到那个时代的艺术，特别是小说艺术。"①在中国当代小说艺术中，我们可以看到自己的生态与心态，自己的烦恼与渴望，并能够体悟到许多小说本身还没有给予我们的东西。

小说对生活世界的形象表征，首先是简洁而又强烈地表现在它的标题上。《青春之歌》《烈火金钢》《暴风骤雨》《金光大道》，是形象地表征着一种生活世界，是对那种生活世界的形象表征。《烦恼人生》《不谈爱情》《懒得离婚》《一地鸡毛》，乃至《顽主》《废都》《浮城》，则是形象地表征着另一种生活世界，是对这另一种生活世界的形象表征。

后一组标题本身，就不能不让人感受到一种心灵的焦躁，一种感情的郁闷，一种生命的无奈。最为恰切的概括，也许就是米兰·昆德拉所说的"生命中不能承受之轻"。

由此，人们不能不问：文学怎么了？文学所表征的生活怎么了？人们的生态和心态怎么了？为什么文学失去了《钢铁是怎样炼成的》《把一切献给党》乃至《牛虻》《约翰·克利斯朵夫》那样亮丽的英雄主义的色彩？为什么文学涂抹着"千万别把我当人"、"一点正经也没有"、"玩的就是心跳"乃至"我是流氓我怕谁"的灰暗的反英雄主义的颜色？为什么当代的中国文学在向我们述说着《烦恼人生》《一地鸡毛》乃至《顽主》和《废都》的故事？

先说以《烦恼人生》为标志的"新写实小说"。这种所谓描写生活的"原生态"的小说，借用一位评论家的说法，就是"写小人

---

① 昆德拉：《生命中不能承受之轻》，作家出版社1991年版，第342页。

物在物欲压抑下的精神烦恼"。

把小人物从文学的边缘挪到文学的中心地位，让小人物代替英雄去做小说的主人公，使小人物的生态与心态成为小说创作的聚焦点，这不能不说是文学形象地表征的生活世界发生了历史性的变化。

针对学界关于"人文精神失落"的议论，著名作家王蒙曾连续撰文。这些文章对于怎样解释文学（特别是小说）中的"小人物"的中心化问题，是颇有启发性的。

王蒙提出，与计划经济不同，市场经济不是浪漫主义、英雄主义的经济："市场的运行比较公开，它无法隐瞒自己的种种弱点乃至在自由贸易下面的人们的缺点与罪恶。但是它比较符合经济生活自身的规律，也就是说比较符合人的实际的行为动机与行为制约。因此，是市场而不是计划更承认人的作用，人的主动性。市场经济的假定前提恰恰是承认人的平庸与趋利避害。"

既然市场经济的假定前提是承认"人的平庸"和"趋利避害"，那么，以市场经济为基础的社会生活，就表现为"人的平庸"和"趋利避害"的公开化、普遍化、合理化和合法化。人们可以公开地承认自己的平庸和趋利避害的追求，而不会受到社会的谴责和感到良心的愧疚。于是，平庸的和趋利避害的"小人物"合理合法地从社会的边缘挪到了社会的中心，平庸的和趋利避害的"小人物"的生态与心态构成了文学（特别是小说）所表征的"生活世界"。

"小人物"的生态与心态在社会生活中的普泛化，突显了"小人物"的生态所具有的"原生态"的社会意义和审美价值，突显了"小人物"的心态所具有的人性的矛盾与冲撞，特别是突显了在物欲的膨胀和挤压下的人与物、灵与肉的矛盾所形成的生态、心态和世态。

由物欲的膨胀和挤压所形成的"小人物"的心态，最为形象的概括，莫过于池莉小说的标题——《烦恼人生》。有论者说，"烦恼，作为一种社会典型情绪，其实是文化良知在渴望堕落和不甘堕落中的挣扎。烦恼不完全是麻木，也不完全是抗争，烦恼是精神被物欲淹没时的半推半就、半喜半忧。烦恼是人的意义世界被日常生活淹没后，对昔日的回眸和终于走向麻木的愧疚。这都是烦恼所具有的真实美的内涵。但有时候，烦恼也可能是一种心理策略，既飞吻往昔的精神之梦，又献媚今后的物质之网，将急剧转变的折线，柔化为两个优美的弧度，好对得起过去，又不失去将来"。

这种"小人物"的生态、心态和烦恼，它的普泛性是在于市场经济抹去了一切职业的"灵光"，以至于一向是以"灵魂工程师"而自期自许的职业精神劳动者，也挪进了"小人物"的生态，也陷入了"小人物"的心态，也体验着"小人物"的烦恼。于是，便出现了艺术家对"小人物"的评价心态的转变，"由以前常见的审视角度转为某种认同，甚至某种欣赏，也有并不很愿意认同的无奈"。由此便形成了"新写实小说"以及"新历史小说"的文学潮流。这种潮流，"专注着现实和历史的平民心态和世俗生活，以平民化甚至平庸化的社会坐标、艺术坐标，消解历史和现实生活中的主流精神和理想价值，使艺术的人文精神和作家的人文操守在瓦解中实现着某种转型"。"新写实的探索，是历史选择的结果。尽管它是以烦恼、以无奈的方式，毕竟传达了社会特别是平民，对新的社会价值和人文价值的呼唤"。"不少新写实小说既写物质生存需要无法满足之后人性扭曲和畸变，又写物质生存需要如何聚集为一种精神要求。要求建立一种更多地考虑普通人衣食住行、生活情趣等实际利益和世俗价值的新人文精神，建立一种反映了物质生存意识的、更是人性色彩和平民色彩的新人文精神。"

如果说"新写实小说"着眼于社会转型期的"小人物"的生态与心态，并着力于述说"小人物"的"烦恼人生"及其灵与肉的矛盾与冲撞，那么，消解崇高的"痞味文学"，则是以糟蹋文学的方式去抹黑种种的所谓伪道德伪崇高伪姿态。这可以说既是以一种自我糟践的方式去张扬"小人物"的烦恼，又是以一种虚无主义的方式去惩罚虚假的人文精神。这种宣泄"烦恼"的扭曲方式，这种惩罚虚假的虚无主义态度，不能不说是人文精神的失落。

在《烦恼人生》《一地鸡毛》中，我们看到的是"小人物在物欲压抑下的精神烦恼"，是人与物、灵与肉、人与他人、人与自我的矛盾与冲撞的朴实无华的"生态"和"心态"。这是一种需要升华的人生，但也是亲切感人的人生。我们看到了人生的烦恼，也看到了人生的焦虑，因而也可以（并且应当）想见人生的升华。然而，在"千万别把我当人"的"痞味小说"中，在描述文人堕落的《废都》中，却看不到这种亲切的烦恼与焦虑，似乎更无法去想见人的"生态"与"心态"的改变与升华。

所谓"文人"、"文化人"、"知识分子"，一向被视为社会的良心、社会的良知，因此，他们不仅要有普通人的人格精神，而且要有文化人的人格精神。然而，在《废都》中，人们所看到的却是这两种人格精神的双重消解与失落。社会转型中的人的"生态"与"心态"的变化，非但没有引发庄之蝶们的人文思考，反而在声色犬马、拉帮结伙、以名逐利的蝇营狗苟中泯灭了良知。这已经远远不是

"小人物"的"人生的烦恼"，而是无耻之徒的人性的沦丧。这样的"生活世界"，已经失去了生活的全部光彩。

于是，"人文精神的失落"成为人们痛心疾首的议论话题，精神家园的重建成为人们孜孜以求的人文理想。在文坛上，我们看到用笔来书写的精神旗帜；在社会上，我们听到对"耻言理想、蔑视道德、躲避崇高、拒斥传统、不要规则、怎么都行"的指斥与非议。

世界是多彩的，人生是多彩的，精神是多彩的。英雄主义时代的隐退，并不意味着英雄主义精神已经过时。承认人的"平庸"，并不意味着"平庸"不需要崇高的亮丽的色彩；正视人的"烦恼"，也不意味着"烦恼"不曾蕴涵着人生意义的追求。"躲避"虚假的崇高，更不意味着对卑鄙的认同。品味小说，体验人生，应该激发我们超越"烦恼人生"。

提醒幸福

"烦恼人生"，或者说"人生的烦恼"，除了同生活本身的"生态"相关，似乎也同生活着的人的"心态"分不开。

心理学常讲心理暗示、心理诱导等，也就是暗示和诱导自己或他人更集中地思考什么，更强烈地感受什么，更执着地追求什么。这种暗示和诱导，可以使人从痛苦中得到某种解脱，也可以使人从轻微的感受中陷入深深的痛苦；可以使人从幸福中意识到痛苦，也可以使人从痛苦中意识到幸福；可以使人从兴奋中变得淡漠，也可以使人从淡漠中变得兴奋……总之，心理的暗示或诱导，可以调整和改变人的心态，从而也以不同的心态去对待"生态"；反过来，以不同的心态去对待"生态","生态"给予人的感受也会发生相应的变化。如是，便产生了"心态"与"生态"的正面效应和良性循环，或"心态"与"生态"的负面效应和恶性循环。心理的暗示或诱导，似乎不可等闲视之。

翻翻成语词典，总觉得古已有之的暗示或诱导，负面的似乎太多太多，正面的似乎太少太少。比如，与人的"心态"关系最密切的成语，大概莫过于"自"字打头的成语。试举几例，这种负面的暗示或诱导，真是"昭然若揭"。

"自不量力"。词典的解释是"自己不能正确地估量自己的力量，指过高估计自己的力量"。词典引证的语境或语用是《镜花缘》中的一段话："你教管家去回他，就说我们殿试都是侥幸名列上等，并非真才实学，何敢自不量力，妄自谈文"。由这"自不量力"的暗示与诱导，人们每有所想与所为，便都要先"量"一下自己的"力"，瞻前顾后，左顾右盼，唯唯诺诺，胆战心惊，唯恐"自不量力"。这真如鲁迅先生所言，如履薄冰，发抖尚且来不及，还谈何创造呢！

"自惭形秽"。词典的解释是"因自觉不如别人而惭愧"。对此，词典引证的语境或语用，既有《世说新语》和《儒林外史》，还有现代小说《青春之歌》。《世说新语》里的原话是"珠玉在侧，觉我形秽"。《儒林外史》的原话是"小弟因多了几岁年纪，在他面前自觉形秽"。《青春之歌》的原文则是"她自惭形秽般只待在一个黑暗的角落里，不敢发一言"。不如人便"自惭形秽"，这是一种什么心态？又是一种什么诱导？如果连"多了几岁年纪"也要"自惭形秽"，还有什么不需要"自惭形秽"呢？如果时时、处处、事事都"自惭形秽", 那心态不总是"苦不堪言"吗? 由此"心态"所反映的"生态", 不是"无立足之地"吗?

自吹自擂、自高自大、自鸣得意、自卖自夸、自以为是、自我陶醉、自作聪明……以"自"开头的成语, 似乎最为重视的就是"自我评价", 最为反感的就是"自我夸大"。谦虚诚然是人的美德, 然而, 如果总是一个劲儿地暗示和诱导人们不能得意、不许陶醉, 幸福的感觉不是荡然无存吗? 难道只有"自惭形秽"、"自愧弗如", 终日"自轻自贱"、"自怨自艾", 才是生活的真谛吗?

自掘坟墓、自取灭亡、自食其果、自投罗网……这实在是暗示得让人心惊肉跳、不寒而栗。似乎总有一个无形的"罗网"在随时等待我们, 一个无形的"陷阱"在处处诱惑我们, 稍不小心, 稍不谨慎, 便会"网"进去或"陷"进去。痛苦像幽灵一样在窥探和监视着我们的"得意"或"陶醉", 并在我们稍有"得意"或"陶醉"之时, 便出来警告和惩罚我们。痛苦吓跑了幸福。

或许正是由于对痛苦的暗示和诱导的困惑, 我们深深地感动于作家毕淑敏的短文——《提醒幸福》:

> 幸福需要提醒, 乍听此言, 似乎匪夷所思; 认真想来, 则痛感此言既振聋发聩, 又针砭时弊。
>
> 确实, 我们总是在"提醒"中过日子, 只不过提醒的不是幸福, 而是痛苦。"天气刚有一丝风吹草动, 妈妈就说, 别忘了多穿衣服。才相识了一个朋友, 爸爸就说: 小心他是个骗子。你取得了一点成功, 还没容得乐出声来, 所有关心着你的人一起说, 别骄傲! 你沉浸在欢快中的

时候，自己不停地对自己说：千万不可太高兴，苦难也许马上就要降临……"

那么，为什么"提醒的后缀词总是灾祸"，似乎只有"灾祸"才是提醒的"专利"？毕淑敏说："也许他们认为幸福不提醒也跑不了的，也许他们以为好的东西你自会珍惜，犯不上谆谆告诫。也许他们太崇尚血与火，觉得幸福无足挂齿。他们总是站在危崖上，指点我们逃离未来的苦难。"

然而，事实却恰好相反。凡生物总是趋利避害的。具有自我意识的人，更是懂得权衡利与害：利之不得，或许可以明哲保身；害之不避，则会危及身家性命。即使没有他人提醒，人们也总是自发地提醒自己：你成功了，就会成为众矢之的，"枪打出头鸟"；你失败了，也会变成众矢之的，"墙倒众人推"；别人对你说好话，极可能是"口是心非"；别人背后嘁嘁喳喳，那才是"人言可畏"；你办成事情，可能被视为"好大喜功"，"争名逐利"；你办不成事，就会被看成"滥竽充数"，"不自量力"；你想请教一下别人，那也是"位卑则足羞，官盛则近谀"；你想指点一下别人，那更是"好为人师"，"自以为是"……于是乎，在痛苦的暗示、诱导和提醒中，多彩的世界灰暗了。

因此，我们需要"提醒幸福"！

提醒幸福，是因为对幸福的享受是"需要学习"的。学习享受幸福，首先就要学会消解、排遣痛苦。成语所谓"自寻烦恼"，其真义便是"解铃还须系铃人"。自家寻找的烦恼，自家把它消解、排遣掉。不去诱导痛苦，才能追求幸福。

学习享受幸福，还要善于感受幸福，体验幸福，领悟幸福。"贫困中相濡以沫的一块糕饼，患难中心心相印的一个眼神，父亲一次粗糙的抚摸，女友一个温馨的字条……这都是千金难买的幸福啊"。人们常说，失去了的东西，才会感到它的珍贵，既然如此，我们就应该在它未失去的时候去体会它的珍贵，还应该尽我们的努力去把握住它，不让它失去。

学习享受幸福，还要学会用诗意去滋润幸福，用理性去守护幸福。

当春天的时候，我们要对自己说，这是春天啦！心里就会泛起茸茸的绿意。

幸福的时候，我们要对自己说，请记住这一刻！幸福就会长久地伴随我们。

丰收的季节，先不要去想可能的灾年，我们还有漫长的冬季来得及考虑这件事。

当我们从天涯海角相聚在一起的时候，请不要踌躇片刻后的别离。在今后漫长的岁月里，有无数孤寂的夜晚可以独自品尝愁绪。

当我们守候在年迈的父母膝下时，哪怕他们鬓发苍苍，哪怕他们垂垂老矣，你都要有勇气对自己说：我很幸福。因为天地无常，总有一天你会失去他们。

当我们一无所有的时候，我们也能够说，我很幸福。因为我们还有健康的身体。

当我们不再享有健康的时候，那些最勇敢的人可以依然微笑着说：我很幸福，因为我还有一颗健康的心。甚至当我们连心都不再存在的时候，那些人类最优秀的分子仍旧可以对宇宙大声说：我很幸福。因为我曾经生活过。

学习享受幸福，就要使自己成为一个有教养的高贵的人、高尚的人。幸福不是金钱，幸福不是权势，幸福不是感官的刺激。幸福是洋溢着人性的感受，幸福是充满着人情的体验，幸福是结晶着人的品位、格调、情趣的追求。幸福"像会倾听音乐的耳朵一样，需要不断地训练"。幸福的训练，就是性、情、品、格的修养，就是需要的层次的升华，就是意义世界的创造。

需要的层次

正如崇高与渺小是判断人的思想与行为的正、负向度的两极，幸福与痛苦也一向是判断人的生活质量的正、负向度的两极。提醒幸福，就是让人们去追求幸福、体验幸福、享受幸福，也就是提高人们的生活质量。

人是生理的、心理的和伦理的存在。幸福，在最宽泛的意义上，总是离不开人的生理的、心理的和伦理的需要的满足。人的需要是多层次的，人的幸福感也是多层次的。

古希腊的伟大哲人柏拉图，就曾把人的快乐感分为三个等级：爱财富，这是低级的快乐；爱荣誉，这是中级的快乐；爱智慧，这是高级的快乐。

柏拉图之所以这样划分快乐感的层次，是因为他把人类的全部行为归结为三个主要源泉：欲望、情感和知识。在柏拉图看来，欲望、嗜好、冲动、本能是一类，情感、精神、抱负、勇气是一类，知识、思想、才能、理智是一类。而人的欲望、情感和知识这三类东西的存在，分别是产生于人的三种不同的器官：欲望产生于生殖器官，因为这里是聚积能量的地方；情感来源于心脏，来源于血液的流动和力量，它是经验与欲望的有机共鸣；知识则来自人脑，它是欲望的眼睛，也是灵魂的舵手。正因为爱财富只不过是本能的欲望，所以由此产生的快乐感是低级的；正因为爱荣誉也不过是情感的冲动，所以由此产生的快乐感是中级的；正因为爱智慧才是对知识——欲望的眼睛和灵魂的舵手——的追求，所以由此产生的快乐感才是高级的。

有些人是欲望的化身。他们贪得无厌、野心勃勃，无时不在为自己的物质利益到处奔波，你争我夺。他们的胸中总是燃烧着一享荣华富贵的欲火。日益增长的贪欲，使得他们的欲望永无满足之日。快乐被销蚀在无法满足的欲望之中。

有些人是情感的化身。他们仅仅崇拜感情和勇气，他们所关心的与其说是奋斗目标，不如说胜利本身。他们争强好胜，引为自豪的不是金钱，而是权威与荣誉。

只有少数人以追求知识为己任。他们渴望得到的不是财物，不是胜利，而是智慧。他们的意志是束光，而不是一团火。他们的避难所不是权势，而是真理。

正是由于把人的行为的源泉分为欲望、情感和知识三个层次，相应地把人的快乐感分为爱财富、爱荣誉和爱知识三个等级，并从而把人分别视为欲望、情感和知识的化身，柏拉图才提出了"哲学王"的思想。他认为："要么哲学家当上国王，要么世上的国王和王子具备了哲学的精神和力量，并集智慧与领导才能于一身，只在这种情况下，城邦才会免于瘟疫的侵袭。人类亦复如此。"

柏拉图的这种需要层次观和幸福等级观，在今天看来确实是不合时宜；但他把人的需要分为层次、把人的幸福分为等级，对于人们实现多层次的需要，体验多方面的快乐或幸福，不能不说是有启发性的。

在当代，人本主义心理学家马斯洛的层次需要论，产生了非常广泛的影响。它启发我们把人的需要、人的价值和人的幸福统一起来，去看待人的生活质量和人对幸福的追求。

马斯洛提出，人的需要，可以分为如下七个基本层次：生理需要或生存需要，这是最起码的也是最低的需要；安全需要，即生活有保障而无危险；归属的需要或爱的需要，即与他人亲近，受到接纳，有所依归；尊重需要，即胜任工作，得到赞许和认可；认知需要，即求知、理解和探索；审美需要，即以审美的态度去观照生活和享受生活；自我实现的需要，即实现个人的潜在能力，这是最高层次的需要。

马斯洛的层次需要论，可以引发人们的多方面的思考。

首先，这种层次需要论，向人们显示了人类自身的丰富性。人有高于其他动物的多种潜能，因而人能为自己创造其他动物所不具有的多彩的生活世界；人有高于其他动物的多种需要，因而人能为自己创造其他动物所不具有的多重的意义世界；人有高于其他动物的多种价值，因而人能为自己创造其他动物所不具有的多样的文化世界。

其次，这种层次需要论，在现代意义上表明了层次需要、层次规定、层次价值和层次规范的关系。每个层次的需要，都有它的特定的确定的内涵即规定，人的需要在这种层次规定性中得到具体的展现。每个层次的需要，都有它的相应的不可或缺的价值，人的需要在这种层次价值性中得到充分的肯定。每个层次的需要，都有它的基本的不可缺少的规范，人的需要在这种层次规范中得到相应的实现。

　　再次，这种层次需要论，又在现代意义上表明了需要的层次关系。各个层次的需要，对人的生活特别是人的生活质量来说，具有按照层次不断上升的价值。比如，生理需要或生存需要，其价值是最低的；自我实现，则具有最高的价值。同时，只有低层次的需要得到满足，或至少得到部分满足以后，高层次的需要才有可能成为行为的重要决定因素。

　　人的需要的丰富性、层次性以及需要层次的复杂相关性，构成了人类生活的丰富性、生活价值的层次性以及实现生活价值的复杂性。

　　在当代中国，肯定人的生存需要并张扬这种需要的基础价值性，不能不说是一个巨大的历史进步。"贫穷不是社会主义"，首先是否定了无视人的生存需要的极"左"思潮，并充分地肯定了生存需要的根本性的生活价值。针对人们批评市场经济中的"人文精神的失落"，著名作家王蒙提出这样的看法："与其说是市场经济使私欲膨胀，不如说是市场经济条件下人们的私欲更加公开化，更加看得见摸得着了。我们的目标不是建立一个人人大公无私的'君子国'，而是建立一个人人靠正直的劳动与奋斗获得发展的机会的更加公平也更加有章可循的社会。这个目标只能在市场经济条件下达到，达到了这样的目标也才更容易寻找人文精神"。他又说，"富裕不能自发地等同于文明，贫穷也还可以作到'人穷志不穷'，'穷而好礼'。但富裕不仅不是文明的羁绊，而且还是文明的果实，至少是果实之一种。进一步说，富裕正在或将要使对于人的关注成为现实而不是仅仅停留在口头。"

需要的层次性，既要求人们必须正视和肯定低层次的，又要求人们必须超越和升华低层次的需要。《读者》（原刊名《读者文摘》）杂志先后选载两篇关于"钱"的短文，读来颇为有趣，也能引发人们关于层次需要的思考。1991 年第 6 期刊载的文章题目是《因为我没有很多的钱》，写得很有意思，好在不长，不妨先照录如下：

因为我没有很多的钱，我买不起高级时装。这样也有好处，我可以随便地坐在软软的草地上接受太阳热情的爱抚而不必担心会弄脏弄皱了我的衣服，也不必为熨衣服而费去太多的时间。

因为我没有很多的钱，我没去买现成的，而是自己动手利用废旧玻璃做了个小型的玻璃柜，里面放点小摆设，居然也美观，居然也能引起别人的兴趣。

因为我没有很多的钱，不会常去"卡拉 OK"练嗓子，这样我就有更多的机会可以向书本这个好朋友请教。

因为我没有很多的钱，所以吃得清淡，不必为身材会失其苗条而发愁。

因为我没有很多的钱，极少光顾美发厅，所以下雨没带伞也无所谓，不会因为雨淋坏了时髦的发型而懊恼，冲进雨里，一阵清凉，倒可以清醒清醒脑子。

因为我没有很多钱，所以不买增白蜜、营养霜，也就不必担心皮肤会不适应而过敏。随便买了点甘油抹在脸上，效果也很好。

因为我没有很多的钱，所以想出这些譬解来安慰自己。

假使我有了很多的钱，又会怎样想呢？

在读到此文的最后两段之前，也许有人会说，这是吃不着葡萄便说葡萄酸的自我解嘲，是阿Q式的儿子打老子的精神胜利法。读到最后两段，也许又有人会说，这才是露了馅的大实话、真心话。

然而，只要认真地品味文章，作者的真实感受和真实用心还是不难理解的。记得在一部电视专题片中，表现的是一位热心助人的"有了很多钱"的人。他说，人生就像是从河的这岸游到河的那岸，钱越多，身上的负担越重，因而也越容易沉到河里。

究竟如何评论这"没有很多的钱"的人所写的文字，以及这"有了很多的钱"的人所发的这番议论，都可以存而不论。但有一点却是容易取得"共识"的，这就是"没有钱是万万不行的，有了钱也不是万能的"。而对"钱"的体验，则不仅是因人而异的，而且更重要的是同人的需要的层次密切相关的。

《读者》1994年第5期刊载的文章题目是《想钱的时候》，摘录一些段落，或可说明上面的想法。

我不知道别人想钱时是一种什么心态，但对我自己想钱的时候的心情却是清清楚楚。

有了物欲，人真是不同了，打算也不同了。比如我坐在窗前，我望着远处那山，便望不见以前那变幻莫测的风景了，我的眼睛在欲的驱使下，摸索着山峰和山谷，我想要是能把这一座山用一种方法卖掉它就好了。……但我自我训练了多年，到如今除去排列方块汉字，还有什么能力呢？想到排列方块汉字，我突然心里一动，我何不以此为突破口呢？咱们也学学，写点儿通俗的著作去买卖，于是开始苦思冥想，将以前的写作计划全都放弃了……

人一想钱真是痛苦。比如说我过去读书，多半要选那些称得上世界名著的，但想钱的时候不，专去拣人家地摊上的买，心里暗想，拿这回去参考参考吧，好在我的女儿现在还不会看书，不然我把这么些"精神食粮"抱回家来，还真不放心呢。

现在人们都在下海，我虽未下到海里去，只理论地下了下，个中滋味便是此生不能忘记。

读过这两篇关于"钱"的短文，会引发怎样的思索和感慨呢？这大概也是因人而异的。然而，不管人们的感慨如何迥然有别，有一点也许是没有异议的：人的需要是多层次的，人的层次性的需要是应该由低向高升华的。

生活不能缩略

生活，是人的生命的历程，是人的生命寻求和实现自身意义的历程。生命的历程展示出五彩缤纷的生活。

幸福，是生命意义的获得，是对生命意义的真挚的感受和深切的体验。生命意义的感受和体验就是人的真实的幸福感。

生活的最大的不幸，莫过于把生活的目的当作某种生活的结局。生活与生活目的的断裂，其结果是淡化甚至否定了生命的历程，而只是企盼甚至是幻想着生活的结局。

淡化甚至否定了生命的历程，生活便失去了五彩缤纷，生活就失去了感受和体验幸福的内涵。于是，生活就只剩下了沟沟坎坎、疙疙瘩瘩、恩恩怨怨、争争夺夺、蝇营狗苟。生活的画面灰暗了，生活的意义失落了。生活总是没有开始，幸福总是没有感觉。

企盼甚至幻想生活的结局，生活的过程就变成了推不开、割不掉的累赘，生活也就变得苦不堪言。于是，生活就干瘪成或者超前或者滞后地达到结局的路径。"缩略"或"缩减"生活的历程而达到生活的某种结局，反而成为生命活动的指向。幸福的感受与体验，又从何谈起呢？

然而，人们一定会非常遗憾地发现，在为"今天的时代"寻找一个"印象式的命名"时，许多学者却恰恰是选择了"缩略"或"缩减"这样一些概念。

文学评论家雷达就曾以《缩略时代》为题来描述和评论当代人对生活的"缩略"。雷达说，"缩"，是把原先应有的长度、时间、空间压缩；"略"，是省略和简化。"缩略时代"，当然就是把生活压缩、省略和简化的时代。

生活的"缩略"，在现实生活中确实是"无处不在，无时不有"。

先说语言的"缩略"。不管是说什么——多么庄严的讲话也好，多么无聊的闲谈也好——一律是"侃"；不管是坐什么样的车——统统是"豪车"；不管是如何"走红"或仅仅是"走穴"的演员——总之是"星"；不管是怎样"有了很多的钱"的人——老板也好，经理也好，有钱就行——反正是"款"；不管大大小小挂了什么官衔——从"省""部"到"县""处"、从"科""室"到"班""组"——全都是"头"。有钱的是"款"，有势的是"腕"，有权的是"头"，公开的是"鸡"，暧昧的是"蜜"，暂时的是"伴"……语言似乎"缩略"得只剩下了"色"、"权"、"钱"。

这些"缩略"了的语言，有一个明显的共同点，那就是：突显感觉的幸福，而遮蔽幸福的感觉；强化生活的某种结局，而弱化生活的心灵历程。借用哲学家维特根斯坦的说法，话语方式也就是人们的思想方式和行为方式。那么，在这种"缩略"的话语方式中，我们所看到的是怎样的思想方式和行为方式？

再说思想的"缩略"。不必讲十年寒窗、自甘寂寞、板凳坐冷，也不必讲"文章千古事，得失寸心知"，"科学有险阻，苦战能过关"，更不必讲崎岖小路、光辉顶点，能够老老实实地"读"几本书，认认真真地"想"几个问题，正正当当地"写"几篇文章，又谈何容易？

前些年，一项抽样量达 4000 余人、覆盖面有 9 省市的权威性调查表明，近 40% 的年轻人除课本之外基本无藏书，只有 50 册左右藏书的达 36%，并且以"通俗化、生活化、实用化"的居多。

阅读通俗读物代替或"缩略"了研读高雅读物的思索和联想，观赏电视画面代替或"缩略"了阅读书籍的想象与品味，卡拉 OK 和网络游戏代替或"缩略"了欣赏音乐的体悟和灵感……结果呢？有人叙述和评论了这样两个颇为典型的事例。

一是香港歌星周润发飞抵大连，受到数百少男少女的迎候。当迎候者得知杨振宁同机到达时，纷纷探问"杨振宁是唱什么歌的？"于是作者议论说：一些人可以弄得清歌星的属相、爱好，甚至上厕所抽不抽烟，但却不知曾获诺贝尔奖的大物理学家杨振宁，其知识面不仅谈不上深度，简直连宽度也没有了，"平面人"仿佛该叫"窄面人"才好。

二是某工作人员收到一些"人大神秘链"的信件，参加者皆为人大干部，称收信人将信复写给人大工作的朋友，然后向名列第一者寄钱若干，不日之后即可成为百万富翁。于是作者议论说：这类信竟可在权力机关里滋衍，可见"平面人"的存在亦非有何畛域之分。

思想"缩略"如此，"思想者"的命运也就可想而知了。于是有了《鸟粪》这样的描写"思想者"的遭遇的小说。

　　　　历史悠久的"思想者"的青铜像被安置在市中心的广场上，"以一种固定不变的造型，全身赤裸着，供来来往往的众生浏览和瞻仰"。

　　　　那么，"众生"又是怎样"浏览"和"瞻仰"这位表现"思想"的"思想者"呢？

　　　　一个嘴唇如血的女人最先发现了他，一脸惊诧地大声嚷嚷："哟，你们瞧啊，从哪儿冒出个光屁股的大老爷们儿？"

　　　　旁边一个涂着深蓝眼圈的女人顺着她手指的方向一瞧，也夸张地大声叫着："我的妈呀！那是谁呀？可要把我吓死啦！"

　　　　一个手持大哥大的男人朝以行走姿势站立的思想者看

了一眼，以一副见多识广的腔调说："咳！我当是什么呢，原来是一个雕像啊。现在城里头时兴砌这个，马路沿儿上到处都能见着。"嘴唇如血的女人说："是雕像吗？我怎么看着像真人似的？别是谁在那儿耍流氓吧？"

深蓝眼圈说："等着，我上去摸一把，看是不是真的。"

……

两个扛着大麻袋包的民工向他走来了。

"二狗子，快过来，这儿还有个大铁块子呢！"

走在后面的二狗子小跑上来，握着鹰嘴钳"吭吭吭"敲了几下："哎哟俺的娘哎，这哪里是铁，这可是铜哎，值老鼻子钱了。"

二人拿出鹰嘴钳、木工锯、开山锤、电凿子，在思想者浑身上下比量着找地方下手。

"这可太憋气了，眼看着肥肉就是吃不到嘴，你说咱可咋整吧？"

"肉厚的地方割不动，咱莫如先拣细的地方割，能卖多少是多少。"

二狗子说着，通红的眼睛又向思想者身上打量，寻找着柔弱纤细的地方。在将手脚耳朵毛发等部位一一瞟过之后，二狗子的目光落在思想者的尘根部位上不动了，流里流气阴阳怪气地道：

"我说栓子，咱就先把他这割下来吧，泡成三鞭酒，说不定还能大补呢！"

……

在思想的"缩略"中，"思想者"变成了"光屁股的大老爷们儿"，变成了值不几个钱儿的"大铁块子"，变成了"被自由自在的鸟粪淹绿"了的场所。

其实，也不能完全责怪众生如此这般地"浏览"和"瞻仰"思想者，在思想的"缩略"中，被视为"思想者"的知识分子到底是一个什么样子呢？

在《现代性的反省》一文中，作者许纪霖曾借用台湾学者杭之对两种类型的知识分子的揭露和批判，向我们展示了"缩略"了思想的"思想者"。

第一种类型是所谓"技术专家"。在分工愈来愈细、专业化程度愈来愈高的工业社会里，在工业理性精神导向下，一切社会问题都被化约为专业技术问题，"专家治国"论应运而生。这些担负着社会重大责任的技术专家，在专业领域堪称权威，但只要越出雷池一步，便会显得惊人的盲目无知。他们沉醉于琐碎的技术或事务处理之中，不关心价值、意义、规范等符号系统的重建，人文气息日益稀薄，超越性思考荡然无存，在理性系统世界里只是一个非人格化的既定角色而已。韦伯当年对官僚科层制度所可能产生的新人种的忧虑竟然不幸验证了："没有精神的专家，没有心灵的享乐人，这样的凡骨竟自负登上人类未曾达到的文明阶段。"

第二种类型的知识分子，杭之称之为"学术、文化明星"。这类明星，能言善道，似乎无所不晓，对五花八门的各种问题都"能"发言，"敢"发言，具有高度市场价值之"急智问答"才赋。他们像其他影星、歌星、球星一样频频在大众媒介曝光亮相，招徕公众舆论的注目。这种"学术、文化明星"内心并无一己定见，也缺乏足够的思想学术资源，更谈不上是坚守如一的信仰。他们在文化工业的商品逻辑支配下，关心的只是自己煞有介事的公众形象，像一个演员一样在文化市场上制作和推销流行和时髦，以追求最大的"明星轰动效应"。这种商品社会的知识分子形象实在令人深恶痛绝，正如杭之在书中一再引用的瞿海源教授所说："在我们这个社会里，学者专家的数量在实际上有着严重匮乏的现象，但传播媒体却制造了过量的学者专家，进而更大量生产泛滥成灾的社会噪音。"

语言的"缩略"和思想的"缩略"，根子在于生活本身的"缩略"；反过来，语言和思想的"缩略"，又加速了生活本身的"缩略"。

世界上最激动人心的感情，大概莫过于"爱情"，以致培根说"爱恋之心蔑视死亡"。然而，在这个"被情歌包围的年代"，虽然满街唱的都是"让我深深地、深深地爱你"，"让我一次爱个够"，虽然演唱的歌星们一个个"痛不欲生、哭哭啼啼、痴情得一塌糊涂"，我们究竟是否体验到了"一生守候"、"一世情缘"、"天变地变情不变"的幸福的爱情？也许，人们更多感受到的，倒是"我的爱情鸟飞走了"。

有论者说，"被情歌包围的年代"所显示的是："在没有信念的时代里，爱情被升华成了一种信念、一种理想"，"精神世界贫乏得美好得只剩下风花雪月了"，"现代人那光裸殆尽的精神在寻求遮蔽和安慰时，往往选择爱情作为坚持的代用品"。论者还说，"为每一个人抒情，这是情歌的另一层妙用，以此来化解越来越深的冷漠和异化"。

情歌可以唱得"月朦胧，鸟朦胧"，也可以唱得昏天黑地，死去活来，然而，生活中的爱情却被大大地"缩略"或"缩减"了。

雷达写道："爱情是美好的，是超乎功利之上的两颗心的热烈融合，是需要细细品味的灵魂的音乐；但是，太缠绵了，太古典了，太叫人等不得，于是压缩之，尽快转化为'性'，遂有人发出'爱情死了'的悲鸣。"

有位作者在对"羞"字作出考证后说：没羞便无美，懂得羞涩，就意识到了美，而"羞"是不可言说的。"我羞涩了"一旦说出来，"羞"也就荡然无存了。然而，在"被情歌包围的年代"，在把"情"缩略为"性"而又唱着"好害羞好害羞"的场景中，美不是被"缩减"了吗？

记得马克思曾经说过，一个人如何对待两性关系，最能表现一个人的教养程度。生活的"缩略"，肯定不是证明人的教养程度的提高。

除了爱情的"缩略"，友情等也在"缩略"。现代通信技术的发达与普及，人与人的交往已经"电器化"了。每年一度的新春佳节，电话中的一句"给您拜年了"，微信、短信的一句也许还是转发的问候，便"缩略"了朋友、同事、邻里之间的往来。一张明信片式的贺卡，也就"缩略"了书信往来。"友朋之情，患难之交，师生之谊，本该作为一个长期的情感过程互相扶助，但这过程太稳定了，太磨人了，不如压缩之，直接甩出千把元钱找齐，人情债一笔勾销，当晚即可安心入眠"。"一部作品出世了，对它的评价原本要经历一段逐步认识和检验的过程，但是现在的人觉得太漫长了，太容易被淹没了，太不醒目了，于是研讨会和发布会这类新事物就出现于商品时代，致使从写书到出版到盖棺定论一步到位，被缩略为一个极短暂的过程，事后谁也顾不上再管它了"。"甚至，人生过程也在缩略化。本来，人生各阶段各有韵味，童年稚气，少年多梦，青年豪勇，中年多思，既不能互相代替，也无法相互超越，可是现在的人觉得这一切太按部就班了，不如压缩之，重点是压缩童稚期和多梦期，尽快转化为挣钱、赢利，人于是由此而早熟，而提前实惠化、世故化，心灵由此而提前苍老了"。

生活的"缩略"，正如雷达先生所说，就是"缩略"掉生活中的一切过程，把一切尽快转化为物，转化为钱，转化为欲，转化为形式，直奔功利目的。

生活被"缩略"掉的过程，也就"缩略"掉了生活中的美的感受和幸福的体验。因此，"缩略"的"标准是物质的而非精神的，是功利的而非审美的，是形式的而非内涵的"。在生活的"缩略"中，人的多种潜能被压抑了，人的多种价值被取消了，人的多种需要被扭曲了，人的全面发展被阉割了。生活的意义被"缩略"为物欲的满足，生活的世界被"缩略"为单一的颜色。

雷达在《缩略时代》一文的结尾处说："对历史来说，缩略的缺失自有补偿的方式；但对一次性的短暂人生来说，失去了的往往难以找回，这可能就是生命面对历史的无奈。"每个热爱生活的人都应提醒自己：生活不能"缩略"！

主体的力量：创造人生

唯有创造才是欢乐。

——罗曼·罗兰

超越其所是的存在

人是世界上最奇异的存在。

人创造了人自己，人创造了人的世界。

人可以追问并回答除人之外的一切"是什么"，但人对"人是什么"的追问却永远得不到使自己满意的回答。

这是因为：人创造了自己，并永远创造着自己，人永远是超越自身存在的未完成的存在；人创造了自己的世界，并永远创造着自己的世界，人的世界永远是超越既成状态的未完成的存在。

人是超越其所是的存在，人的存在就是超越自己现在的存在。

人的世界是超越其所是的世界，人的世界就是超越世界已有的状态。

未完成性，开放性，无限的可能性，是人的创造性的存在。把人定义为某种属性、某种特征、某种本质、某种状态，都无法刻画人的超越其所是的存在。

有人说，人是自然存在物，自然属性是人的根本属性，满足个体的和延续族类的生理需要、生存需要才是人的根本需要。

有人说，人是精神存在物，精神属性是人之为人的根本属性，满足个体的精神活动和思想自由的需要才是人的根本需要。

有人说，人是社会存在物，社会属性才是把人与动物区别开来的根本属性，满足个体的进行社会交往和从事社会活动的需要才是人的根本需要。

人们还常常把属性和需要转换为"关系"，用人与自然、人与自我、人与社会的"关系"去回答"人是什么"。

有人说，人永远是在与自然的关系中存在，人必须通过改造自然的生产劳动而获取维持和发展自身的物质生活资料，因此只有生产劳动才是人的本质。或许正因如此，在各种版本的关于"人"的词条中，都把人定义为"能制造工具并使用工具进行劳动的高等动物"。

有人说，人永远只能是以社会性存在的方式与自然发生关系，个人也永远只有在一定的社会关系中才能作为个体的人而存在，因此社会性才是人的本质。为此，人们还常常以马克思关于"人的本质并不是单个人所固有的抽象物。在其现实性上，它是一切社会关系的总和"的论述，来作为定论的依据。然而，只要我们认真分析马克思的这段论述，就会清清楚楚地看到马克思的这段论述并不是给人的本质下定义，而是针对人们把人的本质当作"单个人所固有的抽象物"，突出地强调了人的社会性。

有人说，人有"我"的自我意识，人把自己视为"我"的存在，才有主观与客观的关系，主体与客体的关系，人与世界的关系，才能进行目的性的、对象性的实践活动，因此精神性和自我性才是人的本质。

确实，人具有自然属性，也具有社会属性，还具有精神属性，人不能离开与自然的关系，也不能离开与社会的关系，还不能离开与自我的关系。人与自然的疏离，人与社会的疏离，人与自我的疏离，都会使人形成人的失落的自我感觉和自我意识。现代人的困惑与焦虑，就是由于人与自然、社会和自我的"疏离"。

然而，只要"全面"地思考人的属性、需要、特征和本质，似乎又不能单独地用自然、社会或精神来回答"人是什么"。那么，把人的自然性、社会性和精神性合在一起，就能够回答"人是什么"吗？也不能。这是因为：人的存在是一个未完成的创造过程，人的一切属性和需要永远处于未完成的创造过程之中，用某种既定的状态来刻画人，恰恰是丢弃了人的最根本的属性——超越其所是的创造性。

由此看来，"人是什么"或"什么是人"的问题，应当转换成"人是怎样的存在"或"人是怎样存在的"。

我们首先来作一个对比。比如说，春天到了，我们向大地播撒种子，有了适宜的土壤、水分、阳光、肥料等条件，它就会像我们所期待的那样萌芽、生长、结果。这就是说，种子内部所包含的因素，"预先"地规定了它将会成为哪一种植物。这就是俗话所说的

"种瓜得瓜，种豆得豆"。用个现代哲学的说法，就是"本质先于存在"——本质"预先"地规定了存在、决定了存在。或者说，存在被本质"预先"地规定和决定，它只能是这样的存在，不能是别样的存在。

人则不然。没有某种本质"预先"地决定人成为"人"。

在生物学的意义上，人由胚胎而出生为婴儿，由婴儿而生长为儿童，由儿童而变为少年、青年、壮年、老年，似乎与播撒的种子一样，也是本质决定"存在"。

然而，人之区别于其他生物，或者说，人之所以为人，恰恰在于人不仅仅是生物学意义上的存在，因而人的本质不是他的生物学意义上的自然属性。

动物是自然的产物，它依靠自然的器官和自然的本能去适应自然，以维持和延续自身的存在。动物对自然的"关系"，只有自然所赋予它的一个"尺度"，即它所属的物种的尺度，去实现它的自然的存在。动物的器官、本能和尺度，都是自然所赋予的，都是"预先"决定的，因而是"本质先于存在"。

人的肉体器官则不仅仅是自然的产物，而且是马克思所说的"世界历史"的产物，是人类自身活动的产物。人类的活动不是本能的活动，而是自觉的活动，是追求和实现自己的目的的活动。人类的活动不仅是按照自己所属的物种的尺度，而且懂得按照任何物种的尺度来进行生产，按照自己的发展着的历史的尺度来进行塑造。

人是历史性的存在，也就是不断地变革自己和重塑自己的存在。马克思说："整个历史也无非是人类本性的不断改变而已。"人的存在，就是人的历史活动。人在自己的历史活动中，不断地改变先前的存在方式，不断地重新塑造自己，因此，人是创造性的存在，不断地超越自身之所是的存在。

人能把自己看作"我"的存在，这就是人作为主体的主体意识的生成。黑格尔曾经这样评价"我"的出现："平常我们使用这个'我'字，最初漫不觉其重要，只有在哲学的反思里，才将'我'当作一个考察的对象。在'我'里面我们才有完全纯粹的思想出现。动物就不能说出一个'我'字。只有人才能说'我'，因为只有人才有思维。"[①]

没有"我"的意识，就没有物我之分，主客之别，就是纯粹的自在的自然的存在。有了"我"的意识，就有了物我之分，主客之别，我是认识和改造对象的主体，对象则是被认识和被改造的客体，因而我是自为的自觉的存在。这就是人对自然的存在状态的超越。

人之所以能够在意识中划分为我与物、主体与客体的存在，是因为人在实践中、现实中把自己塑造成认识和改造世界的主体。实践是人的存在方式。

人自身以及人的世界，都是在人的实践活动中形成和发展的。马克思说："人同世界的任何一种属人的关系——视觉、听觉、嗅觉、味觉、触觉、思维、直观、感情、愿望、活动、爱……总之，他的个体的一切官能，正像那些在形式上直接作为社会的器官而存在的器官一样，是通过自己的对象性的关系，亦即通过自己同对象的关系，而对对象的占有"，人的"五官感觉的形成是以往全部世

---

① 黑格尔：《小逻辑》，商务印书馆1980年版，第82页。

界史的产物"。①

让我们来看看人与动物的眼睛吧。只要仔细观察，人们就会发现，动物的眼睛总是在"等待"和"接受"，而人的眼睛则在"期待"和"创造"。人的眼睛不是消极地接受对象所给予的信息，而是在积极地创造着某种"意义"。对人的眼睛来说，对象所给予的信息永远是不确定的、未完成的、具有无限可能性的。人的眼睛不仅仅在辨析对象所给予的信息，而且在寻找人所"期待"的信息，赋予对象以人所"期待"的信息，也就是在不断地"创造"着属于人的"意义"。

这种创造，就是人为自己绘制关于世界的图景，并把这种"图景"作为目的性要求而实现为对象化活动，使自在的世界不断变成属人的世界，并使自身的存在不断地得到发展。

在《人论》中，卡西尔是这样论人的："人的突出特征，人与众不同的标志，既不是他的形而上学本性也不是他的物理本性，而是人的劳作（work）。正是这种劳作，正是这种人类活动的体系，规定和划定了'人性'的圆周。"对"人性"的寻求，"寻求的不是结果的统一性而是活动的统一性，不是产品的统一性而是创造过程的统一性"。②

人的创造过程，就是改变人与世界的过程，人从无知到有知，从知之甚少到知之较多，从知之较浅到知之较深，这不仅是人的认识的自我超越，也是人的世界图景、思维方式、价值观念和整个存

---

① 马克思：《1844年经济学哲学手稿》，人民出版社1979年版，第77－79页。

② 卡西尔：《人论》，上海译文出版社1985年版，第87页，第90页。

在方式的自我超越。

现代人所理解的世界，不是一幅超自然的力量统治人的神话的或宗教的世界图景，也不是一幅依据经验常识来描绘的简单的、粗糙的经验的或常识的世界图景，而是一幅由不断发展的科学概念所描绘的科学的世界图景。现代人所具有的思维方式，也不是由经验常识所给予的那种非此即彼、两极对立的简单化的思维方式，现代人所具有的价值观念也不是听天由命的或孤立单一的价值观念，两极的消解与必要的张力是现代的思维方式和价值观念的突出特征。现代人超越了传统的世界图景、思维方式和价值观念，因而也超越了传统的生存方式。人超越了自己曾经有过的生存方式，也就超越了自己曾经所是的存在。

人是超越其所是的存在。

成功没有公式

人生永远是未完成的存在。

人总是在选择自己的人生，塑造自己的人生。人对自己人生的选择与塑造，既要"执着"，又要"通达"。"执着而又通达"，或许是最为恰当的人生态度。这是因为：人人都有成功的可能，但成功却没有公式。

有人常常这样提出问题：人生最好的选择是什么？是当科学家去探索自然或社会的奥秘，还是当艺术家去描绘心灵的秘密和生活的真实？是当政治家去施展"治国平天下"的抱负与才智，还是当思想家去沉思理想的追求与人生的意义？

有人又常常这样提出问题：实现最好的选择的秘诀是什么？怎样才能"最快"地获得科学发现？怎样才能获得艺术家的灵感？如何才能施展政治家的抱负？如何才能写出叫人惊叹不已的哲理？

所谓最好的选择，也就是最能体现人生的意义和最能实现人生的价值的选择。然而，正如中国俗话所说"行行出状元"，也正如西方俗话所说"条条大路通罗马"，人生的意义与价值并不在于某种职业的选择。

或者也可以这样说：人类以多种多样的方式去把握世界，人类以多种的方式创建了多样的文化形式，并构筑了丰富多彩的人的世界，因此，每种把握世界的方式，每种构建人的世界的文化形式，都有它的不可或缺与不可替代的意义与价值。作为科学巨匠的牛顿、爱因斯坦，作为文学大师的莎士比亚、托尔斯泰，作为思想伟人的马克思、孔子，不都是顶天立地的巨人吗？

这个道理几乎是不言而喻的。于是，什么是最好的问题，便转换为如何成为最好的问题。

当代有一个颇为流行的时髦名词——管理。人们试图通过"管理"去获得方方面面的最佳的效果，并且已经和正在通过加强管理而取得了令人振奋的各种各样的成绩。然而，人的自身的存在——人生——却是最难"管理"的。

现代管理学特别强调目标管理，即按照某种设定的目标去规划和实施管理。于是，人们也试图以"目标管理"的方式去实现最好的选择。比如，最为明显的实例就是，当代的绝大多数的父母，都把"望子成龙"或"望女成凤"作为"管理"子女的目标。然而，人们可以设定这种管理的目标，也可以规划和实施这种"目标管理",但却难于实现这个管理的目标。

为了实现子女"成龙"、"成凤"的目标,父母当然是首先实施对子女的"管理"。学龄前的孩子就要每天背几首唐诗,算几道加减法、写若干页汉字或学若干句外语。上了学的孩子更是要按照上重点中学、考重点大学甚至出国留学的目标进行"管理"。与此同时,许多父母还为了实现这个目标而强化了对自己的"管理"。电视少看了,舞厅少去了,麻将少搓了,把金钱、时间和精力都投入到对子女的"目标管理"上。不仅如此,有些父母还为此而强化了对社会的"管理",千方百计地利用各种关系把子女送进重点小学,又挖空心思地寻找各种门路把子女送进重点中学,甚至掏出几万元钱也在所不惜。这实在是"可怜天下父母心"。

然而,孩子各有自己的天赋,各有自己的兴趣,有的喜爱拆装各种东西但就是不愿意摆弄文字,有的擅长唱歌跳舞但就是不喜欢演算数学题。父母设定的目标是医生、律师,孩子的志趣偏偏是裁缝、厨师,父母设定的目标成名成家,孩子的愿望偏偏是踢球下棋……

我们这样说,当然不是希望天下父母放弃对子女的"管理",更不是让天下父母丢弃期待子女的目标,而只是说人生目标难于"管理"。

人生的难于"管理",是因为人有多种多样的潜能,多种多样的天赋,多种多样的需要。每种潜能的发挥,每种天赋的施展,每种需要的满足,都是生命价值的实现。生活的目的不是追求某种结局,而是实现人的自我发展。按照某种目标去管理人生,常常是以生活的目标去取代生活的目的,也就是以某种流行的成功的公式去求解人生的成功。

人生的难于"管理"，还因为社会为个人提供了多种多样的机遇，又设置了各种各样的限制，社会有多种多样的需要，又充满了各种各样的竞争。个人的潜能、天赋、需要、追求和拼搏，与社会的需要和机遇的碰撞与融合，构成了个人实现自我发展的生活过程。因此，个人既要执着地追求不断悬设的生活目标，又要通达地看待生活目标的实现。

如果仔细地想一想，谁都会发现一个最朴素的真理：人生最大的事——生、老、病、死就是人自己最难于甚至是无法"管理"的。看透了这一层，并不是得出悲观厌世、无所作为的结论，恰恰相反，是要看破各种"成功的公式"，把成功的人生合理地视为人生的创造过程。

不是按照某种公式去求解人生的成功，生活得就会潇洒一些，通达一些，同时生活得也会坚强一些，执着一些。并非人人都是诗人，也并非人人都是哲人。然而，正如一篇散文里说的，每当花明月夕，哪一个少年不曾一度是诗人？每当静夜惊起，哪一个中年人不曾一度是哲人？人人都曾有过诗人"表现生命"的热忱，人人也都有过哲人"探索生命"的虔诚。就此而言，人人都可能比诗人更诗人，比哲人更哲人。即使不是人人都能成为诗人或哲人，不是人人都能取得诗人或哲人的成功，但人人都应永远保持诗人和哲人的气质，永远地"表现生命"、"探索生命"，使生命成为一种更为高贵的存在。

人无法"管理"自己的生老病死，但人却能够"对待"自己的生老病死。有一位六十有七的老人，写了一篇题为《潇洒老一回》

的散文。文章说，"江山，事业，金钱，美女，统统不属于我，我所拥有的，就是眼前的这个'老'字。既然这'老'字还在我的眼前，说明我跟死还隔有一段距离。生命只有一次，机不可失，时不再来。现在的年轻人几乎个个都在唱着什么'潇洒走一回'，难道我就不能'潇洒老一回'吗？但我凭什么潇洒？除'老'字而外，一无所有，勉强看来像是属于我的，只有手中的这支笔了。笔，还能翩翩起舞吗？杜甫虽有诗赞叹庾信的老来之笔，道是'庾信文章老更成，凌云健笔意纵横'。我的笔，则差劲得很，怎写得出庾信的那般文章呢？但文章总要写的"。"老之来也，对于我简直像是纵虎归山，驱龙入海，不啻是我生命的盛大节日。所以，我说：我好不容易老了！一辈子夹着尾巴做人，到老了，可该让我翘起尾巴作文了"！ ①

人生是创造的过程。人生的创造过程就是人生的目的和标准，人生的意义与价值。人在创造性的心态与过程中生活，就是成功的人生。

成功没有公式，人人都能追求成功。

人生的境界与自由

说到人生境界，人们自然会想到冯友兰先生的"四境界说"。

冯先生说："人与其他动物的不同，在于人做某事时，他了解他在做什么，并且自觉他在做。正是这种觉解，使他正在做的对于

① 忆明珠：《潇洒老一回》，转自《读者》1994年第6期。

他有了意义。他做各种事，有各种意义，各种意义合成一个整体，就构成他的人生境界。"[1]

在这里，冯先生把人的"做事"、"觉解"、"意义"和"境界"联系在一起，并且统一起来了。

"做事"，无论是做工和务农，还是当官和经商，总之是广义的实践活动，把世界变成自己所希望的现实的活动，让世界满足自己的需要的活动，创造自己的人生的活动。

人的"做事"，不只是在做，而且是自觉地做，知道自己做什么，为何做，怎样做，做成如何，做不成又如何。这就是对做的了解和自觉，也就是"觉解"。

人所"觉解"的，是做的"意义"。做每件事，都有做这件事的"意义"。满足需要也好，趋利避害也好，惩恶扬善也好，纯粹兴趣也好，总是有它的"意义"在。

人对所做的各种事情的"觉解"，人所觉解到的各种"意义"，孤立地看，似乎只是对某事的"觉解"，只是从某事中获得的"意义"。其实不然。人在做各种事情的时候，都渗透或融注着他对人生的整体"意义"的"觉解"。每个人所"觉解"的整体"意义"，就构成了他自己的人生的"境界"。

按照冯先生的说法，如果从低到高地排列人生的境界，可以分为自然境界、功利境界、道德境界和天地境界这样四种境界。

所谓"自然境界"，就是按着本能或"社会的风俗习惯"去做事。而对于所做的事，则并无觉解，或不甚觉解。这样，他所做的事，

---

① 冯友兰：《中国哲学简史》，北京大学出版社2013年版，第321页。

对于他就没有意义，或有很少意义。可见，人生的自然境界，就是不能"觉解"做事意义的境界。砍柴只是砍柴，担水只是担水，做工只是做工，务农只是务农，浑然不觉做事的意义。

这不能不让人想起一个字——"混"。混事、混日子、混生活，这个"混"字活脱脱地表现了人生的自然境界。做事，只因为不得已而为之；生活，只因为不能不活着。做事失去了意义，生活也失去了意义。生活变成了生存，这当然就只能是一种"自然境界"了。

超越"自然境界"，意识到为自己做各种事，这就是"功利境界"。冯先生说，这种人生境界，并不意味着必然不道德，做事的后果可以是利他的，但动机则是利己的。

这不能不让人想起另一个字——"欲"。做任何事情，都是从满足自己的欲望出发，从获得自己的利益出发，满足欲望，获得利益，就是做事的意义，生活的意义。对于这种人生境界的评价，似乎总是从一个极端跳到另一个极端，要么彻底否定，"狠斗私字一闪念"，要么无限张扬，"一切向钱看"。按照冯先生的意思，这种两极对立、非此即彼的态度都是不成立的。人不能无欲，要求欲望的满足便也无可非议。然而，这种只是为满足一己的欲望而做事的境界是低层次的。

超越这种一己的私欲或私利，意识到人是社会的存在，每个人都是社会的一员，并由这种"觉解"而为社会的利益做各种事，使自己所做的各种事都有利他的道德意义，这就是人生的"道德境界"。

此种"道德境界"，是对社会意义的觉解，也就是对人"应当"怎样的觉解。如果也可以用一个字来予以概括，那就是"义"。"义"

也是"利"，但不是一己的"利"，而是社会的"利"，所以是"义"，是"道德"，是人应当怎样的"正义"。有利于社会的道德境界，当然是一种较高层次的境界。

超越道德境界，意识到自己是宇宙的一员，并为宇宙的利益而做各种事，这就是冯先生所说的"天地境界"。

在当代，这种"天地境界"，也许有其更为真实的意义。所谓"全球问题"，不能仅仅从科学技术的负面效应去看，更要从人类的"觉解"尚未达到的"天地境界"去看。费孝通先生之所以提出"生态"问题的根子在"心态"，就是因为"觉解"到了二者的关系。如果人的心态达不到"天地境界"，就会盲目地、肆无忌惮地掠夺自然，从而造成愈来愈严重的"全球问题"。

在总结人生四境界的时候，冯先生说："自然境界、功利境界的人，是人现在就是的人；道德境界、天地境界的人，是人应该成为的人。前两者是自然的产物，后两者是精神的创造。自然境界最低，其次是功利境界，然后是道德境界，最后是天地境界。它们之所以如此，是由于自然境界，几乎不需要觉解；功利境界、道德境界需要较多的觉解；天地境界则需要最多的觉解，道德境界有道德价值，天地境界有超道德价值。"[1]

这里有几层意思很耐人寻味。

自然境界、功利境界的人，是"人现在就是的人"，这是说，无须觉解或无须更多的觉解，无须教化或无须更多的教化，人就具有自然境界、功利境界。因此，如果不是针对各种不同形式的禁欲

---

[1] 冯友兰：《中国哲学简史》，北京大学出版社2013年版，第322页。

主义，似乎不必对人进行功利境界的价值导向。

道德境界、天地境界的人，是"人应该成为的人"，这是说，没有较高的甚至是最高的觉解，没有系统的甚至是完善的教化，人难以达到道德境界、天地境界。趋一己之利而避一己之害，这是"自然的产物"。趋社会之利而避社会之害，甚至为趋社会之利而舍一己之利、为避社会之害而趋一己之害，这样的道德境界，已非自然的产物，而是较高的觉解和系统的教化的产物，因此只能是"应该成为的人"。

从屈原的"路漫漫其修远兮，吾将上下而求索"到范仲淹的"先天下之忧而忧，后天下之乐而乐"，从林则徐的"苟利国家生死以，岂因祸福避趋之"到李大钊的"铁肩担道义，妙手著文章"，具有这种家国情怀的人，当然是"应该成为的人"。

趋宇宙之利而避宇宙之害，甚至为宇宙之利与害（实质是人类的根本性的利与害）而舍个人、集团或局部、暂时之利，而趋个人、集团或局部、暂时之害，这样的天地境界，当然需要最高的觉解和完善的教化，因此更只能是"应当成为的人"。

"现在就是的人"，或出于本能而做事，或出于物欲而做事，做事的"意义"便是狭隘的、低级的，因而难以实现人自身的自由而全面发展。"应当成为的人"，则是为社会而做事，为人类而做事，做事的"意义"便是宏大的、高级的，因而是实现每个人的自由而全面发展的前提。

人生的境界不同，人生的态度也不同。遍览众生，我们可以看到千姿百态的人生：有顺世主义的同流合污，有游世主义的玩世不恭，有愤世主义的恣意妄为，有超世主义的孤傲独行，有出世主义的自我解脱，有入世主义的奋力抗争……

顺世主义者"随其流扬其波"，不问是非，不分善恶，不辨美丑，浑浑噩噩，迷迷糊糊，得过且过；游世主义者玩世不恭，声色犬马，纸醉金迷，挥霍无度，及时行乐；愤世主义者恣意妄为，拒绝传统，不要规则，铤而走险；超世主义者我行我素，以"众人皆醉而我独醒"的心态孤傲独行；出世主义者视尘世为苦难，认彼岸为故乡，或断发为僧为尼，或自戕以为解脱；入世主义者直面人生，或为名利而苦心经营，或为社会而奋力拼搏，觉解有别，境界各异……

然而，无论何种境界与态度的人生，似乎都指向着某种自以为是的自由。那么，究竟什么是"自由"？概而论之，可以区分为四种基本的自由观。

一是庄子式的"玄想的自由"。这种玄想的自由，把自由视作无所对待的状态，即取消物我、主客、人己的相互对立，超然利害、荣辱、死生的相互区别，"天地与我并生，万物与我为一"。

这种自由的出发点是"无待"，达到"无待"的方式则首先是"无我"，以自我的虚无性来取代自我的渺小性和物我的两分性，由此而达到以万物的齐一性来取代主—客的对立性，从而归于"无待"的自由。

二是黑格尔式的"理性的自由"。这种理性的自由，把自由视为认识了的必然。按照黑格尔的说法，自由，是一个由自在到自为再到自在自为的精神历程，是"全体的自由性与各个环节的必然性"的统一。

揭开罩在黑格尔哲学身上的神秘的面纱，我们就会看到，黑格尔式的理性自由，就是个体理性对普遍理性的认同，个体理性与普遍理性的融合。因此，这是一种理性主义的、逻辑主义的自由观。

三是萨特式的"意志的自由"。这种意志的自由，把自由视为自我的实现。按照萨特的说法，人的本性就是无法逃避的自由。人与物的区别，在于物是"本质先于存在"，由本质预先决定了存在，因此物的存在无自由可言；而人则是"存在先于本质"，人的本质是人自己造就的，人具有选择的自主性，并在不断的选择中塑造自己，因此人的存在就是实现自我的自由。

四是马克思的"实践的自由"。这种实践的自由，是把人视为实践的存在，或者说实践是人的存在方式。自由就是人在实践中所实现的人的全面发展。

马克思认为，劳动作为人的最基本的实践活动，它本身具有三重意义：劳动作为生存的手段，它具有谋生的意义；劳动作为生命的表现，它是一种个人的乐趣；劳动作为社会的需要，它是人的社会本质的实现。以劳动为基础的实践活动，使人的多种潜能得以发挥，多种需要得以满足，多种价值得以实现。在实践活动的历史进程中，在实践活动的自我超越中，人自身得到全面的发展，这就是人的自由。

人类争取自由的过程，就是发挥主体力量的过程，就是提升人生境界的过程，也就是创造人生的过程。

下 编

反省真的理念

熟知非真知：求真意识

> 人们只是在知识很少的时候才有准确的知识。
>
> ——歌德

超越"常识"

说到"常识"，每个正常的普通人都会想到那些简洁、明快的自然常识，那些凝重、睿智的政治常识，那些格言、警句式的生活常识。

确实，有谁能够离开常识而正常地生活呢？反之，如果说某人"缺乏常识"，岂不等于说这个人"不正常"吗？

常识，就是那些普通、平常但又经常、持久起作用的知识，就是每个正常的普通人都具有的知识。

在常识中，人们的经验世界得到最广泛的相互理解，人们的思想感情得到最普遍的相互沟通，人们的行为方式得到最直接的相互协调，人们的内心世界也得到最便捷的自我认同。常识，它是人类把握世界与自我的最具普遍性的基本方式，它对人类的存在具有重要的生存价值。

世界上的任何一个民族，都在世世代代的经验中积淀了不可胜数的方方面面的常识。世界上的任何一个正常的普通人，都在历史的延续与生活的经验中分享着常识，体验着常识，运用着常识。没有常识的生活是无法设想的。

然而，常识又是必须"超越"的。所谓现代"教养"，首先就是对常识的世界图景、思维方式、价值观念、审美意识和生活态度的超越。

我们首先来看常识的世界图景。

人们常说，世界是在人的意识之外的客观存在，世界的存在不以人的意志为转移。这当然是对的。人们还常说，人的头脑能够反映客观存在的世界，世界是可以被认识的。这当然也是对的。可是，我们还应该进一步追问：人类关于世界的图景是永恒不变的，还是历史性变幻的？如果世界图景是不变的，为什么说人类的认识是发展的？如果世界图景是变幻的，这种变幻的根据又是什么？

让我们举出一个人所共知的实例。我们面对着同一个世界，为什么既会有"太阳围绕地球旋转"的"地心说"，又会有"地球围绕太阳旋转"的"日心说"？我们所"看"到的地球与太阳，究竟是谁围绕着谁旋转？我们所"思"的地球与太阳，又是谁围绕着谁旋转？相信"看"的人，恐怕无法否认"太阳围绕地球旋转"，因为他每天都"看"到太阳从地球的东方升起，又从地球的西方落下。

相信"思"的人，则只能认为"地球围绕太阳旋转"，因为他知道这是科学所提供并经过实践检验的真理。

"地心说"与"日心说"是两个根本不同的"世界图景"。前者符合于人类的"共同经验"——有谁看不到太阳的东升与西落呢？后者则超越于人类的"共同经验"——有谁能在地球上看到它围绕太阳旋转呢？那么，我们到底应该相信哪个"世界图景"呢？

毫无疑问，人们会不假思索地脱口而出："相信日心说。"然而，如果认真地思考一下就会发现：我们的这种回答已经超越了常识：由"日心说"所构成的世界图景已经超越了常识的世界图景。

常识直接来源于经验，又直接适用于经验。对经验的依附性，是常识的本质特征。人们通过经验的"历时态"遗传与"同时态"共享来获得常识、运用常识和丰富常识，却无法在常识中超越经验去描述世界和解释世界。常识的世界图景，就是以"共同经验"或"经验的普遍性"为内容的世界图景。由于在经验观察中，人们所形成的"共同经验"只能是"太阳围绕地球旋转"，因此常识的世界图景也只能是所谓"地心说"的世界图景。

那么，究竟是什么改变了"太阳围绕地球旋转"的常识世界图景？这就是科学。

科学是关于普遍性、必然性、规律性的知识。它来源于经验，但并不是依附于经验，而是超越于经验。科学的世界图景不是以直接的"共同经验"为内容的世界图景，而是以科学概念、科学原理以及科学模型等为内容所构成的世界图景。它是一种概念化的、逻辑化的、精确化的和系统化的世界图景。它具有内容的规律性、解释的普遍性、描述的可检验性以及理论的可预见性等特征。

科学及其所建构的世界图景，主要的不是诉诸人的感性直观，而是诉诸人的理性思维。人是通过理性思维和科学知识去接受和理解科学的世界图景。列宁曾经非常生动地举例说，人的感觉无法描述每秒 30 万公里的运动，而人的思维却能把握它。确实，有谁能用感觉去描述光的运动？可是，凡是学过光学的人，又有谁不知道光速？美国当代科学哲学家瓦托夫斯基也举例说，在常识的世界图景中，我们既无法想象也无法表达某物在同一时间内存在于两个地方；然而量子物理学却要设想和描述基本粒子不"经过"中介空间而从一地方到达另一个地方，不通过一条路径而在不同时间突然出现在不同的地方。

科学改变了常识的世界图景，为我们提供了超越经验的科学世界图景。不仅如此，科学的最重要的特性，又在于它具有自我批判和自我发展的创造的特性。在科学的发展过程中，科学的世界图景总是处于历史性的变革之中。特别是每一次划时代的科学发现，都为人类提供了崭新的世界图景。现代的交叉科学、边缘科学、综合科学、横向科学，特别是系统论、控制论、信息论以及耗散结构理论、突变论、协同学等，已经深刻地变革了人类的世界图景。现代科学的世界图景，是经验常识根本无法想象的。

由此我们可以看到，所谓现代"教养"，首先需要学习科学知识，形成现代科学的世界图景。这就必须"超越"经验常识的狭隘视界。现代德国哲学家卡西尔有一部名著《人论》。在这部著作中，卡西尔提出："人总是倾向于把他生活的小圈子看成是世界的中心，并且把他的特殊的个人生活作为宇宙的标准。但是，人必须放弃这种虚幻的托词，放弃这种小心眼儿的、乡下佬式的思考方式和判断方式。"① 超越常识的科学世界图景，为我们展现了具有无穷奥秘的世界，也为我们拓展了无限广阔的思维空间。以现代科学变革我们的世界图景，从而形成良好的科学素质，是现代教养的重要内容。

我们再来看常识的思维方式。

常识的思维方式，是形成于人们的日常生活，又适用于人们的日常生活的思维方式。常识思维方式的突出特征，在于它是一种"两极对立"的思维方式。

人们的日常生活，是一种依据和遵循"共同经验"的生活。在日常生活中，人作为经验的主体，以经验常识去看待事物和处理问题；各种事物作为经验的客体，以既定的存在构成人的经验对象。在这种日常生活的主—客体关系中，人是既定的经验主体，事物是既定的经验客体，主体的经验与经验的客体，具有确定的、一一对应的经验关系。白的就是白的，黑的就是黑的，男人就是男人，女人就是女人，太阳就是太阳，月亮就是月亮，一清二楚，泾渭分明。因此，日常生活要求人们的思维保持对有与无、真与假、是与非、善与恶、美与丑的非此即彼的断定；任何超越非此即彼的断定，都是对常识思维方式的挑战，也就是对日常生活经验的挑战。两极对立、非此即彼，这就是常识的思维方式。

恩格斯曾经指出，所谓"形而上学"的思维方式，就是"在绝对不相容的对立中思维"；恩格斯还具体地指出，"是就是，不是就不是；除此之外，都是鬼话"，这就是形而上学的"思维方式"。那么，为什么这种"形而上学"的"思维方式"会在人类思维中占据

----

① 卡西尔：《人论》，上海译文出版社1985年版，第20页。

牢固的地位？恩格斯非常明确地回答："初看起来，这种思维方式对我们来说似乎是极为可取的，因为它是合乎所谓常识的。"①

常识的思维方式形成于并适用于"日常活动范围"。一旦人的思维超出"日常活动范围"，进入非日常生活的"广阔的研究领域"，就会发生恩格斯所说的"最惊人的变故"——必须改变两极对立、非此即彼的常识思维方式。

在现代社会生活中，首先是迅猛发展的科学技术超出了"日常活动范围"，进入了非日常生活的"广阔的研究领域"，从而深刻地改变了常识的思维方式。在许多人所熟悉的《现代科学技术基础知识》一书中，曾这样描述当代科学技术发展所形成的思维方式的特点："从绝对走向相对；从单义性走向多义性；从精确走向模糊；从因果性走向偶然性；从确定走向不确定；从可逆性走向不可逆性；从分析方法走向系统方法；从定域论走向场论；从时空分离走向时空统一。"②

科学的发展史是人类理论思维的进步史。科学概念的形成和确定、拓展和深化、变革和更新，不仅为人类提供"认识和掌握自然现象之网的网上纽结"，而且为人类提供不断增加的、不断深化的认识成分和思维方法。从人类理论思维的总体进程上看，首先是从对世界的宏观整体反映进入到对事物分门别类的考察，从对世界的笼统直观进入到对事物各种属性分解的研究，从对世界现象形态的经验描述进入到对事物内在本质和运动规律的寻求；其后又从对事

---

① 马克思、恩格斯：《马克思恩格斯选集》第3卷，人民出版社1972年版，第61页。

② 宋健主编：《现代科学技术基础知识》，科学出版社1994年版，第48页。

物的孤立研究进入到对事物相互联系的揭示，从对事物的静态考察进入到对事物的动态分析，从对事物的个别联系和局部过程的描述进入到对事物的普遍联系和全面发展的研究；现代则从对事物的普遍联系和全面发展的宏观把握进入到对事物联系与发展的内在机制的研究，从对事物的线性因果联系的认识进入到对事物的统计的、概率的理解，从对人类社会与自然界的断裂研究进入到对人与自然的内在统一的探索。宏观与微观、决定与非决定、线性与非线性、精确与模糊、绝对与相对。这些认识成分的对立统一，在现代人类的认识系统中占有支配的地位。

人们已经越来越深刻地懂得，我们用来构成世界图景的认识系统，是一个由众多相互联系和相互作用的认识成分按照一定的层次结构组成的、不断扩展和深化的有机整体。因此，现代人类的世界图景是一个具有多序列、多结构、多层次、相互交叉、相互渗透、相互转化的纵横交错而又生生不息的网络系统。这正如有的学者所指出的，现代科学"已把人类的思想训练到能够理解以前几世纪中有教养的人所不能理解的逻辑关系"。超越常识的思维方式，这是形成现代教养的重要前提，也是构成现代教养的重要内容。

现在，我们来看常识的价值观念、审美意识和生活态度。

常识，它作为人类"共同经验"的积淀，不仅具有描述和解释世界的功能——构成人的思维方式和世界图景，而且具有约束和规范人的思想与行为的功能——构成人的价值观念、审美意识和生活态度。

常识的规范功能，具体地表现在，它规范人们想什么和不想什么、怎么想和不怎么想、做什么和不做什么、怎么做和不怎么做。

它既是人们的思想与行为的根据，又是人们的思想与行为的限度。常识对人的思想与行为具有"规定"（想什么和做什么）与"否定"（不想什么和不做什么）的双重规范作用。

常识作为人们的思想与行为的规范，是人类世世代代积累起来的、适应人类生存的自然环境、社会环境以及一般文化环境的产物。它在最实际的水平上和最广泛的日常生活中发挥其对人类维持自身存在的生活价值。不仅如此，常识还以其独特的"隐喻"形式而拓展和延伸其适用范围和使用价值，从而使常识以"文化传统"的形式得以世代延续，由此构成人类的、民族的以及个体的具有普遍性的价值观念、审美意识和生活态度。

常识的规范作用，正如常识的思维方式和世界图景，同样是以经验的普遍性为内容的。人的所思所想、所作所为，直接受到常识的思维方式和世界图景的制约，任何超越"共同经验"的思想与行为，都是对常识规范的亵渎与挑战，都会被视为离经叛道、胡作非为。常识的经验性质决定了常识规范的狭隘与保守性。

在常识的两极对立、非此即彼的思维方式的制约下，常识的价值判断也具有两极性特征。是非，善恶，好坏，荣辱，祸福，君子小人，渺小崇高，被常识的经验标准泾渭分明地断定为非此即彼的存在。在人们的生活态度和行为方式中，总是采取"要么……要么……"的价值取向：要么搞理想主义，要么搞功利主义；要么搞集体主义，要么搞利己主义；要么讲无私奉献，要么讲赚钱发财；要么讲莺歌燕舞，要么讲糟糕透顶；要么整齐划一，要么"怎么都行"，如此等等，不一而足。常识的价值观念和生活态度缺少辩证智慧的"张力"。简单化与绝对化是常识规范的显著特征。

常识的价值观念、审美意识和生活态度是需要"超越"的。这种超越，主要是以科学和哲学去变革常识。

与常识不同，科学的价值观念不是经验性的，而是理性化的。科学是以系统化的知识体系和逻辑化的思维方式去规范人们的所思所想、所作所为。实证精神和分析态度是科学价值规范的实质。它不仅着眼于经验的普遍性，更着重于对经验的理性思考。它不仅着眼于"定性"式的论断，更着重于形成论断的"定量"化的分析。这就是科学价值规范对常识价值规范的简单性和绝对化的超越。

在科学的发展过程中，科学的思维方式及其所建构的世界图景，总是处于生生不已的历史性转换之中，从而不断地变革和更新了人对自己和世界及其关系的理解，即变革和更新了人们的世界观。世界图景和思维方式的更新，必然引起价值标准的更新。由于价值标准是人们的价值判断、价值取向和生活态度的根据，随着价值标准的更新，整个的价值系统就会发生历史性转换。这又是科学价值规范对常识价值规范的狭隘性和保守性的超越。

与科学价值规范相比，哲学的价值规范具有显著的反思与批判的特性。哲学不是直接地提出和给予某种价值规范，而是把常识的和科学的价值规范作为反思的对象，批判性地揭示这些价值规范所隐含的根据、标准和尺度，从而启发人们以批判的态度去对待自己所遵从的价值规范。

科学的价值态度，是以理想化的"应然性"和历史的"大尺度"去反思常识和科学的价值规范，使人们的思想与行为在理想与现实、历史的"大尺度"与"小尺度"之间保持"必要的张力"。哲学层面的价值观，是一种辩证的大智慧。在现代社会生活中，它寻求科学精神与人文精神、科学理性与价值理性、功利主义与理想主义的辩证统一，引导人们自觉地超越绝对主义的或相对主义的价值态度，重新确立"崇高"在价值坐标上的位置。

科学和哲学是对常识的超越，而不是常识的延伸和变形。人们所"熟知"的常识的世界图景、思维方式、价值观念、审美意识和生活态度，在科学和哲学中遭到了恩格斯所说的"最惊人的变故"。用科学和哲学去反思常识的过程，就是在"熟知"中求得"真知"的过程，也就是人的素质的提高过程，即"人的现代化"的过程。

"真"的观念

在人的观念中，"真"与"假"是一对基本范畴。然而，究竟何谓"真"与"假"？

无论是在日常生活中，还是在科学研究中，人们经常提出的问题是："这是真的吗？"如果对这个问题稍加分析，我们就会发现，人们是在几种不同的意义上使用"真"这个概念。分析这些在不同的意义上所使用的"真"的概念，会使我们更加深切地理解"熟知而非真知"的道理。

其一，在最直接的意义上，"这是真的吗"所追问的是，"这"（例如这个人或这件事）是否"存在"。这里"真"的含义是"有"或"存在"，而对"真"的否定则是"无"或"非存在"。

其二，"这是真的吗"并不是在是否"存在"意义上的追问，而是对具体的人或物或事的"规定性"的追问。或者说，在这种追问中，被追问的对象的"存在"不成问题，成为问题的是被追问的对象是否具有某种特定的规定性。例如，我们面前有"一个东西"，别人说这是"一张桌子"，而我们提问说"这是真的吗"，就是在这个"东西"是否具有"桌子"的规定性的意义上提出问题。由此可见，"真"的第二层含义，是在"真实的"与"虚假的"关系中成立的。"真"就是"真实的"，"真"的这层含义不同于"有"或"存在"的含义。

其三，关于事物是否"存在"或关于事物是否具有某种（某些）规定性的追问，总是关于"对象"的追问，而"这是真的吗"的第三层含义，则不是对"对象"的追问，而是对关于"对象"的表象和思想的追问。或者说，在这种追问中，认识"对象"的存在及其真实性不成问题，成为问题的是关于"对象"的"表象"和"思想"，即，在认识主体的表象和思想中是否符合对象本身地再现了对象。在认识的过程中，主体既可能"正确地"再现了对象，也可能"错误地"再现了对象。由此可见，"真"的第三层含义，是在人的认识"正确的"与"错误的"关系中成立的。"真"就是"正确的"认识。

其四，"这是真的吗"并不是对"对象"与"映象"的关系的追问，而是对作为"映象"的"表象"和"思想"的关系的追问。或者说，在这种追问中，成为问题的是"表象"与"思想"的关系。作为认识主体的人，既具有"表象"对象的"感性"机能，又具有"思想"对象的"理性"机能，人的认识活动就是在"感性"与"理性"、"表象"与"思想"的矛盾中进行的。人的"感性"机能所构成的关于对象的"表象"，只能是"表象"对象的"感性存在"即"现象"，人的"理性"机能所构成的关于对象的"思想"，则是"思想"对象的"内在规定"即"本质"。人的"理性"无法"思想"对象的"现象"，人的"感性"无法"表象"对象的"本质"。那么，究竟是"理性"所"思想"

的对象的"本质"是真实的，还是"感性"所"表象"的对象的"现象"是真实的？从人的"感性"与"理性"、"表象"与"思想"的矛盾中提出"真"的问题，是对感性经验与理论思维何者为真的追问。由此可见，"真"的第四层含义，是在"感性"与"理性"、"表象"与"思想"、"经验"与"超验"的关系中成立的。

其五，"这是真的吗"并不是对认识结果的"真"或"假"的追问，而是对认识主体关于认识对象的评价的追问。关于这个问题，黑格尔曾经作过生动而又深刻的论述。他说："譬如我们常说到一个真朋友。所谓一个真朋友，就是指一个朋友的言行态度能够符合友谊的概念。同样，我们也常说一件真的艺术品。在这个意义下，不真即可说是相当于不好，或自己不符合自己本身。一个不好的政府即是不真的政府，一般说来，不好与不真皆由于一个对象的规定或概念与其实际存在之间发生了矛盾。对于这样一种不好的对象，我们当然能够得着一个正确的观念或表象，但这个观念的内容本身却是不真的。"[①]这就是说，一个对象可以是"真实地""存在着"，并且我们的表象和思想也"正确地"构成了关于它的"映象"，但是，我们仍然可以发问："这是真的吗？"这表明，这里所追问的"真"，已经不是对象是否"存在"的真，也不是"映象"是否"正确"的真，而是我们关于"对象"及其"映象"的"评价"："好的"或"美的"才是"真的"，"坏的"或"丑的"则是"假的"。这已经是超越"真"的关于真善美的追问。

总结关于"真"的上述五层含义，我们可以把"真"的问题概

---

① 黑格尔：《小逻辑》，商务印书馆1980年版，第86页。

括为三个方面：一是"有没有"的问题，二是"对不对"的问题，三是"好不好"的问题。

经过这样的分析、总结与概括，我们就会发现，"真"的概念是一个多义性的概念，"真"的问题是一个复杂的问题。从"真"的概念的多义性去看待"真"的问题，就需要把"有没有"、"对不对"、"好不好"这三个方面的问题联系起来，从人与世界的整体关系中去理解"真"。

我们要把"熟知"的"真"变为"真知"的"真"，就要把未经思考的"名称"升华为具有"内涵"的"概念"。

"名称"不是"概念"

每个正常的普通人，头脑里都装着数不胜数的"名词"；每当我们"想到"或"看到"某种东西，就可以不假思索地说"这是什么"、"那是什么"。"名词"使"事物"变成我们头脑中的"观念"。如果没有这些"名词"，人同世界的关系是无法想象的。无怪乎有的哲人说，"语言是世界的寓所"，"语言是存在的家"，"语言是人的存在方式"。

"语言"这东西可真像个天才的魔术师，总是花样翻新，变幻无穷，使人眼花缭乱，目不暇接。远的不说，就说近二三十年吧，不用说"尼龙"、"热狗"、"电脑"、"卡通"人人脱口而出，"系统"、"信息"、"基因"、"反馈"个个随口就来，"比基尼"、"麦当劳"、"皮尔卡丹"、"卡拉 OK"无人不晓，就连"MTV"、"MBA"、"GNP"、"STS"这些缩写的"洋文"，似乎也无须翻译和解释了。

人类可真是进入了"信息时代"，整个世界都"符号化"了。

然而，在这个"符号化"了的世界，语言却往往变成了纯粹的"符号"，使用语言也变成了所谓"无底棋盘上的游戏"。似乎只要所使用的语言"髦得合时"，使用这些语言的人便追赶上了潮流，也就"现代化"了。哲学家维特根斯坦认为，人们的话语方式，也就是他们的思维方式和行为文化。那么，这种追赶时尚的话语方式，究竟表现着怎样的思维方式和行为方式？

先说最为时髦的"洋文"吧。目前，除了有限的日常用语和若干个洋文缩写，真正懂"洋文"的中国人，恐怕还是为数不多，然而，不仅"哈啰"、"拜拜"之声不绝于耳，甚至某些男男女女的"外包装"上也印满了洋文。20 世纪 80 年代中期，华君武先生有一幅漫画，题目叫作《懂洋文的与不懂洋文的》，画面上，一位时髦女郎身着一件"摩登"服，令人瞠目地写着"kiss me"（请吻我）。于是，一位戴眼镜的男子便凑上来"kiss"，却被请人"kiss"的女郎打了一记耳光。看来，这位"不懂洋文"的小姐，服装的现代化与语言的现代化尚未"同步"；那位"懂洋文"的先生，语言与行为的现代化也陷入了误区。

放开满街的"洋文"不说，还是说说除了文盲都认识的"中文"吧。这里的"名称"与"概念"之间，似乎也总是"不到位"。

语言是历史文化的"水库"。这就是说，语言不仅仅是指称对象的"名称"，而且在这种指称中蕴涵着"文化"。进一步说，正是由于语言蕴含着文化，所以语言才具有概念的内容，而不是单纯的名称。无论是科学语言还是艺术语言，无论是常识语言还是哲学语言，都是历史文化的"水库"，都具有深厚的文化内涵。

举一个最简单的例子。比如，我们在用"笔"写字。对于我们拿在手里用来写字的"这个东西"，任何一个正常的普通的人都会说"这是一支笔"。然而，"笔"这个词仅仅是指称"这个东西"（或"这类东西"）的一个"名称"吗？我们为什么会把"这个东西"称为"笔"？当我们把手中的"这个东西"称为"笔"的时候，这究竟意味着什么？我们为什么能够判断这支"笔"与其他事物的区别？我们为什么能够断定这支"笔"的真与假、好与坏、美与丑？我们为什么会爱护这支"笔"而不是毁坏它？我们为什么能够创造出比我们正在使用的"笔"更高级的"笔"？

如果认真地想一想，我们就会悟出许多道理。其一，我们把手中的"这个东西"称作"笔"，既构成了"笔"的存在与关于"笔"的观念之间的关系，也构成了"我们"与"笔"之间的主体与客体的关系。而作为"主体"存在的"我们"，并不是以"白板"的头脑去反映对象，而是以我们已有的知识去把握对象。因此，我们在什么程度、什么水平上把握到对象的存在，取决于我们已有的"知识"。要想使"名称"具有"概念"内容，作为"主体"的我们就必须具有相应的知识。其二，我们把手中的"这个东西"称作"笔"，并不只是一个简单的事实判断（"这是一支笔"），而且是一个融事实判断、价值判断和审美判断为一体的综合判断。因为，当我们说"这是一支笔"的时候，在我们的观念中已经形成了它是不是"笔"的真与假的断定，它对我们是否有用，以及有何用途的价值判断，以及它使我愉悦还是令我讨厌的审美判断。由此我们可以看到，在对"笔"的概念式的把握中，已经包含了真与假、好与坏、美与丑的丰富的文化内涵。其三，我们把手中的"这个东西"称作"笔"，意味着我们已经具有关于"笔"的观念。如果我们根本没有"笔"的观念，又如何能把手中的"这个东西"称作"笔"？笔的存在是不以人的观念为转移的，但是，人能否把存在着的"这个东西"把握为"笔"，却必须以人是否具有"笔"的观念为前提。这表明，人是历史文化的存在，人用语言去指称对象，实质上是以历史文化去把握对象。离开历史文化，对象虽然存在着，但对认识的主体来说，却是黑格尔所说的"有之非有"，"存在着的无"。其四，我们把手中的"这个东西"称作"笔"，并不意味着我们只是把"这个东西"认定为"笔"，恰恰相反，我们是把"这类东西"都认定为"笔"。这表明了任何概念都是个别与一般的对立统一。更重要的是，人们不仅能以概念的普遍性去把握"类"的存在，而且能够概念式地分析"笔"的形式、质料、属性和功能等，从而以丰富的联想和想象去观念地创造出更为高级的"笔"。对事物的概念式把握，蕴含着人的目的性要求，因而也蕴涵着人类改造世界的创造性。

当然，仅仅以"笔"为例来谈论语言的文化内涵，似乎有些小题大做，甚至会有故弄玄虚之嫌。然而，如果我们把对"笔"的概念分析拓展为对"科学"、"艺术"、"伦理"、"宗教"的分析，拓展为对"真理"、"价值"、"认识"、"实践"的分析，拓展为对"本质"、"规律"、"必然"、"自由"的分析，拓展为对各种各样的科学概念或艺术概念的分析，我们就会更为深切地领会到语言的文化内涵。

比如，我们常常以一种毋庸置疑的口吻说"规律是看不见的，但又是可以被认识的"。那么，为什么"看不见"的"规律"却可以"被认识"呢？"规律"到底是一种什么样的存在？人们究竟如何认识到规律？规律性的认识如何被证明？

再如，人们常常以一种不容争辩的态度说"艺术是一种创造"。那么，艺术究竟"创造"了什么？"画家们创造不出油彩和画布，音乐家创造不出震颤的音乐结构，诗人创造不出词语，舞蹈家创造不出身体和身体的动态"。既然如此，为什么把艺术称为"创造"？同样，当人们说"科学发现"的时候，我们同样可以追问：科学究竟"发现"了什么？如果说科学"发现"了"规律"，那么，客观存在的规律为什么不是人人都能"发现"？科学家凭借什么"发现"规律？

又如，人们常常以真善美与假恶丑来评价人的思想与行为。那么，究竟什么是真善美与假恶丑？区分真善美与假恶丑的标准是什么？这种区分的标准是绝对的还是相对的，永恒的还是历史的，客观的还是主观的？真与善、真与美、善与美到底是何关系？人们常说，狼是凶残的，因为狼吃羊。然而，当着我们"涮羊肉片"、"剁羊肉馅"、"吃羊肉串"的时候，为何不说人是凶残的？同样是"吃羊"，为何会做出截然相反的判断？

"熟知"并非一定"真知"，"名称"并非就是"概念"，恰恰相反，"熟知"中往往隐含着"无知"，"名称"常常失落了"概念"。所谓"求真意识"，最重要的就是意识到"熟知"所隐含的"无知"，由挂在嘴边的"名称"去追究它的"概念"的文化内涵。

读书三境界

由"熟知"变为"真知"，由"名称"变为"概念"，就个人来说，就是"文化"的过程，也就是"历史文化占有个人"与"个人创造历史文化"的辩证融合过程。这个过程，最为亲切地体现在王国维所说的"读书三境界"。

我国大学者王国维在其名著《人间词话》中，有一段家喻户晓的议论。这段议论，借用三段诗词，说明"古今之成大事业大学问者，必经过三种之境界"。其实，这三种境界，也就是由"熟知"而"真知"、由"名称"而"概念"的过程。

王国维所说的第一种境界是"昨夜西风凋碧树，独上高楼，望尽天涯路"。这指的是登高望远，博览群书，以获得丰富的知识。知识是语言的内容，知识使名称获得内涵。由"熟知"而"真知"的过程，就是以知识为中介而实现的从无知到有知的过程。一个人的教养程度，首先是取决于他的知识的"水库"的广度与深度。培根说，"读书使人充实，讨论使人机智，写作使人严谨"。多读、多想、多写，这总是提高人的教养程度的基本途径。

如果说登高望远，博览群书的第一境界是对知识的热爱，是在文化"水库"中的随意畅游；那么，"衣带渐宽终不悔，为伊消得人憔悴"的第二境界，则是对知识的迷恋，是在文化"水库"中的寻珍探宝。中国古语说，"书山有路勤为径，学海无涯苦作舟"。这确实是获得知识的不二法门。如果不像思恋情人那样去思恋知识，不像拥抱新娘那样去拥抱文化，知识和文化又怎能变为人的教养呢？

也许，热爱知识和迷恋知识的这两个境界，对于所有人来说都是"可望"而又"可即"的。然而，"众里寻他千百度，蓦然回首，那人却在灯火阑珊处"的第三境界，却未必是人人都"可即"的。

真知与熟知的区别，在于"熟知"是在"灯火灿烂处"，人人可见，信手拈来；"真知"则在"灯火阑珊处"，视而不见，寻之难得。即使"独上高楼"，"衣带渐宽"，"寻他千百度"，也很难看得见，寻得到。因而才有"蓦然回首"，在"上下求索"的艰苦的精神历程中达到豁然开朗。莱辛说，"与其记住两个真理，不如自己弄懂半个真理"。记住的"两个真理"，是"学"来的，因此，"终觉浅"；弄懂的"半个真理"，是在"灯火阑珊处"自己"寻"来的，这才是受用终生的"真知"。

读书的第三境界是很难达到的。这其中的一个重要原因是在于，"熟知"与"真知"的区别，并不仅仅在于是否"真正知道"。

通常，我们总是把"真知"视为"知道"事物的"本质"或"规律"，视为不仅"知其然"，而且"知其所以然"。但是，让我们试想一下，中学生学习了"社会发展史"，也就"知道"了人类历史的"规律"；学习了"政治经济学"，也就"知道"了资本家剥削的"秘密"；学习了"哲学"，也就"知道"了对立统一、质量互变、否定之否定的"规律"；然而，他们是否因此就获得了关于世界、历史和人生的"真知"？

这使我们想起了宋代词人辛弃疾的脍炙人口的《采桑子》（亦称《丑奴儿》）：

少年不识愁滋味，爱上层楼，爱上层楼，为赋新词强说愁。

而今识尽愁滋味，欲说还休，欲说还休，却道"天凉好个秋"！

确实，在天真烂漫的少年时代，我们说"爱"，却不懂爱之真谛；我们写"恨"，却不知恨从何来；我们讲"烦"，却不知究竟烦什么；我们谈"愁"，却愁得笑逐颜开。这可不真是乱侃"爱"和"恨"，强说"烦"与"愁"！即使是读了多少爱与恨的书，懂了多少烦与愁的理，这爱、恨、烦、愁，恐怕也算不得"真知"吧？

"爱"和"愁"就像是一对孪生姐妹，成了流行歌曲的双重主题。"我深深地、深深地爱着你"，"爱你有多深，就是苍天捉弄我几分"，"让我一次爱个够"，"天变地变情不变"，"一世情缘"，"一生守候"，一直唱到"阳光之中找不到我，欢乐笑声也不属于我，从此我只有独自在黄昏里度过，永远没有黎明的我"。然而，一个尚未谈过恋爱、当然也从未失恋过的少男少女，即使把这"爱"和"愁"唱得天昏地暗，唱得痛不欲生，又如何能有"爱"与"愁"的"真知"呢？

生活中的"真知"，需要体验"真知"的生活；没有"真知"的生活体验，不会获得生活中的"真知"。有人说，"大学生总是在最深刻的东西中挑选到最浅薄的东西，因为他们的手上还没有长满生活的老茧"。这话的前半句也许是"务为尖刻"，有失偏激；这话的后半句，却不能不说是一语中的、入木三分。

撂开生活中的"真知"，再说科学、哲学和文学中的"真知"。

比如，我们学了数学、物理、化学，记住了许许多多的概念、公式、公理、定义，并能够熟练地运用这些"规律"性的知识去做许许多多的题，我们就获得了科学的"真知"吗？我们就尝到了科学家形成这些"真知"的艰辛与幸福吗？我们就懂得了这些"真知"与"非真知"的区别吗？在学习中，我们都有这样的体会：获得"真知"，总是在掌握了更高深的知识之后。真正懂得欧氏几何，是在掌握非欧几何之后；真正懂得经典物理学，是在掌握非经典物理学之后；真正掌握线性代数，是在掌握非线性代数之后；真正懂得普通逻辑，是在掌握辩证逻辑和数理逻辑之后；真正懂得古典经济学，是在掌握马克思的经济学之后。马克思说，人体解剖是猴体解剖的钥匙。这的确是至理名言。

再比如，我们学到了许多的哲学范畴和规律，知道了许多的对立统一关系，我们是否因此就懂得了哲学呢？哲学家黑格尔作过一个比喻，他说，许多人学哲学，就好比是动物在听音乐，它听到了各种音符，可就是没有听到"音乐"。这个比喻也许又是过于尖刻了。然而，认真地"反思"一下，也许我们又会觉得这个比喻还是蛮深刻的。确实，我们记住了许多哲学名词，诸如物质、意识、实践、认识、规律、范畴、肯定、否定、道德、伦理等，我们是否因此就形成了哲学的"爱智之忱"和"辩证智慧"呢？我们是否因此就形成了哲学的"思维方式"和"生活态度"呢？我们是否因此就形成了"向前提挑战"和"对假设质疑"的能力呢？哲学是一种教养。反思、体悟、品味、涵养，这才是形成哲学教养的"不二法门"。

又比如，我们读了许多古今中外的文学作品，学了许多古往今来的文学理论，我们是否因此就懂得了文学呢？作家张炜说："读书读得太花不是博览。那样只是'薄览'。对一个作家，特别是大作家，不深入进去，只是翻翻看看，看一篇一部就算懂了，议论横生，这绝对不好。""文学对于男性和女性，都是一次极大的考验和陶醉，都必须用生命的全部去拥抱。它能耗尽你的一切：才华、青春、激情。它绝不是绣花之类的软手工，不是细小的针线活儿。它需要你付出，而且不是一般的金币，而是生命之汁：一滴一滴地付出。"

读书境界的升华，就是人生境界的升华。

自为的存在：理论意识

> 一个民族要想站在科学的最高峰，就一刻也不能没有理论思维。
>
> ——恩格斯

科学与理论

崇尚"科学"，这是当今最为强劲的时代潮流；漠视"理论"，也是时下不容回避的社会心理。这实在是一种奇怪的现象：人们不是经常把这两个名词合在一起称作"科学理论"吗？

然而，崇尚科学却又漠视理论，这却是"现实"。

试举一例，当今的高中毕业生报考大学，"应用学科"炙手可热，金融财政、经济法律、理财营销、会计外贸、软件硬件、生物工程、真是趋之若鹜；"基础理论"门庭冷落，不必说文史哲、数理化，就是炙手可热的经济、法律中的政治经济学、法理学，在报考研究生的志愿中，也由于"理论性太强"而鲜有"第一志愿"者。

这似乎并不是随意抽取的一个"例子"，而是比较真实地展现了时下的普遍的"社会心理"。多年以前，《光明日报》头版头条刊登了《子女教育与家长心思——95北京调查》一文①。文章说，"1995年12月完成的一项调查结果表明，子女教育已成为老百姓最为关注的问题，子女的教育与辅助养成服务也成为最能调动家长消费投入的领域"。毫无疑问，老百姓最为关注的问题和最肯投入的领域，当然也就最能表现人们的普遍的社会心理了。

　　那么，人们关注和投入子女教育的期待是什么呢？文章说，"调查发现，家长群体评价高的几种职业是：科学研究人员、大学教师、医生、军人、中小学教师。评价低的职业有：个体户、集体企业职工、国有企业职工、机关职员等"。然而，具有反讽意味的是，"一些职业评价很高，如中小学教师，可很少有人希望自己的孩子去从事。而企业家尽管公众评价不高，却被公众列在了第四位"。文章的结尾这样写道："研究人员认为，单纯的评价仅仅反映了职业的社会声望，即人们对此职业的尊重程度，而公众希望子女从事的职业则不仅仅反映了社会声望，更和这些职业的经济收入等有关。"

　　确实，"尊重程度"与"经济收入"不是一回事。前者带有"务虚"的意味，后者则毫不含糊地"务实"了。对此，似乎也无可非议。然而，由此而把"科学"视为"务实"、把"理论"视为"务虚"，并进而由尊崇"科学"而漠视"理论"，却不能不说是认识上的双重"误区"，即对"科学"和"理论"的双重误解。

---

① 参见1996年1月19日《光明日报》。

"科学"不同于"技术",更不同于"技能"。其间的重要区别,就在于"科学"是关于自然、社会和思维的"理论",并由此区分为自然科学、社会科学和思维科学等。科学是由概念、范畴、命题以及定义、公式、公理等组成的逻辑化的理论体系,其首要功能是对研究对象作出普遍性的和规律性的理论解释。在这个意义上,科学也是"务虚"的(理论地解释世界),而不是"务实"的(不是操作性的技术或技能)。那么,为什么人们会把"科学"与"理论"区别开来甚至对立起来,认为科学是"务实"的而理论是"务虚"的? 这里面有两个重要原因:

　　其一,把科学区分为"基础学科"与"应用学科",并把前者视为"理论",而把后者视为"科学"。现代德国哲学家、解释学大师伽达默尔的一段议论,或许可以清楚地说明这个问题。他说:"自我们世纪以来,一个高度工业化的经济体系已逐渐地从与目标紧密相连的大规模的研究中建立起来。科学研究的纯理论兴趣在某种程度上已陷入不得不保卫自己的地步。人们从把这种纯理论的科学研究命名为基础研究的作法中看到了这一点。基础研究对于所有的科学进步和技术进步都是不可或缺的。因此,在 20 世纪这个充斥新的社会功利主义的时代,出于纯理论的兴趣而保存了一个小小的自由王国。但是实用主义的普遍观点却未受到限制。于是,对理论的损害就变成了对实践的赞美,而理论则必须在实践的法庭上为自己辩护。"[①]这大概就是"数理化"乃至"天地生"等基础研究被视为理论,并被漠视的原因。

---

① 伽达默尔:《赞美理论——伽达默尔选集》,三联书店1988年版,第34页。

其二，把科学区分为"自然科学"与"人文科学"，并把前者视为"科学"，而把后者视为"理论"。对此，当代美国哲学家瓦托夫斯基的议论，或许可以切中要害地说明这个问题。他说，根据自然科学的研究对象的自在性、研究手段的实验性、研究程序的精密性，以及研究结果的定量性、可证性和客观一致性等，而把自然科学和人文科学区分为"硬"科学和"软"科学、"精密"科学和"非精密"科学、"定量"科学和"定性"科学，"通常是为了贬低'软'、'非精密'和'定性'的科学"。[1] 这大概就是"文史哲"乃至政治经济学和法理学等被视为理论，并遭受冷遇的原因。

由此我们可以看到，在人们关于"科学"与"理论"的理解中，实际上是作了两个方面的区分：一是把基础研究作为理论而排除于人们心目中的科学，二是把人文学科作为理论而排除于人们心目中的科学。排除掉"理论"的"科学"是什么呢？那就只能是应用、技术、技能也就是实用了。这同"科学"的本意不是相距甚远吗？我们又应该如何去理解"理论"呢？

思想中的现实

理论被人们视为是"务虚"并因而被漠视，从根本上说，是因为人们认为理论与现实有"间距"，并因而不解决切身的实际问题。然而，这却是对理论的根本性误解。

什么是理论？理论不是超然于世界之外的玄思和遐想，而是思

---

① 瓦托夫斯基：《科学思想的概念基础》，求实出版社1982年版，第525页。

想中所把握到的现实，即以概念的逻辑体系所表述的现实。理论中的现实，不是事物的个别存在和现象形态，不是事物的外部联系和偶然状态，而是事物的共性、本质、规律和必然。离开理论，人们就无法对事物作出普遍性、本质性和规律性的解释，就无法形成对世界的合规律性、合目的性的要求，就无法有效地改造世界以满足人类的需要。欧几里得的几何学理论，哥白尼的日心说理论，牛顿的经典力学理论，爱因斯坦的相对论理论，玻尔的量子力学理论，一切具有划时代意义的科学理论，它们对于人类生存与发展的巨大价值，几乎是尽人皆知的，也是无人质疑的。

即使是那些被人们视为"最抽象"的理论，也无不是思想中所把握到的现实。对于黑格尔的"思辨哲学"，马克思就曾深刻地指出，它是以最抽象的形式表达了最现实的人类生存状况："个人现在受抽象统治，而他们以前是互相依赖的。但是，抽象或观念，无非是那些统治个人的物质关系的理论表现。"[①] 这就是说，黑格尔的"抽象"，既不是他个人的"偏爱"，也不是他个人的"编造"，而是根源于理论所表达的现实——现实被"抽象"所统治。就此而言，黑格尔的思辨哲学就不是远离了现实，恰恰相反，它是以"抽象"的理论而真实地表达了受"抽象"统治的现实。

理论同现实之间确实存在"间距"。然而，正是由于这种"间距"，理论才能"全面"地反映现实，"深层"地透视现实，"理性"地解释现实，"理想"地引导现实，"理智"地反观现实；正是由于这种"间距"，理论才能使人超越感觉的杂多性、表象的流变性、情感的狭隘

---

① 马克思、恩格斯：《马克思恩格斯全集》第46卷上，人民出版社1979年版，第111页。

性和意愿的主观性，把握到"看不见"、"摸不着"的普遍性、本质性、规律性和必然性，引导人类有效地认识世界和改造世界。

对此，人们还会提出疑问：理论对"人类"来说，也许是"实"的；但对"个人"来说，却还是"虚"的。个人没有理论照样生活，有了理论也不解决实际问题。这恐怕是人们漠视理论的更深层的根源。

其实，理论并不仅仅是人类解释世界的概念系统，而且是规范人们的思想与行为的概念系统。具体地说，理论在观念上规范着人们想什么和不想什么、怎么想和不怎么想，即规范着人们的思想内容和思维方式；理论又在实践上规范着人们做什么和不做什么、怎么做和不怎么做，即规范着人们的行为内容和行为方式。就此而言，理论是理性的人类的存在方式，每个有理性的人的思想与行为无不受到理论的规范。

中国有句古话，叫作"君子坦荡荡，小人长戚戚"；外国有句名言，叫作"仆人眼中无英雄"。放开"君子"与"小人"、"仆人"与"英雄"的划分是否合适不说，我们在生活中总会看到，面对同样的人或事，面对同样的境遇或问题，总是有人"坦荡荡"，也总是有人"常戚戚"。也许有人会说，这是"性格"使然。其实不然，人是有理性的存在，总是自觉或不自觉地接受某种理论，正是这些理论构成了理性所思所想的根据和标准。每个人的生活都离不开"理论"的规范和引导。有什么样的理论，就有什么样的生活。

观察渗透理论

生活中的每个人都需要理论意识，一个有教养的现代人更需要自觉的理论意识。这不仅是因为理论规范着人们的所思所想和所作所为，而且理论还直接规范着人们"看"到什么和"听"到什么，即规范着人们的最基本和最普遍的认识方式——观察。用现代术语说就是："观察负载理论"、"观察渗透理论"、"观察受理论的'污染'"、"没有中性的观察"。

平常，我们总是说要"一切从实际出发"、"实事求是"、"按照事物的本来面目去认识事物"。但是，人们却常常把这些根本性的要求简单化地理解为认真地"看"和仔细地"听"，而很少思考理论对观察的规范作用，甚至把理论与观察对立起来。比如，人们常说"认识的内容是客观的，而认识的形式是主观的"，似乎越是排斥认识形式的"主观性"，才能越是坚持认识内容的"客观性"，越是排斥理论的规范作用，才能越是坚持观察的正确性。

对此，我们首先要问：在人的意识中，究竟有没有纯粹的客观内容？我们的回答是：没有。这是因为，意识在任何时候都只能是"意识到了"的存在，观念的东西总是"移入人的头脑"并在人的头脑中"改造过了"的存在。"意识到了"、"改造过了"，认识的内容就深深地打上了认识主体的印记，就牢牢地受到了认识形式的束缚。设想纯粹客观性的认识内容，就是幻想认识内容脱离认识形式而独立存在。

这里的关键问题在于，认识的内容（映象）并不是认识的客体（对象），而是移入人的头脑并在人的头脑中"改造过了"的对象。认识的客体作为客观存在，在它未转化为人的认识内容之前，只能是一个未知的存在；认识的客体转化为认识的内容，它已经在观念上被认识的主体所改造，成为主体所理解的存在。这表明，认识内容（映象）的存在，必须具有缺一不可的两个条件：其一，映象是关于对象的映象，没有对象的存在就没有映象的存在；其二，映象是主体认识活动的产物，没有主体的认识活动也不可能形成关于对象的映象。所以，人的观察以及人的全部认识活动是"对象—认识—映象"三项关系，而不是"对象—映象"二项关系。

由于"对象"变成"映象"必须以"认识"为中介，就造成了认识内容的无法逃避的矛盾性。客观事物是世界的本来面目，但它不经过人的认识活动，就构不成人的认识内容；认识内容是关于对象的映象，但由于它是人的认识活动的产物，它已经是在人的头脑中改造过了的东西。仅从认识的矛盾性上看，人类的认识就陷入了不可解脱的二律背反：人类要认识世界的"本来面目"，就必须"吾丧我"，即不是作为认识的主体而存在；人类丢掉了认识主体的地位，就与世界构不成认识关系，当然也就谈不到对世界的认识。

这个问题从反面启发了人们重新去思考认识的形式。所谓"认识形式是主观的"，只能是指如下的两层含义：其一，认识形式是属于主体进行认识活动的形式；其二，主体在运用认识形式的过程中具有自主性。超出这两层含义，把认识形式看成是纯粹的主观性，那么，经过认识活动所形成的认识内容，也只能是主观性的存在。正是从这种新的理解出发，人们开始重新看待认识的内容与形式的关系，以及认识活动中的观察与理论的关系。

首先我们应该看到，人的认识形式具有客观的物质基础。认识形式作为人类认识机能的表现形式，它具有先天性，是一种遗传性的获得。人脑是认识机能及其表现形式的物质承担者。大脑的结构和功能是物质自身长期进化过程的产物，它的运动规律受到物质运动一般规律的支配。大脑在自己的运动过程中，自己实现其特殊的功能——达到物质的自我认识。正是由于人的思维与外在的世界在本质上服从于同一规律，所以人的认识才能具有客观意义。这就是认识形式的自然基础。它构成了人类进行认识活动的不自觉的和无条件的前提。

其次，我们还应看到，人的认识形式具有客观的实践基础。人类本身，包括人的各种感觉器官以及思维器官，都不仅仅是自然界长期发展的产物，而且是在其自然根基的基础上，历史地发展着的社会实践的产物。马克思说，人的五官感觉就是在以往的"全部世界历史"中形成和发展起来的。同样，正如列宁所说，"人的实践经过千百万次的重复，它在人的意识中以逻辑的格固定下来。这些格正是（而且只是）由于千百万次的重复才有着先入之见的巩固性和公理的性质"。

20世纪80年代以来，国内学术界开始重视和研究瑞士心理学家和哲学家皮亚杰的发生认识论。这个理论的重要成果，在于它以大量的观察材料和实验材料为基础，揭示了认识形式的实践基础。事实上，马克思主义哲学所特别强调的实践是认识的基础，也决不仅仅是从客体方面说明实践提供认识的对象、认识的物质手段和检验认识的真理性标准，而且是从主体方面揭示出人类智力（包括认识形式）发展的现实根据。从总体上看，正是人类感性实践的逻辑不断地"内化"为思维运演的逻辑，思维本身才具有愈来愈扩展和深化的把握现实的力量。在实践活动中，一方面是主观付诸客观，主体改造了客体，主观目的取得了现实性；另一方面，则是客观改造了主观，主观形式获得了把握现实的客观意义。

再次，我们特别应当看到，观察当中所运用的理论和方法，并不是抽象的、凝固的，而是具体的、发展的。人类对于世界的认识，是在其前进的发展中所创造的全部科学共同实现的。科学既历史地扩展和深化了人类用以把握世界的"方法"，也历史地扩展和深化了人类用以把握世界的"理论"。正是科学的理论和方法使人的认识形式具有了客观意义，从而也使认识内容具有了客观意义。

就现代而言，我们不仅具有多层次的归纳和演绎、分析和综合、抽象和概括、假说和证明、公理和公设等逻辑方法，而且具有诸如系统方法、仿生方法、信息方法、数学模型法、概率统计法、功能模拟法、思想实验法等极其丰富多彩的认识方法。正是由于观察当中"渗透"着这些相互制约、相互贯通、具有一定层次结构而又变化不息的方法系统，我们才能形成现代的科学世界图景。

科学的发展还为人类观察世界提供了历史发展着的概念之网——理论。爱因斯坦说："物理学是从概念上掌握实在的一种努力。"海森堡说："物理学的历史不仅是一串实验发现和观测，再继之以它们的数学描述的序列，它也是一个概念的历史。"科学理论所编织的"概念之网"，构成了人类认识发展的"阶梯"和"支撑点"。如果我们不是像马克思所批评的那样，仅仅是从"客体的"或"直观的"形式去理解我们观察到的世界，而是像马克思所要求的那样，从人的"感性活动"或"实践的"方面去理解我们所观察到的世界，我们就会认识到"观察渗透理论"这个命题的极为重大的现实意义：世界所呈现给我们的图景，与我们用以观察世界的理论是一致的；世界图景的更新与观察世界的理论的变革是一致的；现代人所具有的世界观与现代科学所提供的理论是一致的。

如果我们用"范式"这个概念来表述不同理论的核心内容，那么，观察与理论的关系，就可以用哲学家斯台格弥勒下面的一段话来予以总结："范式的更换使学者们像是移居到另外一个星球上。本来熟悉的东西从一个全新的角度出现了，前所未知的东西聚集起来了。他们观察整个世界的概念之网更换了。可以毫不夸张地说，范式的变更使世界本身也变了。"① 观察中所渗透的理论，为我们构建了科学的世界图景。

赞美理论与超越实践

"一切实践的最终含义就是超越实践本身"，这是现代德国哲学家伽达默尔所著《赞美理论》一文的结束语。

这话颇有些费解：实践就是实践，它为何必须超越自身，又如何超越自身？如果我们再引述这篇文章的另两句话，或许可以对这句费解的话作一个注解，"理论就是实践的反义词"，"对理论的赞美成了对实践的反驳"。

然而，这个注解也许会引起更深的疑惑：实践不是理论的基础吗？理论不是对实践的指导吗？为什么对理论的"赞美"反而成了对实践的"反驳"？为什么"赞美"理论就是对实践的"超越"？

我们暂且"存疑"，先来谈谈"时尚"。

---

① 转引自《自然科学哲学问题丛刊》1980年第1期。

据一份研究"时尚"的调查报告说，1993 年中国流行程度最高的语言排列为：下海，炒股，申办奥运，第二职业，大哥大，大款，发烧友，发，打的，老板。在行为时尚方面，抽样调查表明，有 40.6％的人从事过本职以外的经济活动，9.2％的人炒过股票，8.7％的人换过国库券或外汇券，7.4％的人练过摊，34.2％的人参加过各种新潮培训班，其中最热的是外语、电脑、股票和期货、公共礼仪等培训班。

"语言时尚"和"行为时尚"，最能表现一个社会在一个特定时期的最为普遍的社会思潮，也最能表现这个社会在这个时期的最为普遍的实践方式。那么，这种到处流行的"下海"、"炒股"、"大款"、"老板"的"语言时尚"，这种铺天盖地的"兑换"、"练摊"、"短训"、"公关"的"行为时尚"，究竟表现的是什么样的"社会思潮"和"实践方式"呢？

也许有人会脱口而出，这不是搞"市场经济"吗？然而，我们能说"下海"、"炒股"、"练摊"、"公关"就是"社会主义市场经济"吗？由此，我们大概可以联想到"理论对实践的反驳"和"实践对自身的超越"。

美国当代哲学家宾克莱说，"一个人除非对供他选择的种种生活方向有所了解，否则，他不可能理智地委身于一种生活方式"。[①]为了"理智"地"委身"于"市场经济"这种"生活方式"，每个人都需要"理论"地了解当代中国所选择的社会主义市场经济，并

---

① 宾克莱：《理想的冲突——西方社会中变化着的价值观念》，商务印书馆1986年版，第6页。

从而推进社会主义市场经济的健康发展。市场经济需要理论意识。

市场经济是同"现代社会"以及"现代主义"不可分割地联系在一起的。从历史的角度来看，"现代社会"是相对于"传统社会"而言的。传统社会是以自然经济为基础的社会，现代社会则是以市场经济为基础的社会。在自然经济的条件下，由于生产力水平的低下，科学技术的不发达以及与此相适应的人的社会关系的等级化，"传统主义"在本质上是经济生活的禁欲主义、精神生活的蒙昧主义和政治生活的专制主义的"三位一体"。在这种以自然经济为基础的传统社会中，用马克思的话说，人们的存在方式表现为"人对人的依附性"。

以市场经济为基础的现代社会，在市场机制的作用下，以传统社会所无法想象的广度和深度推进了生产力水平的提高，促进了科学技术的发展并改变了人们的社会关系和生存方式。"现代主义"作为"传统主义"的历史性超越，它是一种新的"三位一体"：它在经济生活中反对禁欲主义而要求现实幸福，它在精神生活中反对蒙昧主义而崇拜理性权威，它在政治生活中反对专制主义而诉诸法治建设。功利主义的价值态度、理性主义的思维方式和法治主义的政治思想，这就是现代主义所表达的市场经济理念。

市场经济并非仅仅是一种资源配置方式，而是人的一种存在方式。市场经济按照自己的理念去改变和重塑全部现代生活。功利主义所导引的需求与生产的发展，理性主义的思维方式所推进的科学与技术的进步，民主法制的社会体制所实现的社会的现代化，造成了人的新的存在方式。这就是马克思所说的人在市场经济中存在方式——"以物的依赖性为基础的人的独立性"。

毫无疑问，市场经济之于自然经济、现代社会之于传统社会、现代主义之于传统主义，是一种巨大的历史进步，是人类实践的空前的自我超越。然而，同样不可否认的是，资本主义的市场经济并不是实现每个人的全面自由发展的"乐土"，建立在以"物的依赖性"的基础上的"人的独立性"并不是真正的、普遍的人的独立性，以功利主义、工具主义和法治主义为核心的现代主义并不是实现现代社会自我超越的"理念"。马克思的资本主义批判的科学社会主义理论，正是从经济、政治、文化和思想等方面深刻地揭露了资本主义的现代社会的种种矛盾及其内在的否定性，并深刻地阐述和论证了以社会主义的现代社会去取代资本主义的现代社会的历史必然性。

　　让我们重温一下马克思和恩格斯在《共产党宣言》中的论述：

　　　　资产阶级在它已经取得了统治的地方把一切封建的、宗法的和田园诗般的关系都破坏了。它无情地斩断了把人们束缚于天然首长的形形色色的封建羁绊，它使人和人之间除了赤裸裸的利害关系，除了冷酷无情的"现金交易"，就再也没有任何别的联系了。它把宗教的虔诚、骑士的热忱、小市民的伤感这些情感的神圣激发，淹没在利己主义打算的冰水之中。它把人的尊严变成了交换价值，用一种没有良心的贸易自由代替了无数特许的和自力挣得的自由。总而言之，它用公开的、无耻的、直接的、露骨的剥削代替了由宗教幻想和政治幻想掩盖着的剥削。

　　　　资产阶级抹去了一切向来受人尊崇和令人敬畏的职

业的灵光。它把医生、律师、教士、诗人和学者变成了
它出钱招雇的雇佣劳动者。

　　资产阶级撕下了罩在家庭关系上的温情脉脉的面纱，
把这种关系变成了纯粹的金钱关系。①

　　由此我们可以懂得：当代中国要确立的市场经济，并不是这
种把一切都"淹没在利己主义打算的冰水之中"的市场经济；当代
中国要实现的现代化，并不是"把人的尊严变成了交换价值"，把
全部关系都变成"纯粹的金钱关系"的现代化。社会主义的市场经
济和社会主义的现代化，这意味着：我们既要充分发挥市场经济的
"正面效应"，又要坚决有力地抑制市场经济的"负面效应"；我们
既要加快速度实现现代化，又不是把现代化了的西方社会作为追逐
的模式。这就是建设有中国特色的社会主义市场经济，这就是实现
有中国特色的社会主义现代化。在"下海"、"炒股"、"练摊"、"公
关"的时候，我们还是应该具有这样一些"理论意识"。它可以使
我们听到一些"理论对实践的反驳"，它可以使我们实现一些"实
践对自身的超越"。

　　关于理论的社会功能，马克思在《资本论》序言中的一段议论，
是发人深省的。马克思说："本书的最终目的，是揭露近代社会的
经济运动规律，一个社会即使已经发现它的运动的自然规律，它还
是既不能跳过，也不能用一个法令来废除自然的发展阶段。但是它

---

① 马克思、恩格斯：《马克思恩格斯选集》第1卷，人民出版社1972年版，第253页。

能够把生育的痛苦缩短并且减轻。"[1]

　　的确，如果夸大理论的社会功能，甚至把理论的作用夸大为可以改变社会发展的规律，其结果只能是"假作真时真亦假"，使理论的信誉扫地，使理论冷漠成为一种普遍的社会心理。反之，如果无视理论的社会功能，甚至根本否定理论在社会生活中的作用，其结果也必然造成"无为有处有还无"，使实践变成盲目的实践，甚至是破坏人类自身发展的实践。

　　实践需要理论的"反驳"，从事实践活动的人需要"理论意识"，从根本上说，就在于马克思所指出的理论能够"把生育的痛苦缩短并且减轻"。

　　社会历史的发展总是处于某种"二律背反"之中，因此总是表现为某种片面性；特别是在社会发展的变革时期或转型时期，更是无法逃避"生育的阵痛"。以当今中国的改革而言，市场经济与精神文明，经济效益与社会效益，发展生产与环境保护，短期行为与长远利益，宏观调控与微观搞活，对外开放与自强自立，真可谓"矛盾无处不在"、"矛盾无时不有"。在当代中国人的社会心理层面上，功利主义与理想主义，政治狂热与政治冷漠，理论淡化与理论饥渴，追求享乐与承担责任，呼唤变革与留恋过去，道德律令与唯我主义，无私奉献与拜金主义，构成了极其尖锐复杂的心理冲突。理论不可能"废除"这种"阵痛"，但却可以"缩短"并且"减轻"这种"阵痛"。

　　社会的进步就是实践的自我超越，理论的力量就是对既有实践

---

① 　马克思：《资本论》第1卷序，人民出版社1963年版。

的反省和对未来实践的引导。理论作为思想中的现实和社会的自我意识，它能够最集中、最强烈、最深沉地把握住和显现出时代的脉搏，对人们的实践活动进行全面性的反应、批判性的反省、规范性的矫正和理想性的引导。个人具备应有的理论意识，则能够全面地看待改革的实践，深刻地理解社会发展中的"阵痛"，理智地投身于新的生活方式之中。

在任何时代和任何社会，都有各种各样的理论。各种不同的理论有各自不同的命运。马克思说，"理论在一个国家的实现程度，决定于理论满足这个国家的需要的程度"。理论的命运取决于它在何种程度上构成"思想中的现实"，现实的命运则在一定程度上取决于能够满足它的需要的理论。失去现实需要的理论是没有希望的理论，失去理论兴趣的民族则是没有希望的民族。

赞美理论，贡献出无愧于时代的理论，并以塑造和引导时代精神的理论去推进实践的自我超越，这是我们的希望之所在。

合法的偏见：创新意识

> 理解并不是一种复制的过程，而总是一种创造的过程。
>
> ——伽达默尔

只有"相对的绝对"

有人把过去视为"绝对主义时代"。

有人把现在称作"相对主义时代"。

信奉绝对主义的人，总是把绝对当作绝对的绝对。

崇尚相对主义的人，总是把相对当作绝对的相对。

对于绝对主义者来说，相对也是绝对。如果相对主义者说："一切都是相对的。"绝对主义者就会予以反驳："你说'一切都是相对的'，这本身不就是绝对的断言吗？"

对于相对主义者来说，绝对就是相对。如果绝对主义者说："黑和白是绝对不同的。"相对主义者同样会予以诘难："黑与白的绝对不同，不就是由于它们是相对的存在吗？"

绝对主义者使相对成为绝对。

相对主义者使绝对成为相对。

于是智者笑曰：相对绝对乃辩证之统一。

这话说得不错，但做起来却不易。弄不好，就会像恩格斯所嘲笑的"官方黑格尔学派"那样，把"辩证之统一"当作"用来套在任何论题上的刻板公式"，"用来在缺乏思想和实证知识的时候及时搪塞一下的词汇语录"。①

事实上，人的思想从"绝对"或"相对"的框子里跳出来，可以说是极为困难的。相反，人的思想倒是常常从"绝对"跳到"相对"，或者从"相对"跳到"绝对"。但是，不管是从这端跳到那端，还是从那端跳到这端，就是难以跳出"要么这端，要么那端"的框子。"两极对立"的思维方式似乎是最易于接受，也是最易于运用的思维方式。为此，我们就来说说"绝对的绝对"和"绝对的相对"。

先说"绝对的绝对"观。

人们经常使用诸如"科学"、"真理"这些概念，并总是把这些概念作为判断是非、评论真假的标准。比如，某人说他讲的是"科学"或"真理"，而别人也认同这是"科学"或"真理"，于是大家便无话可说，既无须争论，更不能质疑，"科学"或"真理"就成了"绝对的绝对"。

这种绝对主义的思维方式，突出地表现在对"理论联系实际"的曲解上。人们总是首先把"理论"与"实际"截然对立起来，把

---

① 马克思、恩格斯：《马克思恩格斯选集》第2卷，人民出版社1972年版，第119页。

理论视为无须反省的"客观真理",把实际看作与人无关的"客观存在",然后再用理论去"联系"实际,其实就是用理论去"套"实际。

这里表现了双重的绝对主义:既绝对主义地看待理论,又绝对主义地看待实际。

是否存在与人无关的、"客观存在"的实际?没有。"实际"在人的意识之外,但"实际"又总是在人的思想之中。凡是我们所"看到"的"实际",总是被我们"看到"的"实际"。这里的"看到",并不是用照相机的空白底片去给"实际"摄影,而是观察者自觉或不自觉地运用自己的知识、情感和意志去"看"实际。其中当然也包括运用观察者已有的理论去"看"实际。因此,这"看"的结果,实际就被理论"污染"了,实际也就不那么"客观"了。由此可见,"理论联系实际",并不是要不要用理论联系实际的问题,而是用何种理论去联系实际的问题,特别是用何种理论去取代其他理论联系实际的问题。比如,我们说要用建设有中国特色的社会主义理论去联系实际,从根本上说,就是要用这种理论去代替"文革"中的理论或全盘西化的理论或"内圣开出新外王"的理论去看待实际。

是否存在与人无关的、"客观存在"的理论?没有。观察者要用某种理论去联系实际,他必须首先把握这种理论,理解这种理论。而"只要人在理解,那么总是会产生不同的理解"。① 观察者总是要运用他的已有知识、思维方式、价值观念、审美意识和全部的

---

① 伽达默尔:《真理与方法》,辽宁人民出版社1987年版,第280页。

教养去占有理论。因此，这"占有"的结果，就变成了对"本文"的"解释"，理论又被观察者的教养"污染"了。由此可见，"理论联系实际"，又不仅仅是用何种理论去联系实际的问题，而首先是我们在何种程度上、何种水平上占有理论的问题。比如，仍以建设有中国特色的社会主义理论为例，我们要用这种理论去联系实际，首要的是认真地学习这种理论，深入地理解这种理论，使我们的理解和解释达到与"本文"的"融合"。这样，我们才有可能以这种理论去"联系"实际，而不是以其他的理论去观察和解释实际。

由此可见，理论与实际的关系，并不是我们是否用理论去联系实际的问题，而主要是我们以何种理论去"看"实际的问题。只是由于我们习惯性地以直观反映论的观点去看待理论与实际的关系，才把理论当作与主体无关的"客观真理"，又把实际当作与主体无关的"客观存在"，似乎把现成的理论往现成的实际上一套，就是"理论联系实际"、"有的放矢"了。这种把"理论"与"实际"绝对对立起来的绝对主义，只能是把理论当作"用来套在任何论题上的刻板公式"。我们不是经常听到这样的"大话"、"空话"和"套话"吗？

进一步思考，我们还会发现：如果把理论与实际当作是截然对立的存在，又要用理论去"联系"实际，就会把理论本身当作是凝固的、僵死的存在，而丢弃了对理论的反省与发展。正因如此，长期以来我们总是墨守于某种理论，甚至把理论的"坚持"与"发展"对立起来。在"文化大革命"中，甚至把理论与实际的关系归结为"带着问题学"、"活学活用"、"急用先学"、"立竿见影"等。事实上，如果理论不随着实际的变化而发展，又如何用这种理论去"联系"实际呢？理论并不是"万变不离其宗"的僵化的抽象教条，而是"思想中的现实"。绝对主义地看待"理论"和"实际"及其相互关系，只能是失去理论的力量与信誉，失去实践的生机与活力。真正的"理论联系实际"，必须超越绝对主义的思维方式。

再说"绝对的相对"观。

"一切都是相对的"。这在两种意义上都是成立的：其一，任何事物的存在都处于某种关系当中，没有不发生任何关系的孤立存在的事物。这里的"关系"，就表明了事物存在的无一例外的"相对性"。其二，人类的全部认识都处于历史过程之中，没有超历史的抽象的终极性的认识。这里的"历史性"，就表明了人类认识的毫无例外的"相对性"。

然而，"关系"和"历史"除了表明事物存在和人类认识的"相对性"，是否同时就表明了事物存在和人类认识的"绝对性"？让我们仍以"理论联系实际"来说明这个问题。

按照我们的看法，理论与实际并不是截然对立的关系，而是"观察负载理论"、"观察渗透理论"，我们所"看"到的实际，就是被理论"污染"了的实际；与人无关的实际，人未认识到的实际，对人的认识而言，只能是黑格尔所说的"有之非有"、"存在着的无"——它存在着，但对人的认识来说还是一个"无"。这种"认识"与"实际"的"关系"就是绝对的。无论人的认识如何发展，人的认识处于何种阶段或水平，"实际"只有成为认识的"对象"，它才成为人所认识的"实际"；成为人的认识对象的实际，就要被人的认识（常识或科学等）所"污染"，因而理论与实际不是截然对立的，而是"绝对"相关的。

按照这样的看法，理论联系实际，重要的就是以何种理论联系实际的问题。如果所有的理论只是相对的，无所谓正确与错误、先进与落后，我们又如何选择某种理论或拒斥某种理论去"联系"实际呢？我们做出选择或拒斥的根据又是什么呢？这只能是"历史的选择"。历史既是"相对性"的根源，又是"绝对性"的根据。

任何一种可以称之为"理论"的观念体系，都具有三个方面的基本特性：其一，历史的兼容性，即人类认识史的积淀或结晶；其二，时代的容涵性，即思想中所把握到的现实；其三，逻辑的展开性，即概念发展的有机组织。但是，不同的理论不仅在其历史感、时代感和逻辑感的程度和水平上是不同的，而且其总结历史、把握时代和展开逻辑的出发点与结论也是不同的。由此便构成了理论之间的"相对"而言的对与错或优与劣。

如果我们把理论之间的这种"相对"的区别视为"绝对的相对"，认为所有的理论只不过是"仁者见仁智者见智"或"公说公有理，婆说婆有理"，那就取消了理论之间的对与错或优与劣的可比较性，从而也就取消了选择或拒斥某种理论去联系实际的问题。因此，真正的"理论联系实际"，又必须超越相对主义的思维方式。

超越对理论的绝对主义或相对主义的理解，关键在于寻求和确认判断理论之对与错或优与劣的标准。这里，我们想引证马克思的三段论述来探讨这个问题。

其一，在《关于费尔巴哈的提纲》中，马克思提出："人的思维是否具有客观的真理性，这并不是一个理论的问题，而是一个实践的问题。人应该在实践中证明自己思维的真理性，即自己思维的现实性和力量，亦即自己思维的此岸性。关于离开实践的思维是否具有现实性的争论，是一个纯粹经院哲学的问题。"①这就是我们常说的"实践是检验认识的真理性的标准"问题。确实，在理论自身的范围内，如何去验证各种理论之间的对与错或优与劣呢？那只能或者是绝对主义地、"独断"地认定某种理论之对与优，或者相对主义地但同样是"独断"地否认理论之间的可比较性。因此，只能是在"实践"中检验和鉴别理论。

其二，在《〈黑格尔法哲学批判〉导言》中，马克思又从一个新的角度谈论理论与现实的关系问题："理论在一个国家的实现程度，决定于理论满足这个国家的需要的程度。"②确实，任何一个国家在它的任何一个历史时期，都会存在各种各样的、相互抵牾的理论。究竟何种理论能够得以"实现"，以及在何种程度上得以"实现"，这取决于它"满足这个国家的需要的程度"。由此我们可以看到，究竟选择哪种理论去"联系"实际，是同实际的"需要"密不可分的。这种"需要"的历史性，决定了理论选择的相对的绝对性。

其三，在同一篇文章中，马克思又提出："理论只要说服人，就能掌握群众；而理论只要彻底，就能说服人。"③人们接受或拒绝某种理论，总是以能否被该种理论"说服"为前提的。不能说服人的理论，即使明令推行，也仍然是中国俗话所说的"口服而心不服"，难免"阳奉阴违"；反之，能够说服人的理论，即使明令禁止，也还是让人"心悦诚服"。这就是革命烈士诗抄中的两句诗："砍头

---

① 马克思、恩格斯：《马克思恩格斯选集》第1卷，人民出版社1972年版，第16页。

② 同上，第10页。

③ 同上，第9页。

不要紧，只要主义真。"理论怎样才能说服人呢？马克思不仅说"理论只要彻底，就能说服人"，而且进一步解释说，"所谓彻底，就是抓住事物的根本。但人的根本就是人本身"。马克思主义之所以能够"说服"人，就在于它具有理论的彻底性，它抓住了"事物的根本"，抓住了"人本身"。认真地读一读马克思的著作，人们都会强烈地感受到马克思主义的理论说服力和逻辑征服力。它决不是一种抽象、空洞、枯燥、刻板、僵化的教条，而是一种深邃、睿智、历史地发展着的理论。

关于绝对与相对的关系，我想用自己发表过的一篇论文中的一段话来作结：

> 人类在自身的历史发展中所形成的具有时代特征的关于真善美的认识，既是一种历史的进步性，又是一种历史的局限性，因而它孕育着新的历史可能性。就其历史的进步性而言，人们在自己的时代所理解的真善美，就是该时代的人类所达到的人与世界的统一性的最高理解，即该时代人类全部活动的最高支撑点，因此具有绝对性；就其历史局限性而言，人们在自己的时代所理解的真善美，又只是特定历史时代的产物，它作为全部人类活动的最高支撑点，正是表现了人类作为历史的存在无法挣脱的片面性，因而具有相对性；就其历史的可能性而言，人们在自己的时代所理解的真善美，正是人类在其前进的发展中所建构的阶梯和支撑点，它为人类的继续前进提供现实的可能性。真善美永远是作为中介而自我扬弃的。它既不是绝对的绝

对性，也不是绝对的相对性，而是相对的绝对性——自己时代的绝对，历史过程的相对。①

这就是我所理解的"相对的绝对"。

想象的真实与真实的想象

超越绝对主义，方能冲破思想的禁锢。

超越相对主义，才会挣脱思想的虚无。

在对绝对主义和相对主义的双重超越中，思想敞开了联想与想象的空间。

许多人都会记得这样一句广告词：人类失去联想，世界将会怎样？这是"联想集团"的广告，这广告真是驰骋了"联想"。

确实，假如人类没有联想和想象，自在的自然会变成马克思所说的"人化了的自然"吗？自然的世界会变成马克思所说的"属人的世界"吗？假如人类失去联想和想象，这世界还会有多姿多彩的生活吗？这世界还会有灿烂辉煌的文明吗？这世界还会有令人神往的未来吗？

人们常说"知识就是力量"，爱因斯坦则补充说"想象力比知识更重要"。知识是由想象创造出来的，知识是由想象激发活化的，知识是由想象推动发展的，知识是由想象带进无限的。人类失去想象，知识就会变成教条，智慧就会趋于枯竭，社会就会陷入僵化，世界

---

① 孙正聿：《从两极到中介——现代哲学的革命》，《哲学研究》1988年第8期。

就会失去生机。没有想象是不可想象的，失去想象是无法设想的。

想象，是指在感知材料的基础上，经过表象的创造性组合而形成新的表象的心理过程。它冲破了既有表象形象的束缚，它超越了时间空间的限制，它是列宁所说的"人给自己构成的世界客观图画"，这是"想象中的真实"。

想象，通常认为包括两种基本方式：一种是根据对客体的描述或象征性描绘，构造曾经感知过的客体表象。这被称为再现性想象或复现性想象。另一种则是构造未曾感知过的客体的表象，即创造尚未存在的客体的表象，这被称为创造性想象。

想象力人皆有之，但多属于再现性想象，即只是再现曾被感知过的客体表象。激发人类智慧，引发知识更新，推进社会发展，创建新的世界，则主要是依赖于创造性想象。

创造性想象不仅是"想象的真实"，而且是"真实的想象"。这种"真实的想象"奠基于人类社会的进步和理论思维的发展。马克思和恩格斯说："分工只是从物质劳动和精神劳动分离的时候起才开始成为真实的分工。从这时候起意识才能真实地这样想象：它是某种和现存实践的意识不同的东西；它不用想象某种真实的东西而能够真实地想象某种东西。从这时候起，意识才能摆脱世界而去构造'纯粹的'理论、神学、哲学、道德等。"[1]

真实的想象依赖于人类所创建的科学、艺术和哲学等文化样式，想象的真实又创造新的科学世界、艺术世界和哲学世界。

让我们先来看看科学的想象与科学的世界。

---

[1]　马克思、恩格斯：《马克思恩格斯选集》第1卷，人民出版社1972年版，第36页。

科学是发现的领域。它要发现新对象和新领域，它要发现新特点和新规律。科学又是创造的领域。主要创造新语言和新理论，它要创造新观念和新客体。科学的发现与创造，依靠创造性想象。

发现，总是发现未知的存在；创造，总是创造未有的客体。如若已知或已有，当然也就不需要科学的发现与创造。要发现未知和创造未有，就必须借助于科学的想象力。想象某种假设的客体，再想象某种假设的前提，进而想象某种假设的条件与程序，想象与假设、想象与假说是互为表里的。恩格斯曾经说过："只要自然科学在思维着，它的发展形式就是假说。"如果没有科学想象，就不会有科学假说，科学就会"停止思维"。

在天文学发展史上，人们把"日心说"的提出称为"哥白尼革命"。人在地球上观察星体之间的关系，总是把地球视为中心，要把地球的中心位置交换给太阳，就必须充分发挥科学的想象力，在哥白尼的想象中，太阳是傲然坐镇于众星运行的中心的。他说："在这个美丽的殿堂中，我们难道还能把这发光体放到别的更恰当的位置，使它同时普照全体吗？"这就是哥白尼依据于近 30 年的观察所形成的科学想象以及由此提出的科学假说。

在化学发展史上，从无机化学发展到有机化学时，出现了一个奇异的新问题——完全相同的化学成分可以组成不同的结构。这就是所谓"同分异构体"问题。当化学家知道苯的成分是 C_6H_6，而 C 是 4 价，H 是 1 价，就提出了这样的问题：6 个碳原子（C）与 6 个氢原子（H）是怎样结合的呢？提出苯环结构的化学家凯库勒曾这样回顾自己的思考过程："我把座椅转向炉边，进入了半睡眠状态。原子在我眼前飞动；长长的队伍变化多姿，靠近了，连接起来了。一个个扭动着、回转着，像蛇一样。看，那是什么？一条蛇咬住了自己的尾巴，在我眼前轻蔑地旋转，我如从电掣中惊醒。那晚，我为这假说的结果工作了整夜。"正是借助于蛇咬住自己尾巴的想象，凯库勒让苯的碳原子与氢原子形成圆圈状，这就是苯环。

冲出地球，攀登星月，这一直是人类的幻想。儒勒·凡尔纳在他的幻想小说中，就曾设想小说的主人公乘登月炮弹去做月球旅行。被称作俄罗斯航天之父的齐奥尔科夫斯基则把这种科学幻想化为科学想象，提出用火箭反推力作为宇宙飞船的动力，并计算出飞行器飞离地面成为地球卫星，以及飞出地球和飞出太阳系必须达到的最低速度，即第一、第二和第三宇宙速度。齐奥尔科夫斯基大胆地预言："地球是人类的摇篮，但人类不能永远生存在摇篮中。开始它将小心翼翼地穿过大气层，然后便会去征服整个太阳系。"这句熔铸着科学想象与科学追求的预言被铭刻在齐奥尔科夫斯基的墓碑上。在他逝世 20 多年之后，这个预言变成了现实。

想象的真实依赖于真实的想象。真实的想象则奠基于已有的科学事实。巴甫洛夫曾作过这样的比喻："无论鸟翼是多么完美，如果不凭借空气，它是永远不会飞翔高空的。事实就是科学家的空气。你们如果不凭借事实，就永远也不能飞腾起来。"想象与事实，是科学展翅高翔的羽翼和空气，想象使科学突破狭隘的现实，飞向广阔无垠的宇宙。

我们再来看看艺术的想象与艺术的世界。

艺术就是想象的艺术。然而，人们却常常把艺术的想象视为"虚幻的想象"，把想象的艺术视为"想象的虚构"。于是，艺术成了虚幻的方式，艺术的世界成了虚构的世界，艺术的欣赏成了可有可无的消遣。

其实，艺术同科学一样，它也是一种"想象的真实"和"真实的想象"。我国一位著名文学评论家曾这样评论《红楼梦》这部巨著。他说，《红楼梦》是把生活的大山推倒之后，又艺术地重新建造起来。由此我们可以进一步发挥说，这构建艺术之山的过程是一种"真实的想象"，这构建起来的艺术之山则是一种"想象的真实"。它并不仅仅是艺术地再现了生活的真实，而且是艺术地创造了生活的真实。这种艺术地创造出来的生活的真实，是生活逻辑的真实，生活理念的真实，生活理想的真实。艺术的魅力，根源于艺术想象的真实。

谁都知道，白石老人画的虾不能游入水中，悲鸿先生画的马也不能在草原上奔驰。那么，人类为什么需要、创造、欣赏和追求"虚幻"的艺术呢？这是因为，现实的人是历史文化的产物。文化的历史积淀造成人的愈来愈丰富的内心世界，人需要以某种方式把内心世界对象化，使之获得某种特殊的文化形式。这种文化形式就是创造美的意境的艺术。

艺术形象把人的情感世界对象化、形象化、明晰化，又把对象性的现实世界主观化、情感化、理想化，从而使人在艺术形象中观照自己的情感，理解自己的情感，品味自己的情感，使情感获得稳定的文化存在。因此，艺术"想象的真实"，比现实的存在更加强烈地激发人的情感体验，更加深刻地构建人的情感世界。对于人的情感体验和情感世界来说，艺术想象所创造的世界，是比现实的世界更为真实的文化存在。

最后我们来看哲学的想象和哲学的世界。

哲学的思考是"形上"的思考，哲学所创造的世界是"形上"的世界。人类思维面对千差万别、千变万化的世界，总是力图寻求到万物的统一性，从而对世界作出普遍性的解释。在古希腊哲学家那里，曾以诚挚的"爱智之忱"去寻找这种对一切存在物作出解释的"统一性"。哲学家们以其"想象的真实"告诉人们，这种"统一性"，是"水"，是"火"，是"数"，是"理念"……正是这种哲学的"想象的真实"，不仅激发了人类对追本溯源、究根问底的智慧的热爱与追求，而且培育和锻炼了人类的理论思维能力的进步与发展。

让我们以人们所熟知的古希腊哲学家赫拉克利特所描述和阐发的"火"为例，来体会一下哲学家的"想象的真实"。赫拉克利特提出，整个的世界就像燃烧着的"火"，是一个永远运动、永远变化的过程。"万物都变幻成火，火也变换成万物，正像货物变成黄金、黄金变成货物一样"。在这个变换或转化的过程中，存在着"变换"的统一性，这种统一性使得变换着的世界并不只是一种随机的过程。掌握着这个统一性的理性就是"变换"的通用的"货币"。这种理性或"逻各斯"就是流动的量度或合乎规律性。因此，这个流变的世界是有秩序的，因而也是可理解的。①

把整个的世界比喻为燃烧的活火，这当然是古代哲人的"想象的真实"。但是，这个"想象的真实"却不仅向人们揭示了世界的流变性与规律性，而且向人们揭示了感性与理性、观察与理论之间的矛盾和冲突，从而启发人们在感性与理性的矛盾冲突中去寻求和

---

① 瓦托夫斯基：《科学思想的概念基础——科学哲学导论》，求实出版社1982年版，第102页。

把握世界的运动规律，去探索和确立人类的安身立命之本。同样，在大家所熟知的柏拉图关于"理念世界"的想象中，我们会发现人类以概念把握世界的困惑——究竟是人类以感官所把握到的世界是真实的，还是人类以概念所把握到的世界是真实的？概念是独立于感性存在之外的另一个世界，还是理性把握存在的一种方式？概念是指示对象存在的名称，还是主体所把握到的对象的意义？了解哲学史的人都知道，这些问题不仅构成了"唯名论"与"唯实论"、"经验论"与"唯理论"的冲突，而且构成了"语言转向"的现代哲学正在探讨的问题。

在科学、艺术和哲学的"想象"中，人类构建并发展了自己的科学世界、艺术世界和哲学世界，亦即构建和发展了自己的多姿多彩的"生活世界"。离开"想象的真实"，"现实"是不可想象的。

提出问题比解决问题更重要

"科学始于观察"，这是人们根深蒂固的信念。人们甚至认为，为了保证观察的"客观性"，应该像把外衣挂在实验室外的走廊上一样，把头脑中的"成见"也"放"在实验室之外。

与此相反，当代著名的科学哲学家卡尔·波普则提出："科学始于问题。"他认为，科学的本质是永无止境的求索。科学犹如"探照灯"，总是把探索的光芒投向广阔的未知领域。科学是一个历史地发展的过程，因而从来不是完备的知识系统，而是一个需要不断改进和发展的活的机体。科学研究，就是寻找科学中存在的"问题"。正是"问题"促使我们进行观察和实验，展开联想和想象，提出假说和理论。"问题意识"是科学探索的首要意识。

波普的"问题意识",会使我们想起爱因斯坦的一句名言:在科学探索中,"提出一个问题比解决一个问题更重要"。

无论是在日常生活中,还是在各种非日常生活的研究领域,每个人都会常常产生这样的困惑:我们知道各种答案,就是不知道问题在哪里。也许,需要撰写学位论文的大学生和研究生们,更会有这样的切身感受吧?

"问题"在于"提出"。能否真实地提出问题,能否提出真实的问题,这正是一个人的创造性的精神品质和创造性的智力活动的集中表现。

"智力"是指人的认识能力和活动能力的总和。人的智力主要是由观察能力、记忆能力、思维能力、想象能力、直觉能力和实践能力构成的。而超越于所有这些能力之上并融汇于所有这些能力之中的最重要的智力,则是人的创造能力。这种创造能力使观察能力变得敏锐,使记忆能力变得灵敏,使思维能力变得敏捷,使想象能力变得丰富,使直觉能力变得深刻,使实践能力变得卓有成效。高超的智力,就是人的各种智力的创造性综合。正是这种创造性的综合,形成和提出了具有创造性的新"问题"。

提出"问题"的创造精神和创造能力,主要表现在三个方面:一是善于从观察和实验以及各种文本中捕捉到别人视而不见的新现象和新情况,善于从"合乎逻辑"的推理中提出别人漠然置之的新问题;二是敢于向人们习以为常的经验常识提出超越常识的新观念,敢于向人们奉为金科玉律的公理、规则提出"离经叛道"的新假说;三是善于并且敢于联想人们认为是没有任何联系的事物,善于并且敢于驰骋"想象的真实"。

培养创造性的"提出问题"的能力，首先要培养"激活背景知识"的能力。

人是历史性的文化存在。人总是通过各种渠道（经验常识、生活体验、学校教育、职业实践等）而获得各种"知识"。知识是通过记忆而储存在人的大脑之中，并成为人去发现问题、分析问题和解决问题的"背景知识"。人的记忆能力主要包括识记、保持、再现和再认识四个方面。因此，人们常常用下面四个指标来衡量人的记忆能力：敏捷性（识记的速度），持久性（保持的时间），正确性（再现的准确程度），备用性（再认识时的有效性）。但是，人们在使用这四个指标去衡量人的记忆能力或人的知识储存的时候，却往往忽视"激活背景知识"的能力——灵活地运用知识的能力和创造性地调动记忆的能力。结果，许多人仅仅把"记忆"当作迅速、准确、持久地掌握知识的能力，甚至把知识和记忆当作是死记硬背的东西。

按照当代美国著名心理学家布鲁纳的观点，人类记忆的首要问题不是储存知识，而是检索知识。储存，只是把知识保持在记忆中，而不能灵活地调动记忆中的知识，更不能"激活知识"以提出新的问题。检索，则是突出对知识的调动、组织和创造性重组的能力。检索首先是对知识的调动和组织，也就是在记忆库中查找信息和获得信息。每个从事研究的人员都有自己的井然有序的记忆网络，并通过检索在这个记忆网络中迅速、准确地调动自己所需要的知识。这就像是一只经过整理的抽屉，不仅能够容纳更多的东西，而且能够使人更快地找到东西。检索又是对知识的创造性重新组合。它把记忆网络中的知识调动到所研究的问题上来，在知识的重新组合中，活化了已有的知识，使知识产生新的联系，从而引发出创造性的联想和想象，提出新的问题，并形成新的猜测和假说。

波普以"科学始于问题"作为科学增长模式的出发点，构成了 $P1 \rightarrow TT \rightarrow EE \rightarrow P2$……的科学增长模式。这里的 P1 表示所提出的问题，TT 表示关于问题的试探性理论即"猜测"或"假说"，EE 表示检验和消除试探性理论的理论，P2 则表示提出新的问题。波普说，"选择某个有意义的问题，提出大胆的理论作为尝试性解决，并竭尽全力去批判这个理论"，从而提出更加深刻的新问题。在波普的这个科学知识增长模式中，我们不仅可以体会到问题意识的极端重要性，而且可以体会到"激活知识"、提出"尝试理论"的重要作用。

培养创造性的"提出问题"的能力，还需要培养使用思维工具的能力。

寻找、发现和提出新的问题，首先是要"激活背景知识"，没有背景知识的激活，只能是提出"无意义的假问题"。但是，激活背景知识本身，就是灵活地使用思维工具的结果。物理学家费米非常喜欢与人比赛谁先说出某个复杂的公式，结果常常是费米获胜。这其中的奥秘就在于，别人总是靠记忆，而费米则是运用科学方法进行推导。在这种推导过程中，各种知识被激活了，不仅可以合乎逻辑地推导出某个公式，而且还会创造性地寻找到提出问题和解决问题的新思路。这使我们想起毛泽东的一句名言：感觉到了的东西不能够深刻地理解它，只有理解了的东西才能更深刻地感觉它。如果从记忆与理解的关系看，则可以这样说：记住了的东西不能够深刻地理解它，只有理解了的东西才能更准确地记住它。大概正因如此，爱因斯坦认为，公式和数据只需查手册就可以解决问题，因而不值得记忆。真正值得重视的是科学思维的方法。

培养创造性的"提出问题"的能力，还需要培养"进攻性"的品质。

1979年诺贝尔物理学奖获得者、美国哈佛大学教授温伯格提出，科学家第一个重要的品质是"进攻性"：不要安于书本上给你的答案，而要尝试发现书本中的问题。他认为，这种"进攻性"的品质比智力更重要，是否具有这种品质是区别最好的学生与次好的学生的分水岭。

温伯格教授的话，使我们联想到许多著名学者对大学、大学生和大学教育的看法。怀特海说："大学的理想与其说是知识，不如说是能力。""概括的精神应当统治大学。""在中小学阶段，学生在精神上是埋头在书桌上的；在大学里，他就应当站起来环顾四周。"马赫说："我不是哲学家而只是一个科学家……可是我不愿意做一个盲目听从某一哲学家指挥的科学家，像莫里哀喜剧中的病人那样要听从医生的指挥……我不打算给科学引进什么新的哲学，而只是想打发掉陈旧的、过时的……有些错误，哲学自己也已注意到了……它们在科学中却有较长的生命，因为在那里碰不到尖锐的批判，正像一种在大陆上无法活下去的动物，却能够在一个偏远的海岛上免受伤害，因为那里没有天敌。"[1]

创造性地提出问题，创造性地提出关于问题的解释，又对这种

---

[1] 转引自弗兰克《科学的哲学》，上海人民出版社1985年版，第6页，第12页。

解释进行毫不留情的批判，从而提出更深刻的问题，这既是科学发展的逻辑，也是培养创造性品质的过程。科学研究的创造性，就是郭沫若所说的"既异想天开，又实事求是"。现代科学的突出特点，是交叉、渗透、横向、综合学科的兴起。这些学科正是创造性地把过去的壁垒森严的不同学科内在地联系起来，向过去不曾问津的领域"进攻"的结果。

培养"强烈的问题意识"，锻炼"激活背景知识"和"使用思维工具"的能力，形成"进攻性"的思维品质，我们的智力就会显示出广阔性、深刻性、独立性和敏捷性的特点。广阔性，就是善于在宽广的领域里较为全面地思考问题，使想象力冲破时间和空间的限制；深刻性，就是善于抽象、概括事物的本质，使洞察力穿透事物扑朔迷离的种种偶然现象；独立性，就是善于独立地思考问题和提出问题，见人所未见；敏捷性，就是善于迅速准确地捕捉到新的问题，当机立断，把思想具体化。其中，最重要的是思维的独立性。具有独立思考能力的人，才能创造性地提出问题和解决问题。

创建新"范式"

"范式"这个概念是当代美国科学哲学家托马斯·库恩提出来的。他是为了说明科学发展的历史与逻辑而提出的这个概念。由于这个概念所具有的广泛的解释力，它已经远远超出了对科学发展模式的解释，而被广泛地运用于解释文学、艺术、哲学等各种文化形式的变革与发展。这就是人们经常听到和看到的科学范式、文学范式、艺术范式、哲学范式、法学范式、史学范式、经济学范式乃至广而言之的"理论范式"等。

在库恩那里，"范式"这个概念是与"科学共同体"（或"科学家集团"）这个概念互为解释的。这就是，"范式"是"科学共同体"所信奉或遵从的信念与规则；"科学共同体"则是由于信奉或遵守某些最基本的信念与规则而形成的科学家集团。如果把这里的"科学"共同体变换为文学、艺术、哲学共同体，这里所说的"范式"当然也就变换为文学范式、艺术范式、哲学范式了。

"范式"作为"共同体"所信奉或遵从的最基本的信念与规则，它的内涵是丰富的，也是复杂的，以致库恩本人并未作出准确的规定。如果可以通俗一些说，"范式"最重要的内涵，是指"共同体"的世界图景、思维方式、价值观念和审美意识等所凝聚成的"解释原则"——如何解释科学（或文学、艺术、哲学等）自身及其研究对象和研究结果。

解释自身，就是自我解释。比如，"科学范式"的首要内容，就是解释"什么是科学"，也就是解释科学分界问题——如何区分"科学"与"非科学"。同样，"哲学范式"的首要内容，也是解释"究竟什么是哲学"。这种自我解释，正是"共同体"所信奉或遵从的最根本的信念或规则。试想一下，如果人们所理解的科学或哲学不是一回事，又怎么会有共同的信念或规则，又如何按照"规则"去"游戏"呢？又哪里会有所谓的"共同体"呢？

自我解释不同，关于对象和结果的解释当然也不同。但在关于研究对象和研究结果的解释中，则比较显著地凸显了作为研究结果的关于对象的"基本原理"，也就是把对象性理论区别开来的最根本的原理。比如，哥白尼的日心说原理，使他的天体运行理论区别于托勒密的地心说的天体理论；马克思的剩余价值理论使他的政治经济学区别于英国古典政治经济学；索绪尔的结构主义理论使他的语言学区别于传统的语言学理论；如此等等。这种作为某种理论生命线的最基本原理，也就是该种理论作出全部解释的最基本的解释原则，所以当代科学哲学家伊姆雷·拉卡托斯将其形象地称作"理论硬核"。这种"理论硬核"正是"范式"的核心内容。

库恩从"范式"与"共同体"的相互解释及其统一性出发，对科学的演进、特别是对科学的"革命"作出了如下描述：前科学→常规科学→科学危机→科学革命→常规科学→……

这里的"前科学"，指的是"科学范式"和"科学共同体"尚未成熟的学科状况；"常规科学"是指由于"科学范式"和"科学共同体"的成熟而达到的一门学科已成其为"科学"的状况；"科学危机"，则是指既有的"范式"无法解释愈来愈多、愈来愈频繁的"反常现象"，以致人们对这种"范式"开始怀疑，对它的信念开始动摇，并导致"共同体"的分裂，"范式"的一统局面被破坏的状况；"科学革命"，用库恩自己的话说，就是"旧范式向新范式的过渡"，就是"抛弃旧范式与接受新范式"的"同时发生的过程"；新的"常规科学"，则是新范式的确立和新的共同体的组成，以及由此而形成的相对稳定的该学科发展的新时期；由于科学研究在新范式中的累积性进步，又会出现新的反常，陷入新的危机，引起新的革命，从而实现从新范式到更新范式的转变，使科学研究进入更新的常态科学时期。显然，这是一个动态的、开放的科学发展模式。

库恩所描述的科学发展模式，不仅是引人入胜的，更是发人深省的。它对于培养人的创新意识和创造精神，既是富于启发性的，也是具有操作性的。

时下，各种各样的"学"真是无奇不有，泛滥成灾。只要你涉及一个领域，提出一个问题，甚至是说出一个名词，几乎就有关于这个领域、这个问题或这个名词的"学"。就说"管理"吧，不用说行政管理学、工业管理学、农业管理学，也不用说财政管理学、金融管理学、外贸管理学，连宿舍管理学、食堂管理学、教室管理学乃至更"微观"的"管理学"都在堂而皇之地成为"一门科学"。

确实，现代科学的发展不仅呈现整体化的趋势，同时也表现为分支化的趋势。新学科的出现乃至层出不穷，也是现代科学发展的重要标志之一。但是，任何新的学科之所以成为"一门科学"，并不是由于在某个名词之后加上"学"字，而是因为它形成了库恩所说的"科学范式"和"科学共同体"。否则，不管是什么时髦、诱人的"学"，也只能如库恩所说的"前科学"。超越"前科学"而形成"常规科学"，是需要一个较长时期的"科学范式"和"科学共同体"的成熟过程的。

当然，库恩的"范式"理论的重要启发意义并不在这里。重要的是，它启发我们如何去对待"常规科学"以及"科学危机"和"科学革命"。

"常规科学"时期，是依据既定的"科学范式"进行研究的时期。"科学共同体"对待"科学范式"的态度，就如同虔诚的信徒对待宗教教义一样。在这个时期，"共同体"的科学精神是保守的，而不是革命的；是惯性的，而不是创造的。在这个时期，即使"共同体"的成员发现"范式"与经验事实的不一致，并因而在运用"范式"

解决问题时遭到失败，也不是由此而去怀疑"范式"，而是怀疑自己对"范式"的理解与运用。这就如同人在游戏中遭到失败，只能怨恨自己的能力不佳或运气不好，而决不会怀疑游戏的规则一样。

"常规科学"时期的"科学范式"的保守性以及"科学共同体"遵从"科学范式"的思维惯性，对于科学的累积性进步是必不可少的。正是由于拒绝对"范式"的怀疑，才会在"范式"的规范下提高科学知识的精确性和可靠性，扩大科学知识的解释力和预见性，并使"范式"得到进一步的应用与证实。

然而，"范式"的保守性本身就具有"内在的否定性"。这正如波普所说，"库恩认为常态科学时期的科学家对范式的态度不是创造性态度，而是教条式态度。他们的任务不是检查范式或改变范式，而是坚守范式，坚定不移地用范式去解决科学研究中的各种问题"。不仅如此，由于"范式"是"共同体"所信奉和遵从的信念与规则，因此，对"范式"的任何怀疑就是对"共同体"的蔑视，对"范式"的任何超越也就是对"共同体"的挑战。这样，就使遵从共同范式的常规科学时期，变成了特定范式的专制时期，它限制了人们的思维视野，遏制了人们的创造精神，压制了人们的理论变革。房龙在《宽容》一书中所描述的种种"非宽容"或"反宽容"，正是科学史和思想史所作出的佐证。

"理论是灰色的，而生活之树是常青的。"人类实践活动的扩展与深化，总是使背离"范式"的"反常现象"愈来愈多并且愈来愈频繁，从而引发对"范式"的怀疑。在原有的"共同体"中，出现固守旧范式与创建新范式的激烈争论，形成派别之间的斗争，导致"共同体"的分裂，这就是"危机"时期。著名物理学家洛仑兹在古典物理学的危机时期忧心忡忡地说："在今天，人们提出了与昨天所说的完全相反的主张。在这样的时期里，已经没有真理的标准了，也不知道什么是科学了。我真悔恨自己没有在这些矛盾出现的五年前死去。"另一位著名物理学家玻尔，在海森堡建立新量子理论前不久，也大惑不解地说："现在物理学又混乱得如此可怕了。无论如何，这对我来说太困难了。我希望自己不是一个物理学家，而是一个电影喜剧演员或别的什么。从来没有听说过物理学有多好呀！"这些大概是较为形象地表现了科学家在"科学危机"时期的惶惶不安和无所适从的心理状态。

然而，正如库恩所说，"危机打破了旧框框，并为范式的根本变革提供了必需的日益增加的资料"，"首先是由于危机，才有新的创造"，"危机是新理论的前奏"。确实，危机决不仅仅是带来分歧和混乱，更重要的是它给人们带来批判精神和创造精神。它是科学中的保守精神的解毒剂，也是科学中的创新精神的振奋剂。

科学革命是旧范式向新范式的过渡，是抛弃旧范式与接受新范式的双重性过程，因而是破坏与建设的统一性过程。库恩认为，新范式的创立者和拥护者往往是"共同体"中较为年轻的一代，这是因为他们受旧范式的熏染不深，对旧范式的信念不坚定，容易对旧范式产生怀疑，是科学中的进步力量；固守旧范式和拒斥新范式的则往往是"共同体"中较为年长的一代，他们习惯于旧的范式并对其坚信不疑，是科学中的保守力量。因此库恩说："范式的转变是一代人的转变。"

在库恩看来，科学的常规状态与危机状态都是科学发展中的既必不可少又不可避免的两种状态，真正的科学精神既不是单纯批判的也不是单纯保守的，而应该是批判精神与保守精神的适当的结合与平衡。他提出，科学思维有两种基本形式：一是发散式思维，思想开放活跃，敢于标新立异，反对偶像崇拜，这是"破旧立新"的批判的、革命的思维方式；二是收敛式思维，思想集中专注，研究踏实稳健，竭力维护传统，这是"循序渐进"的保守的思维方式。库恩认为，正因为这两种思维各有所长，一个成功的科学家就需要同时兼备这两种思维与性格，并使之达到合适的平衡。这就是"必要的张力"。

对于库恩的"范式"理论，人们尽可以"见仁见智"。但是，在"面向21世纪"的理论思考中，我们总是可以从中得到某些有益的启示。特别是在总结中国改革开放以来的实践经验和理论成果，试图建构各门学科新的理论体系的过程中，尤其需要一种建立新范式的批判精神和创新意识。这是一种理论层面的现代教养。

我们在"理论意识"部分曾经说过，任何一种真正的理论，都具有历史的兼容性、时代的容涵性和逻辑的展开性，是人类认识史的积淀、思想中把握到的时代、概念发展的有机组织的统一。因此，理论体系的建设，就是建设具有深厚的历史感和强烈的现实感的逻辑化的概念系统。

体系化的新理论，首先应当是来源于对人类认识的总结。恩格斯曾经指出，黑格尔哲学的理论魅力，在于它的"巨大的历史感"。读一读黑格尔的《精神现象学》《哲学史讲演录》和《逻辑学》，我们不能不折服于一种"历史性的思想"与"思想性的历史"的相互辉映的理论征服力量。在黑格尔那里，尽管有许多"猜测的"甚至是"神秘的"东西，但他的"史论结合"，却决不是我们所看到的许多"体系化"的理论那样，以"论"为纲，以"史"为例，纯属外在的"结合"。正是在系统总结和深刻反思包括黑格尔哲学在内的人类思想史的基础上，恩格斯曾作出一个发人深省的论断：所谓"辩证哲学"就是一种"建立在通晓思维的历史和成就的基础上的理论思维"。[①] 离开深厚的历史感，所谓"体系化"的理论只不过是没有血肉的教条主义式的拼凑。我们以为，这大概就是许多冠之以"理论体系"的教科书被人冷落的重要原因之一。

关于理论，人们常常强调它的"现实感"或"现实性"。这当然是对的。需要认真思考的是，理论作为思想中的现实，它并不是"现存"的各种事实和统计数据的堆积，更不是个人智巧的卖弄和煞有介事的"高级牢骚"。理论的"现实性"，在于它以"通晓思维的历史和成就的理论思维"去把握现实、观照现实、透视现实，使现实在理论中再现为"许多规定的综合"和"多样性统一"的"理性具体"。历史感规范着理论在何种程度上洞察到现实的本质和趋势，现实感则规范着理论在何种程度上实现自己。理论的历史感由于其现实感而获得把握时代的意义，理论的现实感则由于其历史感而获得其把握时代的力度。离开历史感的所谓"现实性"，只能是一种外在的、浅薄的、时髦的赝品，这样的"理论体系"只能是某种明星式的轰动效应，而无法构成"思想中的时代"。同样，离开现实感的所谓"历史感"，只能是一种烦琐的、经院的、陈旧的说教。这样的"理论体系"只能作为学究式的自我欣赏，也无法成为"思想中的时代"。

---

① 　马克思、恩格斯：《马克思恩格斯选集》第3卷，人民出版社1972年版，第533页。

理论体系是概念发展的有机组织，也就是逻辑化的概念展开过程。然而，人们所看到的许多"体系化"的理论，却往往是概念、范畴、原理的简单罗列或任意拼凑，而缺少内在的"逻辑"。这正是黑格尔曾尖刻地批评过的"散漫的整体性"。从形式上看，这些"体系"有章、有节、有目，有纵、有横、有合。方方面面，林林总总，似乎完整无缺。从内容上看，这些"体系"的概念、范畴、原理却缺乏内在的有机联系，缺乏由浅到深的概念发展，缺乏撞击人的理论思维的逻辑力量。造成这种状况的深层根源，则在于这些"体系"尚未形成比较成熟的"范式"，尚未形成贯穿"体系"的基本解释原则。

任何理论的发展，如库恩所描述的科学发展一样，也必然经历理论体系的建构——解构——重构的过程，即理论的自我否定与自我重建的双重性过程。其中，否定性的"解构"——抛弃旧范式和建立新范式——是重构理论体系的关键环节。这道理很简单。理论体系的重建，并不是外在的"体系"的重新构造，而是"理论"本身的变革与创新，是"理论"在变革与创新中形成新的解释原则，并从而形成新的逻辑化的概念发展体系。

在相当长的时期内，我们总是习惯性地把某些"体系化"的理论（比如各种"教科书"式的"原理体系"）视为"绝对真理"，似乎"体系"中的每个概念都有唯一的"定义"，每条原理都是"天经地义"。于是，所谓的"体系建设"，或者是"运用"已有的定义和原理去解释某些问题，或者是"寻找"某些事例来论证已有的定义和原理，或者是用已有的定义和原理进行新的排列组合。其结果，"体系"变了，"范式"还是旧的，当然"理论"也还是旧的。

创建新的理论"体系"，必须首先创建新的理论"范式"；创建新的理论"范式"，则必须首先对"范式"有深刻的认识。任何理论范式，既具有其历史的合理性，也有其内在的否定性，它既是某个时代的绝对，又是历史过程的相对。

因此，任何范式及其理论体系，都是一种"合法的偏见"——它具有历史的合理性，因而是"合法的"；它具有历史的局限性，因而总是"偏见"。

人们常说，辩证法在本质上是批判的、革命的。但是，人们往往忽视了另一方面——辩证法又是宽容的。这是因为，辩证法是在对事物的"肯定的"理解中同时包含对它的"否定的"理解。这种"肯定"的理解，也就是"历史"的理解，即承认一切事物的历史合理性。这种"否定"的理解，也是"历史"的理解，即承认一切事物的历史暂时性。这种辩证法的理解方式，既体现了最彻底的批判精神，也蕴涵了最真实的宽容精神。辩证智慧使人的思维超越两极的对立，保持"必要的张力"。

向前提挑战：批判意识

无论科学概念还是生活方式，无论流行的思维方式还是流行的
原则规范，我们都不应盲目接受，更不能不加批判地仿效。

——霍克海默

思想的另一个维度

说到"维度"，人们自然会想到时间和空间，如时间的一维性，
空间的三维性，以及由时间和空间四个坐标形成的"四维空间"等。

把"维度"同"思想"联系起来，提出"思想的维度"，人们
也许会联想到一些学者对"现代思维方式"特点的概括与描述。比
如，有人说现代思维方式的特点是多侧面、多角度、多层次乃至全
方位地思考问题；还有人说超前性、预测性、模糊性乃至全息性是
现代思维方式的本质。

这些概括和描写，确实显示了"思想的维度"："多侧面"就
不是只看到一个侧面，"多角度"就不是只从一个角度去看，"多层

次"就不是只看到一个层次，至于"全方位"，也就把所有的侧面、角度、层次都看到了。这恐怕就不是一维或三维，而是无限维了。思想的维度远不是时空的维度所能描述的了。如果再加上超前、预测、模糊乃至全息，那么，无论怎样驰骋我们的想象，想要"全面"地描述思想的维度，大概也是"可望而不可即"了。

说这些，主要的意思并不在于评论对现代思维方式的这些概括与描述。究竟如何概括和描述现代思维方式的本质与特点，人们尽可以驰骋自己的想象或进行切实的研究。

这里要说的主要意思在于：上述关于现代思维方式的概括与描述，似乎是要展现思想的无限的维度；然而，换个"角度"看，却仍然是描述了思想的"一个"维度——思想把握和解释存在的维度。

思想把握和解释存在的维度，就是思想指向对象的维度，思想构成自己的维度，思维与存在统一的维度，思想形成关于对象的映象与观念的维度。一句话，思想把握和解释存在的维度，就是"对象意识"的维度。

对象意识，就是指向关于对象的意识。多侧面、多角度、多层次乃至全方位，都是讲的如何看待对象的问题。"多侧面"就是从不同的侧面看对象，"多角度"就是从不同的角度看对象，"多层次"就是从不同的层次看对象。但是，不管怎么看，总是看对象，这就是对象意识。至于"全方位"，虽然有"跳出来"的意思，但并没有跳出看对象的对象意识。"横看成岭侧成峰，远近高低各不同。不识庐山真面目，只缘身在此山中。"所谓"全方位"，当然是要跳出"庐山"看"庐山"。然而，尽管这种"全方位"的思维方式也许可以看到"庐山真面目",但它也仍然是关于"庐山"的"对象意识"。

超前、预测、模糊乃至全息的思维方式也是如此,"超前"与"滞后"相对,有"见人所未见"的意思。"事前诸葛,事后曹操",属于比较聪明的人的思维。但这里所说的"超前",也仍属于超前地认识对象,即关于对象的对象意识。"预测"是以掌握对象的运动规律为基础而把握到对象的未来状况,"模糊"是以对象的非线性存在为前提而去认识对象的存在,因而都是关于对象的对象意识。至于"全息性",大概是说思维的"小宇宙"与外在的"大宇宙"具有"异质同构"性(或"同质异构"性),因而可以"全面"地和"完整"地反映外在的"大宇宙"。这种"全息性"的对象大则大矣,但也仍然说的是关于对象的对象意识(尽管在这种对象意识中包容了整个的宇宙)。

这样谈论关于现代思维方式的概括与描述,并不是一种嘲弄或反讽。我们只是说,在这种概括与描述中,不管以怎样的特点去表达现代思维方式,却只是向人们展现了思想的一个维度——关于对象的对象意识。

那么,思想的另一个维度是什么?这就是时下人们经常挂在嘴边的一个概念——"反思"。但是,正因为人们经常挂在嘴边,却往往造成"熟知而非真知",并没有深究"反思"的含义,更没有把"反思"看作思想的另一个"维度"。

"反思"不是一般所说的"三思而后行"的"反复思考"。因为这种反复思考,仍然是反复地思考对象,即仍然是一种对象意识。

"反思"也不是一般所说的"反向思维"。所谓的"反向思维"

是与"正向思维"相对的，也就是从相反的方向、方面、角度去看对象。这仍然属于对象意识。

"反思"是"对思想的思想"、"对认识的认识"，是"思想以自身为对象反过来而思之"。这才是思想的另一个维度——不是关于对象的思想维度，而是关于思想自身的思想维度。

"反思"的思想维度当然也有自己的思想对象，但这个思想对象就是思想本身，或者说思想本身成为思想的对象。

"反思"把思想作为思想的对象，这是一种怎样的思想维度？

首先，"反思"是思维对存在的一种特殊关系。思维对存在的反思关系，就是思维把"思维和存在的关系"作为"问题"来思考。

人与世界的关系，从总体上看可以归结为两种基本关系，一是认识关系，二是实践关系。所谓认识关系，就是在观念中实现思维与存在的统一，掌握事物的本质、规律和必然。所谓实践关系，就是在行动中实现思维与存在的统一，把人的目的性要求变成客观的现实，让世界满足人的需要。

无论是在认识中达到思维和存在的统一，还是在实践中实现思维与存在的统一，都表现了思想的一个维度——思维与存在统一的维度，即形成关于对象的思想的维度。试想一下，无论是在生产劳动和经验累积中，还是在技术发明和工艺改进中，无论是在科学探索和艺术创作中，还是在日常生活和道德践履中，有谁会把"思维和存在的关系"作为"问题"来思考？恰好相反，我们总是以"思维和存在的统一"作为无须考虑的前提而去进行认识活动和实践活动的。恩格斯的一个有名的论断，非常深刻地说明了这个问题。他说："我们的主观的思维和客观的世界服从于同样的规律，因而两者在自己的结果中不能互相矛盾，而必须彼此一致，这个事实绝对地统治着我们的整个理论思维。它是我们的理论思维的不自觉的和无条件的前提。"① 正是因为人们把"思维和存在的统一"作为"不自觉的和无条件的前提"，才能心安理得地、放心大胆地去认识世界和改造世界。

这就好比说，有人问你：你看到的太阳就是太阳、你看到的月亮就是月亮吗？你用的桌子就是桌子、你坐的椅子就是椅子吗？你一定觉得这是些稀奇古怪的问题，甚至怀疑发问者是否精神出了毛病。那么，你为什么觉得这些问题"稀奇古怪"呢？你为什么认为发问者"不正常"呢？这就是因为，"思维和存在的统一"，在你的头脑中是一个"不自觉的和无条件的前提"，因而是一个不成问题的问题、不能发问的问题。

然而，一旦我们把这些不成问题的问题当作问题、把这些不能发问的问题当作非问不可的问题，"思维和存在的统一"就成了问题：人的思维为什么能够认识存在？思维所表达的存在是不是存在本身？思维与存在统一的根据何在？思维怎样实现与存在的统一？思维与存在是否统一如何检验？不仅如此，由于上述的追问，还会引发更多的、几乎是无尽无休的追问：人的知识在思维和存在的统一中起什么作用？人的情感在思维和存在的统一中起什么作用？人的意志在思维和存在的统一中起什么作用？人的知、情、意在思维和存在的关系中如何统一？人的真、善、美在思维和存在的关系中

---

① 马克思、恩格斯：《马克思恩格斯选集》第3卷，人民出版社1972年版，第564页。

如何统一？区别真、善、美与假、恶、丑的标准是什么？"我思故我在"吗？"存在就是被感知"吗？"人是万物的尺度"吗？"理性是宇宙的立法者"吗？"语言是世界的寓所"吗？"科学是世界的支点"吗？"世界就是人所理解的世界"吗？人类能够"认识自己"吗？……

提出和追问这些问题，就是思维把"思维和存在的关系"作为问题来思考，就是思想把思想自身作为对象来思考，就是思想的另一个维度——反思。

反思并不神秘，科学家在科学探索的过程中，总会出现这样的情况：他不是把"存在"作为对象去研究，而是反问自己，我的观念中的客体到底是不是对象本身？这就是思维把"思维和存在的关系"作为"问题"来进行"反思"。比如，爱因斯坦和玻尔关于量子力学的争论就是这种"反思"的争论。这个问题是：微观粒子只有通过宏观仪器的中介作用才能被人观察到，那么，究竟人所看到的是微观粒子本身，还是微观粒子经过宏观仪器的"显现"？同样，艺术家在艺术创作的过程中，也会出现这样的情况：我在创造美，但"美"究竟是什么？美是对象的属性？美是主体的感受？美是对象属性与主体感受的统一？为什么同样的艺术品人们的感受不一样？为什么"一千个读者就有一千个哈姆雷特"？这样，艺术家的思考就进入了美学的反思。同样，每个人在日常生活中，也会出现这样的情况：不仅生活着，而且追问生活的意义；不仅劳作着，而且追问劳作的价值；不仅追求着，而且追问追求的根据；不仅作出某种判断（例如孰是孰非），而且追问作出这种判断的标准（依据什么断定此是而彼非或昨是而今非等）。在这种思考中，"思维和存在的统一"就成了"问题"，也就是对"思维和存在的关系"的"反思"。

其次，"反思"是对"知识"的一种特殊关系。它不是通过"思维和存在的统一"去形成知识，而是把形成了的知识作为批判的对象，从而变革既有的知识。

人类所创建的全部科学——数学、自然科学、社会科学、人文科学、思维科学等，都是通过"思维和存在的统一"为人类提供"知识"，为人类建构科学的世界图景。人类把握世界的各种基本方式——经验、常识、艺术、伦理和科学，也都是通过"思维和存在的统一"为人类提供方方面面的知识，为人类建构丰富多彩的"经验世界"、"常识世界"、"艺术世界"、"伦理世界"和"科学世界"。由此可见，是"思维和存在统一"的"知识"，构成人类的世界、人类的文明以及人类的进步与发展。没有知识，就没有人类的一切。正因如此，"知识就是力量"成为现代人类的座右铭。

然而，人类的知识究竟是如何发展的？它只是一个累积增加的过程吗？它只是一个不断收获的过程吗？不是。知识的发展过程，是批判与建构的统一，是肯定与否定的统一，是渐进与飞跃的统一。知识的批判、否定和飞跃，集中地表现了人类思维的另一个维度——反思的维度。

思想的自我反思从来不是抽象的。思想，从根本上说，就是构成思想内容的知识；反思，在其现实性上，就是对构成思想内容的知识的否定、批判和超越。

知识是人类认识的历史性成果，它总是一种"合法的偏见"。提出"科学始于问题"的当代科学哲学家卡尔·波普，经过对科学知识及其进化的长期研究，提出了许多令人深思的看法。他认为，"科学是可以有错误的。因为我们是人，而人是会犯错误的"；"人们尽可以把科学的历史看作发现理论，撇弃错了的理论并以更好的理论取而代之的历史"；"任何科学理论都是试探性的，暂时的，猜测的，都是试探性假说，而且永远都是这样的试探性假说"。

为了防止人们对这些看法的误解，波普还特别作出了两个方面的解释：其一，"不应当把我的观点误解为我们不能达到真理"，"既然我们需要真理，既然我们的主要目标是获得真实的理论，那么我们就必须想到这样的可能性，即我们的理论，不管目前多么成功，都并不完全真实，它只不过是真理的一种近似，而且，为了找到更好的近似，我们除了对理论进行理性批判以外，别无他途"。其二，"理性批判并不是针对个人的，它不去批判坚持某一理论的个人，它只批判理论本身。我们必须尊重个人以及由个人所创造的观念，即使这些观念错了。如果不去创造观念——新的甚至革命性的观念，我们就会永远一事无成。但是既然人们创造了并阐明了这种观念，我们就有责任批判地对待它们"。[①]

在人们的通常理解中。科学是"建立在事实基础上的建筑物"。因此，人们往往把科学理论、科学知识看作是一种纯粹"客观的"、"中性的"、"确定的东西"。似乎科学活动所使用的概念和方法不是人类历史活动的产物，似乎科学活动凭借的观察和实验与观察和实验的主体无关。似乎科学知识所提供的世界图景具有终极存在的性质。于是，"科学"、"理论"、"知识"，都变成了与人无关的

---

① 波普：《科学知识进化论——波普科学哲学选集》前言，三联书店1987年版。

"X"——它存在着，问题只在于我们是否找到了它；找到了它，我们就被真理照亮了；尚未找到它，就继续寻找它。这种理解，正是反思维度的缺失和批判精神的匮乏。

事实上，科学史、艺术史、哲学史乃至整个人类思想史，都是一部自我反思、自我批判、自我超越的历史。

科学的发展主要表现在两个方面：一是新的理论必须具有向上的兼容性，即能够对原有的理论作出更为合理的理论解释；二是新的理论必须具有论域的超越性，即能够提出和回答原有的理论所没有提出或没有解决的问题。前者，属于原有逻辑层次上的理论的延伸、拓宽和深化；后者，则要求变革原有的思维方式，实现逻辑层次上的跃迁。科学的自我反思和自我批判就是在这两个层次上展开的。

当代科学哲学家伊姆雷·拉卡托斯提出，任何一个科学研究纲领，都是由一套方法论规则构成。这套方法论规则包括两个部分，一部分是由一系列相互联系的基本原理构成的"理论硬核"，另一部分是由许多辅助性假说和初始条件构成的"保护带"。借用拉卡托斯关于"研究纲领"的"理论硬核"与"保护带"的区分，我们可以这样来理解两个层次的科学自我批判：如果科学的自我批判只是指向作为"保护带"的"辅助性假说"，那就是在原有的逻辑层次上实现理论的拓宽与深化；如果科学的自我批判指向并修正了"理论硬核"，那就是实现了科学理论逻辑层次的跃迁。

科学理论逻辑层次的跃迁，其实质是对人们一向奉为天经地义的"公理"的挑战。在科学发展史上，日心说之于地心说，进化论之于创生论，非欧几何之于欧氏几何，相对论和量子物理学之于经典物理学，剩余价值学说之于古典政治经济学，科学社会主义理论之于空想社会主义学说，都可以说是对"公理"的挑战，并以新的"公理"取代旧的"公理"（包括把旧"公理"作为新"公理"的特例而容涵于新公理之中）。正因如此，科学的发展不仅是知识内容的累积和增长，而且是科学世界图景的转换、理论思维方式的变革和价值规范模式的更新。

反思就是思想的自我批判。这种思想自我批判的真正对象，并不是"看得见"的思想内容，而是"看不见"的思想的根据——构成思想的"前提"。

思想的"看不见的手"

"我知道我在想什么"。这就是说，每个人不仅有思想、在思想，而且知道自己有什么思想、在思想什么。

如果追问一句："你为什么有这种思想？你为什么会这样思想？"这该如何回答呢？

也许你会回答：别人讲的；书里写的；自己想的；如此等等。如果再追问一句：别人为什么这样讲，书里根据什么这样写，自己为何会这样想？这又该如何回答呢？

也许你会非常厌烦或不以为然地说：别人就这么讲的，书里就这么写的，自己就这么想的，谁知道为什么？

确实，追问"为什么"是一件令人头疼和使人厌烦的事情。然而，如果不加追问又会如何呢？在《批判理论》一书中，霍克海默说，"人的行动和目的绝非是盲目的必然性的产物。无论科学概念还是生活方式，无论流行的思维方式还是流行的原则规范，我们都不应盲目接受，更不能不加批判地仿效"。在《思想家》一书中，I.伯林更为尖锐地指出："如果不对假定的条件进行检验，将它们束之高阁，社会就会陷入僵化，信仰就会变成教条，想象就会变得呆滞，智慧就会陷入贫乏。社会如果躺在无人质疑的教条的温床上睡大觉，就有可能会渐渐烂掉。要激励想象，运用智慧，防止精神生活陷入贫瘠，要使对真理的追求（或者对正义的追求，对自我实现的追求）持之以恒，就必须对假设质疑，向前提挑战，至少应做到足以推动社会前进的水平。"

也许有人会说：看，你们不是正在引用"别人说的"和"书里讲的"吗？但这"书里讲的"，却正是要我们追问"为什么"。

那么，究竟为什么人们会想这些（而不是想那些）、这样想（而不是那样想）呢？当代解释学大家伽达默尔向我们揭示了这个奥秘："前理解"是一切理解的"前提"。

"前理解"，是指构成人的思想活动即理解活动的先决条件。按照伽达默尔的说法，这种决定人的思想活动的先决条件，主要包括三个方面：一是历史与文化对个人的占有。人是社会性的存在，就意味着人是历史的存在，文化的存在。人总是生活在一定的历史条件之中，生活在一定的文化传统之中。离开历史与文化，人就不是现实的存在，而是一种抽象的、生物的存在。人之所以为人，首先在于历史与文化"占有"了个人，使个人成为历史文化的存在。历史与文化，就是伽达默尔所说的构成人的思想的先决条件的"先有"。二是语言、观念及语言结构对个人的占有。无论我们想什么，也无论我们怎样想，总是要用语言去想，总是在想语言的意义。但是，语言并不是思想的工具，而是历史文化的"水库"。语言保存着历史、传统和文化，语言使人成为真正的历史与文化的存在。因此，不是我们"使用"语言，而是语言"占有"我们。语言，就是伽达默尔所说的构成人的思想的先决条件的"先见"。三是已知的知识、假定、观念对个人的占有。人作为历史文化的存在，不是以"白板"式的头脑去思想，不是从一无所有的"无知"去走向"有知"。恰好相反，每个人都是从给定的"已知"——如霍克海默所说的"科学概念"、"生活方式"、"思维方式"和"原则规范"，去推知"未知"。已有的知识作为思想的前提而构成思想的活动。这就是伽达默尔所说的构成人的思想的先决条件的"先知"。

"先有"、"先见"和"先知"，作为人的思想和思想活动的先决条件而成为思想的前提。正是这些思想的前提决定着我们"想什么"和"怎么想"。

但是，人们通常并不是这样来看待自己的思想。在人们的通常理解中，总认为是我们去占有历史文化，而不是历史文化占有我们，因而以为是我们的思想在选择历史文化；总认为是我们在使用语言，而不是语言在占有我们，因而以为是我们的思想在选择语言；总认为人的思想是从无知到有知，而不是从已知到未知，因而以为是我们的思想在选择思想。

当然，历史、文化、语言和知识占有我们的过程，就是我们"理解"历史、文化、语言和知识的过程。伽达默尔说："理解并不是一种复制的过程，而总是一种创造的过程。"因此，在"理解"的过程中，历史文化占有了我们，我们也创造了新的历史文化。这就是伽达默尔所说的"历史视野"与"个人视野"的融合，就是由这种融合所形成的"意义的世界"。

但是，不管在历史文化占有我们的过程中，我们如何改造了历史文化，历史文化总是作为思想的先决条件而构成了思想的前提。尤其值得深入思考的是，历史、语言、文化作为"先在"、"先见"、"先知"，并不仅仅是作为既有的知识而规范人的思想，更重要的是，化为人的思维方式、语言结构、价值态度和审美情趣而构成人们"想什么"和"怎样想"的思想前提。这才是真正的思想的"看不见的手"。

思想的"看不见的手"，是构成思想内容，从而也是超越思想内容的根据和原则，是思想得以形成和演化的立足点和出发点，它普遍地存在于一种思想之中。试想一下，为什么一提到"科学"，人们就会马上想到"真的"、"对的"、"好的"、"合理的"、"正确的"？反之，一说是"非科学"，为什么立刻想到"假的"、"错的"、"坏的"、"不合理的"、"不正确的"？进一步说，为什么一提到"科学"，自然地就想到"自然科学"，略加思索或经人提示才会想到"社会科学"和"人文科学"？为什么一讲"科学普及"，就想到普及自然科学知识，而很少想到普及科学还包括社会科学？为什么一说"概括科学成果"就以为是概括自然科学成果，而根本想不到社会科学也是应该（和可以）概括的？这就是思想中的"看不见的手"在规范着思想。

其实，"科学"不也是人类的一种活动吗？不也是"合法的偏见"吗？不也是在自我批判中发展的吗？"艺术"是"非科学"，但艺术是假的、错的、坏的吗？社会科学同样是"科学"，为什么总把它视为"准"科学、"软"科学甚至是"伪"科学呢？这是因为，近代以来的实验科学（或者说实证科学），愈来愈成为人类文明发展的决定性力量。它不仅作为知识体系构成人的科学世界图景，而且作为科学方法构成人的思维方式，作为科学规范构成人的价值观念。实验科学所具有的精确化、定量化、实证化、实用化和操作化，成为人们判断科学与否的标准。美国的一位科学哲学家就曾这样发问：如果所谓的社会科学并不具有自然科学的客观性（表述客观实在）、一致性（科学家取得同样的观察结果）、可证伪性（科学理论能够被观察或实验证明为错）、可预见性（科学理论可以预见新的经验事实），为什么把它称作"科学"呢？显而易见，这位学者正是以实验科学的标准作为构成思想的前提，从而形成了"社会科学不是科学"的思想。

把思想的前提称作"看不见的手"，不仅是因为它具有思想的普遍性，更在于它在思想中的"隐匿性"，以及它对思想的"强制性"。隐匿性和强制性，是思想中的"看不见的手"的两大基本特点。

构成思想的前提，是"幕后的操纵者"，而不是"前台的表演者"，这就是它的"隐匿性"。人们在思想的过程中，思的是思想的对象，想的是思想的内容，而不是构成思想的前提。这就如同在评论一个人的时候，我们说他（她）"好"或"坏"、"善"或"恶"、"美"或"丑"，往往只是作出这种判断，而不必"反思"作出这种判断的根据，更不必追问什么是好、善、美，什么是坏、恶、丑。因为，作出判断的那个根据，构成思想的那个前提，自发地在发挥它的"幕后操纵者"的作用。于是，我们所作出的判断就"不证自明"、"不言而喻"了。

构成思想的前提，虽然是"隐匿性"的存在，却具有逻辑的、情感的、意志的"强制性"。思想的前提，首先是作为逻辑的支点去构建思想的逻辑——由某种前提出发，必然形成某种思想。不合逻辑的思想，是思想所排斥的。而合乎逻辑的思想，则是由逻辑的支点所构成的思想。在相互争论中，争论的双方常常指斥对方"不可理喻"。其实，不是不可理喻，反倒是各以自己的"理喻"——各由自己的逻辑支点去构建自己的逻辑。这就是思想前提的"逻辑强制性"。与此同时，思想前提作为价值态度和审美情趣等，又具有情感的和意志的强制性。

正是由于思想中的"看不见的手"具有普遍性、隐匿性和强制性的特点，对思想前提的反思也具有三个基本特点：一是以思想的反思维度去批判地考察全部思想，不断地扩展思想的前提批判；二是从思想的反思维度去揭示思想所隐含的构成其自身的根据或原则，使思想前提由"幕后的操纵者"变为"前台的表演者"，成为可批判的对象；三是以反思的逻辑去"审讯"这个走上"前台的表演者"，迫使它对自身作出不可逃避的辩护，从而解除它作为思想支点的逻辑强制性。

由此可见，思想的反思维度，不只是思想自我批判的维度，更重要的是思想的前提批判的维度。

酸性智慧

酸，特别是硝酸、硫酸等强酸具有强烈的腐蚀性作用，因而可以利用硫酸跟金属氧化物起反应的性质，来除去金属表面的氧化物，使金属的光泽得以重现。

思想，在种种流行的观念、时髦的话语或陈腐的意识的侵蚀中，也许比金属更容易形成锈渍斑斑的"氧化物"，因而也需要一种"酸性"的东西来不断地予以清除。

　　这种思想中的"酸"，就是思想的反思的维度、批判的维度。反思，是人类思想的"酸性智慧"。

　　"酸性智慧"有两层含义：其一，反思的智慧是"酸性"的智慧。这就是说，思想的反思维度不是形成知识、构建知识和积累知识，而是"反其道而行之"，批判地对待全部的知识，并以"酸"的性质清除束缚和禁锢思想的陈腐的"知识"，以"酸"的性质清除"过眼烟云"的流行的"知识"。其二，反思的"酸性"是智慧的"酸性"。这就是说，思想的反思维度不是"强制性"地清除思想的"氧化物"，而是以"智慧"的方式去消解思想的尘垢，并以"智慧"的方式去重现思想的"光泽"。

　　思想的"酸性智慧"，也许可以追溯到古希腊的苏格拉底那里。

　　苏格拉底被黑格尔称为"具有世界历史意义的人物"。他的宽大的额头，成为他的形象特征，也成为他的智慧象征。他的一生清心寡欲，淡泊宁静；他的思想却"离经叛道"，卓尔不群。结果，被古希腊的城邦法庭判处死刑。苏格拉底从容赴死，临刑前仍与门徒高谈阔论，试图把人们引进更为高尚的真理的境界。据说，苏格拉底咽气前的最后一句话，是叮嘱门徒代他还给欠别人的鸡钱。这几乎成了颂扬苏格拉底高尚人格的千古美谈。

　　苏格拉底的这种"爱智"，确实是一种"酸性智慧"。经过爱智的辩证与盘诘，传统观念遭受了严厉的审视和有力的批判，对人们的精神起着一种震撼的作用，启示人们以理性的而不是信仰的态度去对待传统观念，使人们获得一种洗心革面、脱胎换骨的感觉。这在当时，使古希腊人唤醒了自我感，形成了强烈的主体意识。这表明："只有当心灵转过身来，直面自己，审视自己的时候，真正的哲学才会出现。"① 因此，苏格拉底说：认识你自己。

"认识自己"，就是扫除种种"遮蔽"，就需要反思的"酸性智慧"。苏格拉底的学生柏拉图，曾是一位身材魁伟、英勇善战的战士，但却在老师的"辩证"智慧中感受到了无限的魅力。看到老师用尖锐的问题击中对手的要害，"戳穿僵死的教条和武断的设想"，他感到惬意极了。② 柏拉图成为智慧的热烈追求者。

苏格拉底的辩证法，辩来辩去，最后总是要人回答：真善美或正义勇敢德性"是什么"，也就是要求人们给概念下定义。柏拉图由此提出，既然各种各样的"美的事物"都不是"美本身"，这就是说，人不能凭借感官经验，而必须诉诸抽象思维，才能形成关于"美"的认识。于是，柏拉图提出："事物，可见不可知；理念，可知不可见。"感官感觉到的事物，对理性思维来说是"非存在"；理性思维认识到的理念，对感官经验来说是"非存在"。这样，就把世界的"存在"与"非存在"同感知事物现象的"感性"与把握事物本质的"理性"联系起来。于是，苏格拉底的"认识你自己"，就获得了真实的对象：人的感性与理性的矛盾。

人们都知道，"知识就是力量"是近代哲学开拓者之一弗兰西斯·培根的名言。但是，人们却不甚了解这句名言的真实意义。培

---

① 杜兰特：《哲学的故事》，文化艺术出版社1991年版，第12页。

② 同上，第18页。

根认为，人类的力量在于智力；发挥智力必须首先"澄清智力；而澄清智力，就要找出并阻断谬误的来源"。孔狄亚克曾作过这样的评论："没有人比培根更了解人类犯错误的原因"。培根的著名的"四假相说"，就是他以反思的"酸性智慧"，对"人类犯错误的原因"的揭示，对人类智力的"澄清"。

所谓"四假相"，就是种族假相、洞穴假相、市场假相和剧场假相。在培根看来，正是这"四假相"，构成了人类犯错误的根源。那么，我们就来思考这"四假相"。

人类作为一个种族，总是具有"人类中心主义"，认为"人是万物的尺度"。培根则提出，"人的所有知觉，包括感官的和理智的知觉，所涉及的只是人，而不是宇宙。人的头脑类似于那些表现凹凸不平的镜子，它们把自己的特性赋予了不同的对象"，"使它们扭曲、变形"；"人类理解力由于其特殊的本质，很容易夸大事物实际上的秩序及规律的程度"；"任何一个命题一旦被提出（无论是由于得到普遍承认和信仰还是由于它能令人愉快），人类的理解力便会强迫每一件其他的事为之添加新的支持和旁证；即使有非常令人信服的大量例证表明事实正好相反，但人们对这些实例要么视而不见，要么嗤之以鼻，要么用个别的差异来排斥和拒绝它们。人们总是怀着强烈的有害偏见，不肯放弃先入为主的成见"。这就是所谓"种族假相"。

"洞穴假相"则是指因人而异的错误。培根说，"每个人都有自己的洞或穴，它会使自然的光线产生折射并改变颜色"。这个"洞穴"，就是由天性加上教养以及个人的身心状态所形成的性格。例如，有的人长于分析，因而到处看到差异；有的人善于综合，因而随时看到相似；有些人的情趣表现出对古董的无限的倾慕，有些人则急不可待地拥抱新奇。正是人人皆有自己的"洞穴"，便难以逾越个人的成见。

"市场假相"，是指由语言及其表达所造成的错误。这种错误来自"人与人之间的交往和联系"，所以称作"市场假相"。人们用语言交谈，"而词语的含义是根据一群人的理解强加在个人头脑之中的，不好的和不恰当的词语会对人的思想产生奇怪的阻碍"。

"剧场假相"，是培根用来特别地批判先前的哲学的。他说："所有的得到公认的哲学体系，都只不过是一些舞台上的戏剧，代表了哲学家们以虚构和戏剧手法创造出来的各种世界。""在哲学剧场上演的剧目中，你所观察到的事物与在诗人剧场中所能看到的完全相同——舞台上表现出来的故事比现实更缜密、精美，它们更符合我们的愿望，而不是历史的事实。"因此，培根把那些"从哲学家们的各种教导和错误的演示规则中移入人们头脑的"假相称作"剧场假相"。这既体现了培根对以往的哲学特别是中世纪经院哲学的批判，又表达了培根对冲破精神世界的局限、创建新的哲学的渴望。正是为了寻求符合近代实验科学要求的新的推理方式和新的理解工具，培根系统地形成和提出了归纳方法。

在今天看来，培根关于"四假相"的阐释，也许大有可以商榷之处。但是，"四假相说"所表现的"酸性智慧"，却具有思想自我批判和自我超越的永恒价值。"一个人如果从肯定开始，就会走向怀疑；但如果他从怀疑出发，就将以肯定为归宿"。这大概就是不破不立的道理。

消解"超历史的非神圣形象"

反思的"酸性智慧",是"洗涤"思想和文化"尘垢"的智慧,因而也就是"澄明"思想和文化的智慧,创造思想和文化的智慧。

人类的"历史",如果可以用最简洁的命题来予以概括,那就是马克思所说的"追求自己的目的的人的活动过程"。这个过程,是把"人属的世界"变成"属人的世界"的过程,是把"自在的存在"变成"为我的存在"的过程。这就是世界的"人化"过程。

"人化",就是以人的智力、情感、意志、目的及其实践活动来"化"世界,把世界"化"成人所希望和要求的样子。这就是人所创造的文明化了的世界,即"文化"的世界。

文化是由前人创造和传递的一个整体。它作为"传统"或"模式",规范着后人的认识活动和实践活动。这样,在文化传统与个人活动之间,就构成了一种既要求稳定性又要求变化性的微妙关系:如果无视传统和排斥传统,个人活动就会失去必需的支撑条件,导致群体的或社会的分裂与崩溃;如果以僵化的态度对待传统,用过度一体化的文化模式去限制个人活动,个人的创造活动就会被淹没。

在人类的历史上,任何文化传统或文化模式,本来都是(并且只能是)历史性的存在;但是,所有的文化传统或文化模式,却总是(毫无例外地是)以"超历史"的面目而存在于历史性的传递之中,由此便构成了"超历史"的"神圣形象"或"非神圣形象"对人的限制与控制,甚至造成马克思所说的人的"异化"状态。人类思想的反思维度即"酸性智慧",则是从思想上消解这种"异化"状态的"解毒剂"。

人类的智力活动——以概念的方式把握世界的活动，通过抽象概括以形成关于世界的知识的活动，是一种追求普遍性的活动。苏格拉底曾经说过，"单一的东西是概念表达的主题"。全部的科学活动，从根本上说，就是寻求一般以说明个别、寻求本质以解释现象、寻求必然以理解偶然、寻求统一以把握杂多、寻求规律以预测未来的人类活动。

毫无疑问，这种抽象化和普遍化的智力活动，对于人类的生存与发展是非常重要的。然而，在这种抽象化和普遍化的智力活动中，却隐含着一种极大的危险性。这就是：把抽象的"普遍性"当作真实的存在，而把现实的"个体性"视为虚幻的存在；把抽象的"观念"当作目的与意义，而把现实的"个人"视为实现这些观念的载体与手段。这就是"观念"对"个人"的统治，或者说"个人"在"观念"中的"异化"。

"个人"在"观念"中的"异化"，主要有两种情况：一是在所谓"神圣形象"中的异化，一是在所谓"非神圣形象"中的异化。对于这种异化状况及其克服，马克思在《〈黑格尔法哲学批判〉导言》中，都作了精辟、精彩的阐述。

所谓"神圣形象"，就是披着神圣的外衣，打着神圣的油彩的形象，这就是宗教中的"上帝"形象。对于这种"神圣形象"，马克思说，"人创造了宗教，而不是宗教创造了人"。对此，马克思进一步解释说，"宗教是那些还没有获得自我或是再度丧失了自我的人的自我意识和自我感觉"。[①] 这就是说：人给自己创造了宗教，并

---

① 马克思、恩格斯:《马克思恩格斯选集》第1卷，人民出版社1972年版，第1页。

给"上帝"披上了无所不知的神圣的外衣，又给"上帝"打上了无所不能的神圣的油彩，从而把"上帝"制造成洞察一切、裁判一切的神圣形象；人创造这种神圣形象，是因为人还没有"获得自我"，或是"再度丧失了自我"，即人还没有形成主体的自我意识，却把人自己的本质"对象化"给了"上帝"。

这是多么精辟而又精彩的对"神圣形象"的揭示！在现实生活中，人们不是经常会有这种"自我意识和自我感觉"吗？当我们感到命运之舟不是掌握在自己的手中，而是被某种异在力量控制的时候，不是很容易产生某种"宗教情绪"吗？马克思说："宗教是这个世界的总的理论，是它的包罗万象的纲领，它的通俗逻辑，它的唯灵论的荣誉问题，它的热情，它的道德上的核准，它的庄严补充，它借以安慰和辩护的普遍根据。"[①] 宗教之所以能够傲然端坐在如此神圣的位置上，是因为"宗教把人的本质变成了幻想的现实性，因为人的本质没有真实的现实性"。幻想的现实性，根源于真实的非现实性；上帝的神圣性，根源于人的非主体性。因此，马克思由对宗教的批判而引申出对现实的批判——"反宗教的斗争间接地就是反对以宗教为精神慰藉的那个世界的斗争"。

人们常常孤零零地抽取"宗教是人民的鸦片"这句话来说明宗教的本质和马克思的宗教观，因而难以深切地理解马克思的思想，从而难以深切地理解宗教的根源与本质，更难以深切地理解批判宗教的根据与意义。由于马克思本人的论述是我们的解释所无法替代的，特把马克思的论述照录如下：

---

① 马克思、恩格斯：《马克思恩格斯选集》第1卷，人民出版社1972年版，第1页。

宗教里的苦难既是现实的苦难的表现，又是对这种现实的苦难的抗议。宗教是被压迫生灵的叹息，是无情世界的感情，正像它是没有精神的制度的精神一样。宗教是人民的鸦片。

废除作为人民幻想的幸福的宗教，也就是要求实现人民的现实的幸福。要求抛弃关于自己处境的幻想，也就是要求抛弃那需要幻想的处境。因此对宗教的批判就是对苦难世界——宗教是它的灵光圈——的批判的胚胎。

宗教批判摘去了装饰在锁链上的那些虚幻的花朵。但并不是要人依旧戴上这些没有任何乐趣任何慰藉的锁链，而是要人扔掉它们，伸手摘取真实的花朵。宗教批判使人摆脱了幻想，使人能够作为摆脱了幻想、具有理性的人来思想，来行动，来建立自己的现实性；使他能够围绕着自身和自己现实的太阳旋转。宗教只是幻想的太阳，当人还没有开始围绕自身旋转以前，它总围绕着人而旋转。①

这段优美精彩的文字，包含着马克思对人民的深情，蕴含着深沉的哲理。确实，宗教之所以能够存在，是因为它是"被压迫生灵的叹息"、"无情世界的感情"；批判"装饰在锁链上的那些虚幻的花朵"，决不是为了带上"没有任何乐趣任何慰藉的锁链"；抛弃"幻想的幸福"，是要求"现实的幸福"；抛弃"关于自己处境的幻想"，是要求抛弃"需要幻想的处境"。因此，马克思提出：

---

① 马克思、恩格斯：《马克思恩格斯选集》第1卷，人民出版社1972年版，第2页。

谬误在天国的申辩一经驳倒，它在人间的存在就陷入了窘境。一个人，如果想在天国的幻想的现实性寻找一种超人的存在物，而他找到的却只是自己本身的反映，他就再也不想在他正在寻找和应当寻找自己的真正现实性的地方，只去寻找自身的假象，寻找非人了。

……

因此，彼岸世界的真理消逝以后，历史的任务就是确立此岸世界的真理。人的自我异化的神圣形象被戳穿以后，揭露非神圣形象中的自我异化，就成了为历史服务的哲学的迫切任务。于是对天国的批判就变成对尘世的批判，对宗教的批判就变成对法的批判，对神学的批判就变成对政治的批判。①

熟悉马克思的思想历程的人都知道，马克思在批判宗教——"人的自我异化的神圣形象"——的基础上，系统地批判了资本主义的"尘世"、"法"和"政治"——人在"非神圣形象中的自我异化"。而为了对资本主义进行"武器的批判"，马克思又系统地展开了对德国古典哲学、英国古典政治经济学和英法空想社会主义学说的批判，从而锻造了"批判的武器"——关于人类解放的学说。

一个半世纪过去了，人类社会取得了长足的进步，人类文明取得了辉煌的成果，世界迅速地"人化"或"文化"了。然而，消解人在"非神圣形象"中的"自我异化"，却是一个艰难曲折的漫长

———————————

① 马克思、恩格斯：《马克思恩格斯选集》第1卷，人民出版社1972年版，第1—2页。

过程。

当代西方马克思主义的代表人物马尔库塞，写过一部批判当代的"非神圣形象"的名著。这部书的名字就很有意思，很耐人寻味——《单向度的人》。

马尔库塞的这部著作，是对当代发达工业社会的批判。他认为，当代发达工业社会是一种新型的极权主义社会，生活于这个社会之中的人已经失去想象与现实生活不同的另一种生活的能力，因而是丧失了否定、批判和超越能力的"单向度的人"。

在马尔库塞看来，这种所谓"单向度的人"，首先是现代发达工业社会使人的生活方式同化起来的结果。"工人和老板享受同样的电视节目，漫游同样的风景胜地，打字员同她雇主的女儿打扮得一样漂亮，连黑人也有了高级轿车"。这就使得流行的生活方式成为没有选择的生活方式，并使得人们不再想象另一种生活方式。

同样，在文化领域，由于文化的商品化、商业化、工业化和市场化，"文化中心变成了商业中心"。以电视为主要传媒的大众消费文化、消遣文化、娱乐文化同化了以理想性为旨趣的高层文化；以广告形象为主要标志的泛审美形象取代了以超越性为特征的"诗意的审美形象"。表达理想性和超越性的高层文化被大众消费文化所淹没，从而失去文化的反思的维度。

在思想领域，实证主义和科学主义，把思想简化为操作的程序和共同的符号，把语言清洗为逻辑化的、精确化的、单一性的人工语言，从而把多向度的思想变成单向度的思想模式，把多向度的语言变成单向度的话语方式。由于人们的话语方式也就是他们的思维方式和行为方式，单向度的语言也就构成了单向度的思想和单向度的行为，人也就成了单向度的人。

马尔库塞曾引证行为主义者布里奇曼关于"长度"概念的分析，来说明操作主义的本质及其对社会的广泛影响。我们不妨也把布里奇曼的论述照录如下：

> 如果我们能够说明任一物体的长度，那么，我们显然知道我们所谓的长度是什么意思，对物理学家而言，没有必要作更多的解释。要确定一个东西的长度，我们必须进行某种物理操作。当测量长度的操作完成后，长度的概念也就确定了，就是说，长度的概念正好意味着也仅仅意味着确定长度的一整套操作。总之，我们所说的任何概念其意思就是一整套操作；概念等同于一套相应的操作。
>
> ......
>
> 采用操作主义观点的意义远不止于对"概念"意义的理解，而是意味着我们整个思想习惯的深刻变化，意味着我们不再容许在思想概念里把我们不能用操作来充分说明的东西当作工具来使用。[1]

这种操作主义的、行为主义的、工具主义的思维方式，拒斥理性的超越性、思想的否定性和语言的多样性，把语言、思想和文化

---

[1] 转引自马尔库塞：《单向度的人——发达工业社会意识形态研究》，上海译文出版社1989年版，第13页。

清洗为单一的向度；而这种"单一的向度"——工具主义的思维方式——却成为统治人的思想的"非神圣形象"，人则在这种"非神圣形象"中变成了失去思想的否定性、批判性和超越性的"单向度的人"。

在当代西方发达工业社会，面对种种"非神圣形象"，出现了一种所谓"后现代主义"思潮。这种思潮已经在我国产生了广泛的影响。分析一下这种思潮，也许会有助于我们对批判当代的"非神圣形象"的理解。

人们常常把西方近代以来的文化称作"后神学文化"，即神学占有统治地位之后的文化。它的基本的时代内涵，是消解人在超历史的"神圣形象"中的自我异化，也就是把异化给神的人的本质归还给人自己。这就是所谓"人的发现"。但是，人们逐渐发现，消解了人在"神圣形象"中的自我异化，却又用对"非神圣形象"（理性、哲学、科学等）的崇拜，去代替了对"神圣形象"（如上帝）的崇拜，因而仍然是以种种"超历史的存在"来规范人的思想和行为。所谓"后现代主义"，从根本上说，就是试图消解这些超历史的"非神圣形象"，从而在观念上挺立个人的独立性和文化的多样性，在思想上确立批判的、反思的维度。

后现代主义思潮有三个最重要的代表人物，即美国人罗蒂、法国人福柯和德里达。他们主要是在哲学的层面反对所谓表象主义、基础主义、本质主义、结构主义和中心主义等。其中，最有代表性的是德里达的以"边缘"颠覆"中心"，福柯的以"断层"取消"根源"，罗蒂的以"多元"代替"基础"。这里，我们以罗蒂的反表象主义和反基础主义为例，来简略地透视这种后现代主义思潮。

　　罗蒂有两本书在我国知识界产生了重要影响。一本题为《哲学和自然之镜》，另一本题为《后哲学文化》。在前一本书中，罗蒂提出："哲学家们常常把他们的学科看成是讨论某些经久不变的永恒性问题的领域——这些问题是人们一思索就会涌现出来的。其中，有些问题关乎人类存在物和其他存在物之间的区别，并被综括为那些考虑心与身关系的问题。另一些问题则关乎认知要求的合法性，并被综括为有关知识'基础'的问题。去发现这些基础，就是去发现有关心的什么东西，反之亦然。因此，作为一门学科的哲学，把自己看成是对由科学、道德、艺术或宗教所提出的知识主张加以认可或揭穿的企图。它企图根据它对知识和心灵的性质的特殊理解来完成这一工作。哲学相对于文化的其他领域而言能够是基本性的，因为文化就是各种知识主张的总和，而哲学则为这些主张进行辩护。"①

　　在罗蒂看来，把哲学当作全部知识主张的"基础"，并用这个"基础"去认可或揭穿、证明或反驳其他的知识主张，这就是统治人类思想几千年的"基础主义"。那么，消解这种"非神圣形象"的"基础主义"，罗蒂认为人类文化的合理形态应当是什么样子呢？

　　在《后哲学文化》这本书中，罗蒂提出，"'后哲学'指的是克服人们以为人生最重要的东西就是建立与某种非人类的东西（某种像上帝，或柏拉图的善的形式，或黑格尔的绝对精神，或实证主义

---

① 罗蒂：《哲学和自然之镜》，三联书店1987年版，第1页。

的物理实在本身，或康德的道德律这样的东西）联系的信念"。[①] 这就是说，罗蒂所认可的"后哲学文化"，从根本上说，就是"克服"把人生的意义同超人的东西联系起来的信念，也就是消解"哲学"为人生提供"基础"的信念。

正是以"反基础主义"为出发点，罗蒂进一步描述了他的"后哲学文化"。他说："在这个文化中，无论是牧师，还是物理学家，或是诗人，还是政党都不会被认为比别人更'理性'、更'科学'、更'深刻'。没有哪个文化的特定部分可以挑出来，作为样板来说明（或特别不能作为样板来说明）文化的其他部分所期望的条件。认为在（例如）好的牧师或好的物理学家遵循的现行的学科内的标准以外，还有他们也同样遵循的其他的、跨学科、超文化和非历史的标准，那是完全没有意义的。在这样一个文化中，仍然有英雄崇拜，但这不是对因与不朽者接近而与其他人相区别的、作为神祇之子的英雄的崇拜。这只是对那些非常善于做各种不同的事情的、特别出众的男女的羡慕。这样的人不是那些知道一个（大写的）奥秘的人、已经达到了（大写的）真理的人，而不过是善于成为人的人。"[②] 在罗蒂的这番论述中我们可以看到，理性、科学、哲学乃至真理和英雄的"神圣性"，都被罗蒂彻底地"消解"了。

消解掉一切神圣性的"后哲学文化"，人将是怎样的存在呢？罗蒂说："在一个后哲学文化中，人们感到自己是孤独的，有限的，与某种超越的东西失去了任何联系的。""除了我们自己放在那里的

---

① 罗蒂：《后哲学文化》，上海译文出版社1992年版，第11页。

② 同上，第15页。

东西以外，在我们内部没有更深刻的东西；除了我们在建立一个规矩过程中建立的标准以外，没有任何别的标准；除了祈求这样的标准的合理性准则以外，没有任何其他准则；除了服从我们自己约定的证明以外，没有任何严格证明。"①

通过分析罗蒂的"反基础主义"及其所倡言的"后哲学文化"，也许我们可以对所谓的"后现代主义思潮"作出自己的评论。这就是：它的"消解非神圣形象"的意义是明显的，这就是它力图在当代西方发达工业社会中，在观念上挺立个人的独立性和文化的多样性；它的"消解"的困境也是明显的，这就是它蔑视和侮辱了人类存在的崇高感，否定和拒斥了人类追求的根据、标准和尺度，从而陷入了相对主义和虚无主义的幽谷。

巴斯卡曾经警告人们，必须反对"两个极端：排斥理性或只承认理性的地位"。在现代社会生活中，我们确实应当超越"两极对立"的思维方式，特别是防止思想从一个极端走向另一个极端。生活告诉我们：绝对主义与相对主义、理性主义与非理性主义、盲目崇拜与信仰缺失，往往像是一枚铜钱的两面，从一面翻到另一面，又从另一面翻到这一面。真正的批判意识，不是随意的批判和徒然的否定，而是以"通晓思维的历史和成就"的理论思维去反思思想的前提，并为历史的进步构建新的基础。以这样的思维方式去看待所谓的"后现代主义"，也许我们就可以展开对它的前提批判。

---

① 罗蒂：《后哲学文化》，上海译文出版社1992年版，第21页。

创造的源泉：主体意识

> 人的根本就是人本身。
>
> ——马克思

主体的自我意识

现代人的求真意识、理论意识、创新意识和批判意识，表现了现代人的强烈的主体自我意识。一个没有或丧失了主体自我意识的人，怎么会有执着的求真意识、浓厚的理论兴趣、坚韧的创新意识和顽强的批判精神呢？

在世界文学史上，鲁迅笔下的阿Q，是一个最具典型意义的文学形象。阿Q的典型意义，就在于他丧失了人之为人的主体自我意识。

阿Q喝了"两碗黄酒"之后，曾"手舞足蹈"地说他"和赵太爷原来是本家"，似乎无比的荣耀。而当赵太爷"满脸溅朱"地喝问："我怎么会有你这样的本家？你姓赵么？"阿Q却捂着挨了一记耳光的脸颊，"没有抗辩他确凿姓赵"，唯唯诺诺地退出了赵府，因而"终于不知道阿Q究竟姓什么"。

阿Q因头上的癞疮疤而讳说"癞"以及一切近于"赖"的音，并采用"怒目主义"的方式去回击人们的嘲弄，却还是"被人揪住黄辫子，在壁上碰了四五个响头"，阿Q则由于在心里想"我总算被儿子打了"，于是便"心满意足地得胜地走了"。

阿Q要与吴妈"困觉"，吴妈不从，事后又在赵府中大哭大闹，寻死觅活，阿Q却浑然无事地赶来瞧热闹，直到赵太爷"手里捏着一支大竹杠"朝他打来，才"猛然间悟到"自己"和这一场热闹似乎有点相关"。

阿Q"革命"不成，被稀里糊涂地判了死刑，却似乎既无生的渴望，也无死的恐惧，只是"使尽了平生的力"在死刑书上"画圆圈"，"生怕被人笑话，立志要画得圆"，结果偏又"画成瓜子模样"，而阿Q又以"孙子才画得很圆的圆圈呢"而感到"释然"了。

这就是鲁迅笔下的阿Q。

然而，这只是《阿Q正传》中的阿Q吗？

如果大家都狂热得失去了理性，却好像我们哪一个也没有丧失理性；如果大家都百无聊赖地混日子，却似乎我们个个都活得很滋润；如果大家都争先恐后地"下海"、"经商"，却仿佛"下海"的每个人都作出了最佳选择；如果大家都讳言理想、道德、崇高，却好像谁都"躲避"得轻松且自然……

这就是主体自我意识的失落。这就是造成主体自我意识失落的"集体无意识"。这种"集体无意识"与人的现代教养是格格不入的。

人之为人，不仅在于人是认识和改造世界的主体，而且在于人具有"人是主体"的自我意识。马克思说："凡是有某种关系存在的地方，这种关系都是为我而存在的；动物不对什么东西发生'关系'，而且根本没有'关系'；对于动物说来，它对他物的关系不是作为关系存在的。"①人作为"我"而存在，并且具有"我"的自我意识，才会形成无限丰富的"关系"——人与自然的关系、人与社会的关系、人与历史的关系、人与文化的关系、人与他人的关系、人与自我的关系等。正是在这种无限丰富的"关系"和"对象性活动"之中，人才成为"主体"。

　　主体的自我意识，是自觉到"我"是主体的意识，是确认和肯定"我"的主体地位的意识。它包括人的自立意识、自重意识、自信意识、自爱意识和自尊意识。正是这种主体的自我意识，才使人获得了人的力量、人的品格、人的尊严和人的发展。

　　主体的自我意识，是自觉到自己的处境、焦虑、理想和选择的意识，是反思和超越现实的意识。人是现实的存在，但人又总是不满意和不满足于自己的现实，而要把现实变为更加理想的现实。主体的自我意识是意识的理想维度。希望、向往、憧憬和期待，激发出人的幻想、联想、想象和创造，使人挣脱迷茫、焦虑、怅惘和烦躁，以人的"对象性活动"去创造理想的现实。

　　主体的自我意识，是个体自觉到"我"的存在与价值的意识，是确认和肯定"我"的自主性、自为性和自律性的独立意识。"我"是自己的思想与行为的主体，"我"的思想与行为塑造自己的人生，

---

① 马克思、恩格斯：《马克思恩格斯选集》第1卷，人民出版社1972年版，第35页。

"我"为自己的思想与行为承担责任，"我"要求和规范自己作为"大写的人"（高尔基语）而生活。

主体的自我意识，主要包括自我感受、自我观察、自我体验、自我分析、自我评价、自我塑造、自我超越和自我反省等活动形式。

自我感觉就是感觉到自我的存在。诗人海涅曾经饱含激情地写道："一个人的命运难道不像一代人的命运一样珍贵吗？要知道，每一个人都是一个与他同生共死的完整世界，每一座墓碑下都有一部这个世界的历史。"一个人，只有首先感觉到自我的存在，才会去探寻和追求自我存在的意义与价值。阿Q当然也有"一个与他同生共死的完整世界"，然而，那却是一个丧失了自我感觉的世界，没有感觉到自我存在的世界，失落了生活的意义与价值的世界。对于阿Q们的存在，鲁迅先生曾有句名言："哀其不幸，怒其不争。"这"不幸"，是连自我感觉都不复存在的大不幸；这"不争"，是连获得自我感觉的主体意识都不复存在的大不争。近代以来的所谓"人的发现"，首先便是人的自我感觉的发现；现代人的教养，首先便是自我感觉的主体意识的增强。

自我感觉需要自我观察和自我体验。观察和体验自己的言语、思想和行为，观察和体验自己的喜悦、愤怒和悲哀，观察和体验自己的好恶、选择和追求，会使我们更强烈地感觉到自我的存在。人与动物的区别，不仅在于有生的追求，而且在于有死的自觉。面对自觉到的而又无可逃避的死亡，人会强烈地体验到自我存在的感觉。死者无法复生，便也不能谈死；生者并无死的体验，谈死无异于说梦。然而，活着的人又无不编织对死的想象。

儿童想象的死亡，是黑夜里的幽灵，恐怖而又新奇，虚幻但也真实；青年想象的死亡，是晴空中的霹雳，毁灭了未来和期望，留下了愤怒和悔恨；老人想象的死亡，是大海里的暗礁，终结了沉重而又漫长的航行，留下了汹涌的波涛或浅淡的波痕。活得无聊的人会想到死，活得沉重的人会想到死，活得痛苦的人会想到死，活得滋润的人也会想到死。由无聊而想到死，死便是那无聊的生的延长，因而愈加麻木了对生的挚爱；由沉重而想到死，死便是那沉重的生的升华，因而愈加迸发了生的光彩；由痛苦而想到死，死便是那痛苦的生的慰藉，因而愈加冲淡了生的颜色；由滋润而想到死，死便是那滋润的生的终结，因而愈加强化了生的渴求。人生匆匆，有始有终；死为生之始，亦为生之终。自觉到死亡这个无可逃避的归宿，便是对人生之旅有限的自觉，因而也就成为对生的意义与价值的追问与追求，强化了自我存在的感觉与体验。培根说："复仇之心胜过死亡，爱恋之心蔑视死亡，荣誉之心希冀死亡，忧伤之心奔赴死亡，恐怖之心凝神于死亡。"体验自我对是非、荣辱、祸福、进退、成败、生死的感受，会强化自我存在的感觉。

自我分析、自我评价和自我反省，会使人发现真实的自我，并进而去塑造理想的自我。蒙田在他的《随笔集》中说："我这本书的内容就是我自己……但是我希望读者看到的是我平凡、普通和自然的样子，无拘无束，不装模作样，因为我勾画的不是某个别人，而是我自己。""我一面给别人画我的肖像，一面在我的想象中画我的肖像，而且用色比原先更准确。如果说我创造了这本书，那么也可以说这本书创造了我。"

如果说蒙田力图展现自己的平凡性，卢梭在其《忏悔录》中则毫无掩饰地表现他的独特性。卢梭说："我要做的事前无古人，后无来者。我想让我的同胞看到一个人的整个真实本性，这个人就是我。我独一无二。我知己知人。我天生与众不同；我敢说我不像世界上的任何人。如果我不比别人好，那么我至少跟别人两样。大自然铸造了我，然后把模型打碎了，她这样做究竟是好是坏，只有读完我的忏悔录才能够判断。"而在《真话集》中，巴金则专门描述了他的自我解剖："解剖自己的习惯是我多次接受批斗的收获。了解了自己就容易了解别人。要求别人不应当比要求自己更严。听着打着红旗传下来的'一句顶一万句'的'最高指示'，谁能保持清醒的头脑？谁又能经得起考验？做一位事后诸葛亮已经迟了。但幸运的是我找回了失去多年的'独立思考'。有了它我不会再走过去走的老路，也不会再忍受那些年忍受过的一切。十年的噩梦醒了，它带走了说不尽、数不清的个人恩怨，它告诉我们过去的事绝不能再来。"① 无论是蒙田的朴实无华的自我展现，卢梭的毫无掩饰的自我表露，还是巴金的饱含血泪的自我解剖，都挺立着作者的强烈的主体自我意识，也向我们昭示着如何去寻求自我的感觉和确立自我的意识。

自我塑造和自我超越是自我感觉的升华和自我意识的实现。有的西方学者曾这样谈论现代化的问题：从传统社会到现代社会的转变过程，就是人的行为模式由指定性行为转变为选择性行为的过程，也就是人的行为模式由世代相袭的行为规范为指导转变为以理

---

① 巴金：《真话集》，人民文学出版社1994年版，第121页。

性的思考为基础的过程。不管究竟应当怎样评价这种观点，但由于现代化进程中的科学技术的迅猛发展，生活方式的急剧转变，思想观念的不断更新，总是要求人们必须以强烈的主体意识去塑造自己和超越自己。在建立社会主义市场经济的过程中，每个人都会越来越强烈地感受到，必须树立个人的能力本位观念、自主自立观念、平等竞争观念、开拓进取观念，以代替权本位观念、依附观念、特权观念、等级观念和保守观念。塑造自我，就是塑造适应现代社会的才智能力、价值观念、道德人格、思维方式和精神状态；超越自我，则是自我塑造的不断升华，使自我获得更加强烈的主体自我意识，并把自己塑造成为更加理想化的存在。

自我的独立与依存

关于"我"，辩证法大师黑格尔有一段颇为精彩的论述。他说："因为每一个其他的人也仍然是一个我，当我自己称自己为'我'时，虽然我无疑地是指这个个别的我自己，但同时我也说出了一个完全普遍的东西。"[①]

黑格尔的论述提示我们："我"是个别与普遍的对立统一。从个别性看，"我"是作为独立的个体而存在，"我"就是我自己；从普遍性看，"我"又是作为人类的类分子而存在，"我"又是我们。作为个体性存在的"我"是"小我"，作为我们存在的"我"则是"大我"。"小我"与"大我"是"我"的两种存在方式。

---

① 黑格尔：《小逻辑》，商务印书馆1980年版，第81页。

"大我"具有明显的层次性，诸如家庭、集体、阶层、阶级、民族、国家和人类，因此又构成多层次的"小我"与"大我"的复杂关系。正是这种多层次的复杂关系，构成了人的无限丰富的社会性内涵。也许正因如此，马克思说"人的本质并不是单个人所固有的抽象物。在其现实性上，它是一切社会关系的总和"。[①]

然而，由于"我"既是"小我"又是"大我"，却带来了"小我"与"大我"的个体性与普遍性、独立性与依存性的矛盾，以及由此所引发的价值规范问题、社会制度问题、伦理道德问题、政治理想问题、社会进步问题、自我发展问题、人类未来问题等。而在现代社会中，由于个人的自主性与社会的模式化的同步增加，愈来愈尖锐地凸显了人的独立性与依存性的矛盾。

在两极对立的思维方式中，或者以"大我"去淹没"小我"，把"小我"变成依附性的存在，从而扼杀了"小我"的独立性；或者以"小我"凌驾于"大我"，把"大我"变成虚设性的存在，从而取消了"小我"的依存性。然而，没有以独立性为前提的依存性，只能是扼杀生机与创造的依附；没有以依存性为基础的独立性，只能是陷入混乱与无序的存在。因此，我们必须改变两极对立的思维方式，以辩证法的思维方式去看待现代社会生活中的人的独立性与依存性的矛盾，真实地挺立主体的自我意识。

在论述人类历史的时候，马克思说："任何人类历史的第一个前提无疑是有生命的个人的存在"。[②]没有作为个体生命的人的存

---

① 马克思、恩格斯：《马克思恩格斯选集》第1卷，人民出版社1972年版，第18页。

② 同上，第24页。

在，当然不会有人类的历史。但是，个体生命的存在，并不是人的独立性。"自然界起初是作为一种完全异己的、有无限威力的和不可制服的力量与人们对立的；人们同它的关系完全像动物同它的关系一样，人们就像牲畜一样服从它的权力……"①在这种历史过程中，主体不是任何单个的个人，而只能是由一定数量的个体所构成的"群体"。个体之间只具有相互的"依存性"而不具有个人的"独立性"，这是一种个体单纯地依赖于群体的"人的依附性"。

个体对群体的依赖，实质上是人对自然的依赖。在以自然经济为基础的封建社会中，由于生产力水平的低下，人们对自然（首先是土地）的依赖，仍然决定了个人对以血缘关系和地缘关系为纽带的群体的依赖和依附。个人的独立性和个人的主体意识，不具有现实的基础。

以工业生产、科技进步、商品交换、自由贸易为主要内容的市场经济，则摧毁了以等级从属关系为主要形式的人身依附关系，形成了马克思所说的"以物的依赖性为基础的人的独立性"，并不断地培植起个人的主体自我意识。"自我选择"、"自我表达"、"自我塑造"、"自我真实"、"自我实现"等，不仅是现代社会的时髦口号，也不仅是现代个体的普遍认同，而且也成为现代文明的基本标志。

由此观照人的现代化和人的现代教养，我们首先必须承认，培植人的独立性和确立人的主体自我意识，是我们的当务之急和长远大计。

中国传统对人的定义是"仁者，人也"。"二人"方为人，人必

---

① 马克思、恩格斯：《马克思恩格斯选集》第1卷，人民出版社1972年版，第35页。

在诸如君臣、父子、夫妻、兄弟、姐妹、朋友、邻里乃至尊卑、上下、左右、前后的"对应关系"中才成其为人。个人的自我意识，就是"关系"的自我意识，"角色"的自我意识，"地位"的自我意识，"责任"的自我意识，而独独排斥"自我"的自我意识。所以梁漱溟先生说中国人是"依存者"。

这种依存性首先是表现为缺乏自主性。俗话所谓"在家靠父母，在外靠朋友"，这个"靠"字活脱脱地表达了自主性的匮乏与缺失。个人的升学、就业、婚恋似乎都不是由个人自主决定的事情，而必须"靠"别人的"参谋"、"指点"、"帮助"和"决定"。行为的主体变成了行为的客体，主体的自我意识变成了群体的依存意识。这不能不弱化主体的自我判断、自我选择和自我决策的能力，因而也不能不阻碍主体的主动性、积极性和创造性。

这种依存性又表现在缺乏自为性。个人行为的选择与成败，首先考虑的并不是个人的需要与情感、个人的现在与未来，而是群体的要求与期待、群体的现在与未来。个人失败了，便是辱没父母，愧对师长，"无颜以见江东父老"；个人成功了，则是光宗耀祖，衣锦还乡。于是乎，"一荣俱荣，一损俱损"，甚至"一人得道，鸡犬升天"。于是乎，攀龙附凤的裙带关系，拉帮结伙的帮派关系，"剪不断，理还乱"。指鹿为马者颐指气使，溜须拍马者平步青云，单枪匹马者无路可行。这就是人的"依附性"所造成的自为性的缺失。

这种依存性又表现为缺乏自律性。个人的成就与荣誉，个人的失败与耻辱，均依赖于他人的评价。成功的体验或成就感，只能是来自父母、师长、领导、权威的肯定和赞赏。个人的行为似乎是做给各种不同的监督者（奖励者和惩罚者）看的，而不是达到某种自我需要的满足或自我实现的境地。人们的行为成为他律的产物，而不是自律的结果。在人们的自我意识中，按照他人的意志办事既是最安全的，也是最有希望的，反之则是既危险又无希望的。这不仅造成了因循守旧，人云亦云，按长官意志办事，"唯上唯书"的普遍心理，以至于出现所谓"说你行你就行，不行也行；说你不行就不行，行也不行"的民谣；而且造成行为主体的责任感、过失感、羞耻感和恐惧感的弱化，自我监督的缺失。既然是按他人意志办事，任何事情都是"集体决定"，出现问题当然也就由"他人"或"集体"负责。这真像有人所说的那样：没有任何东西能像完全没有自己的意见那样有助于内心的平静。

其实，这种缺乏自主性、自为性和自律性的"从众主义"，并不是真正的"集体主义"，而恰恰是一种消极形态的"个人主义"。从众主义者和个人主义者，都是把"集体"看作某种外部的、异己的力量。二者的区别是在于，个人主义者是以某种公开的、显著的甚至是极端的形式去损害集体利益而获得个人利益，而从众主义者则是以某些隐蔽的、曲折的甚至是屈从的形式去获得个人的利益。正因如此，我们说失落主体自我意识的从众主义是消极的、冷漠的个人主义。

这种从众主义、媚俗主义，或者说消极、冷漠的个人主义，决不是强化了集体意识、集体精神和集体力量，也决不是强化了人与人之间的相互依存和相互合作，而恰恰是消极地破坏了集体意识、集体精神和集体力量，消极地瓦解了人与人之间的相互依存和相互合作，正如俗话所说"一个和尚担水吃，两个和尚抬水吃，三个和尚没水吃"。前些年还流传一句话，说是一个中国人是一条龙，三个中国人是一条虫；一个日本人是一条虫，三个日本人是一条龙。这种"窝里斗"的劣根性，就在于个人缺乏自主、自为、自律的主体自我意识，就在于从众主义所具有的消极的、冷漠的个人主义的本质。就此而言，强化主体的自我意识，是强化主体的依存意识的前提。没有真正独立的主体，就没有真正的主体的依存。

在当代中国，强化主体的自我意识，实现主体的独立性与依存性的相互协调和同步发展，最根本的途径就是建立和健全社会主义市场经济。市场经济所实现的是"以物的依赖性为基础的人的独立性"。在市场经济中，人以物为基础而获得独立性，人的独立性又奠基于对物的依赖性。由此便造成了人的独立性与人的物化的双重效应。这就是市场经济的正、负两面效应。强调建立和健全社会主义市场经济，从根本上说，就是既充分发挥市场经济的正面效应，又有力地克服市场经济的负面效应。

首先，社会主义市场经济为确立个人的主体地位和强化个人的主体意识提供了经济前提。它把个人从对行政命令、长官意志、条块分割、人才垄断的"依附性"中解放出来，成为具有独立的主体地位的个人。

其次，社会主义市场经济否定了个人之间的等级特权关系，给每个人提供一个自由平等的竞争环境，从而使个人形成平等竞争的观念。同时，社会主义市场经济的平等竞争原则和效率效益原则，不断地强化了个人的能力本位意识，使每个人的能力得到越来越充分的发挥。

再次，社会主义市场经济不仅需要形成个人的独立性以及个人的主体自我意识，而且需要形成以个人独立性为基础的真实的、全面的人与人之间的相互依存。人的社会交往的扩大，人的选择机会的增多，人的合作领域的拓宽，人的权利义务的增强，要求人们以开放的思维方式、健全的社会性格、良好的道德品质和积极的精神状态去适应各种社会环境、对待各种社会关系、参与各种社会活动、取得各种社会认同。"小我"必须在多个层面的、多种性质的"大我"中，才能获得和实现自己的独立性。主体的独立性与依存性，在一个健康的社会主义市场经济中，能够不断地增强其相互协调与相互促进。

效率的"核能源"

现代化的基本要求和基本标志之一，是每个人都能脱口而出的"高效率"。那么，这种高效率从何而来？它的最根本的"能源"是什么？

无论是经济建设、行政管理、军事外交的高效率，还是教育科研、体育卫生、公安司法的高效率，都离不开实践主体的高效率。主体的效率意识，是效率的"核能源"、"核动力"。

《读者》杂志曾刊载一篇题为《差别》的短文。文章说的是两位同龄的年轻人同时受雇于一家店铺，阿诺德的工资一长再长，布鲁诺的工资却原地踏步。对此，布鲁诺甚为不满，终于向老板说出了自己的抱怨。老板未作任何解释，却通过指派两个年轻人去做同一件事情，而使布鲁诺哑口无言。

老板先派布鲁诺到集市上去看看有卖什么的。布鲁诺从集市上回来对老板说，今早集市上只有一个农民拉了一车土豆在卖。老板问：有多少？布鲁诺闻言匆匆赶回集市去问土豆的数量。听过布鲁诺的汇报，老板又问：价格是多少？结果，布鲁诺又第三次跑到集市去问土豆的价钱。

于是老板对布鲁诺说，现在请你坐到椅子上一句话也不要说，看看别人怎么说。阿诺德从集市上回来后，不仅汇报了土豆的数量、质量和价格，而且带回样品让老板定夺，还让卖土豆的农民在外面等回话。

这就是"差别"，效率的差别。

在汉语里，人们常常使用"举一反三"、"触类旁通"、"一语中的"、"当机立断"、"事半功倍"等成语来形容人们在认识活动和实践活动中的反应敏捷、思路开阔、善于联想、判断准确、成效显著等。这里首先就是思维效率问题。

思维效率从思维结果与思维过程的关系中，去考察和评价思维主体的思维活动。如果对思维效率给出定义式的表述，那就是：思维主体在单位时间内正确地反映思维对象，作出相应的判断和推理，用以指导实践活动的综合的思维结果。从现代的信息论的角度去界说思维效率，则又可以把它表述为：思维主体在单位时间内接收、加工、输出和反馈某种信息，消除思维对象的某种不确定性的思维结果。

时间性、准确性、深刻性和有效性，是思维效率的基本特征，也是考察和评价思维效率的基本指标。在相当长的时期里，关于思维的研究，特别是对思维的认识论研究，总是仅仅着眼于思维能力，而不是思维结果；对于思维结果，总是着眼于其性质（正确与错误，真理与谬误），而不是其效率（时效性与有效性）。这不仅造成了简单化的两极对立的思维方式（只问思维能力的高下和思维结果的对错），而且直接地阻碍了思维效率的提高。

思维的有效性，是强调必须从结果上而不是从能力上去考察和评价思维效率，它突出地显示了思维效率的实践意义；思维的时效性，是强调必须从思维结果得以形成的时间和速度上去考察和评价思维活动，它突出地显示了思维主体的效率意识；思维的准确性和深刻性，在思维效率的意义上，考察和评价的是在思维结果与思维速度的相互关系中所表现出来的量的规定性，而不是对思维能力的评价。迅速、准确、深刻、有效，构成思维效率的评价依据。

从思维效率去考察思维活动，就对思维主体及其思维活动提出了具有显著的实践的要求：思维主体必须在无限复杂的信源所发出的无限丰富的信息中，迅速、准确地选择和接收尽可能多的与问题相关的信息，提高单位时间的信息接收量；思维主体必须迅速、有效地调动各种概念系统（背景知识）和各种认识成分（诸如归纳和演绎、分析和综合、抽象和概括、联想和想象、直觉和洞见等），提高单位时间的信息加工量，形成基本判断和解决问题的相应程序；思维主体必须坚决、果断地将解决问题的程序和方式付诸实践，并敏锐地、准确地对实践结果进行信息反馈，及时、有效地进行调控，以求达到最佳的实践效果。

从思维效率去要求思维主体，能够强化主体的效率意识，促使思维主体自觉地改善自己的思维结构和提高自己的思维能力：增大思维的跨度，掌握和运用各种概念系统和各种认识成分去接收、加工信息；开掘思维的深度，抽象和概括思维对象的多方面和多层次的规定性，对这些思维规定进行创造性重组，以形成新颖的观念客体和解决问题的有效程序；加快思维的节奏，以强烈的时效观念去对待思维活动，迅速有效地实现选择和接收、加工和处理、输出和反馈信息的周期转换；提高思维的弹性，辩证地、综合地、灵活地运用各种概念系统和各种认识成分去反映和重建思维客体，并保持思维过程中的必要的张力。

自20世纪中叶以计算机的发明为标志的第一次信息革命以来，信息业的发展日益迅猛，已成为当代经济发展的重要特征。21世纪最有希望获得发展的，也将是以多媒体为代表的信息通信产业。以微电子技术、信息技术和现代通信技术相结合为特征的第二次信息革命，又是一次深远的产业革命。工业革命是用蒸汽机，后来是用电力机械代替畜力、体力劳动。而这一次信息革命，是用信息和计算机的智能并入整个社会的生产、管理、服务和生活系统，改组现有的全部社会生产构成，对社会经济、政治、文化等一切方面发生影响。[①]

在当代的信息社会中，主体的效率意识在主体的自我意识中占据越来越重要的地位，它构成了主体的生存意识、能力意识和竞争意识的基调和底色，也构成了主体的自主意识、自立意识和自为意识的催化剂。效率意识变革了主体的因循守旧的、形式主义的和教条主义的思维方式。

主体的思维效率是由其理论思维方式、文化心理结构、专业知

---

① 参见张鸣：《信息高速公路将把我们带往何方》，1994年11月2日《光明日报》。

识框架和个人意志品质等各种因素的交互作用而决定的。提高主体的思维效率，不仅需要强化主体的效率意识，而且必须在这些基本方面得到综合改善。

思维效率直接取决于主体的理论思维方式。在传统的两极对立的思维方式中，压抑了主体的自我意识，抑制了主体意识的积极性和创造性，致思取向具有显著的公式化、形式化、教条化和简单化的特点。在思维的过程中，往往把概念规定当作孤立理解的零星碎片，而不是在概念的相互理解中达到概念的自我理解。在当代各门科学相互渗透和转化，并形成立体交叉整体网络的背景下，思维主体要灵活地运用各种概念系统、认识成分和逻辑方法把握和操作思维客体，就必须建立辩证的思维方式。

主体的文化心理结构，是影响思维效率的经常的、稳定的、坚实的重要因素。文化心理结构是主体所获得的全部文化知识、全部生活阅历积淀凝聚和升华的产物，集中地表现为主体的教养程度。这种"教养"包括广博的知识、开阔的视野、敏锐的感受力和深刻的洞察力等。它在具体的思维活动中是不露声色、潜移默化地发挥作用的，但却是经常地、稳定地起作用的。例如，时下颇为时髦的"公关学"，很重视外在的言谈、举止和交往的"手段"，却忽视了"公关"主体的内在的教养，因而难以在潜意识的层次上作出迅速、准确、有效的思维判断，即思维效率是不高的。文化心理结构是主体在长期的实践和认识过程中形成的，对它的改造也是最为困难的，因此提高主体的效率意识和思维效率，一个最易被人忽视却又至关重要的问题，就是使主体形成合乎现代社会要求的文化心理结构——现代教养。

在现代教养中，人文教养具有突出的重要地位。有的学者提出，人文是"化成天下"的学问，它包括启迪人的智慧，开发人的潜能，调动人的精神，激扬人的意志，规范人的行为，以及维护人的健康，控制社会稳定，乃至发展社会经济，协调人际关系等的学问。人文精神既是人化的成果，又是化人的武器。它教人合乎历史、合乎必然、合乎方圆、合乎德性。具有深厚的人文教养，才能具有超越操作智慧的决策智慧和管理智慧；跨世纪的一流人才，特别需要作为决策智慧和管理智慧的"大智慧"。①

同主体的理论思维方式和文化心理结构相比，主体的专业知识结构对思维效率的影响是显而易见的。

主体的思维过程，并不是以"白板"式的头脑去反映对象，而是以已有的知识，特别直接地是以具体的专业知识去把握对象。离开具体的专业知识，不仅无法加工和处理特定的信息，甚至无法接收和选择特定的信息。例如，不懂医学的人看 X 光透视片，所能见到的只是黑白相间、模糊不清的底片，而医生却会发现是否有病理变化，迅速准确地作出思维判断。专业知识对思维效率的影响，具体地表现在思维主体能否运用相关的概念系统去把握客体，在何种广度和深度上把握住客体的规定性，能否在已有知识的基础上创造性地提出新的观念客体，又在何种程度上使这些新的观念客体具有客观现实性。可见，主体的专业知识结构对于提高思维效率具有最直接的现实意义。认识主体建立起专门的、合理的、系统的、不断

① 参见曾钊新等：《人文精神：高科技人才必识的大智慧》，《新华文摘》1995年第12期。

更新的专业知识结构，可以使主体的思维效率在较短的时间内得到明显的提高。

现代人的效率意识，是同现代科学的迅速发展分不开的。哲学家卡西尔曾经这样盛赞科学："科学是人的智力发展中的最后一步，并且可以被看成是人类文化最高最独特的成就。""在我们现代世界中，再没有第二种力量可以与科学思想的力量相匹敌。""对于科学，我们可以用阿基米德的话来说：给我一个支点，我就能推动宇宙。在变动不居的宇宙中，科学思想确立了支撑点，确立了不可动摇的支柱。"[①] 就此而言，思维效率之所以是全部效率的"核能源"，就在于主体的思维是以科学思想为支撑点的。不断地变革和更新主体的专业知识结构，就会为提高思维效率和全部效率提供"不可动摇的支柱"。

主体的理论思维方式、文化心理结构以及专业知识结构的形成和发挥作用，都同主体的意志品质息息相关。远大的理想，坚定的信念，高尚的情趣，顽强的毅力，求实的学风，果断的作风，会促使主体在思维活动中具有明确的目的性、强烈的求知欲和高尚的成就感，充分地激活各种背景知识，激发创造性的想象力，获得最佳的思维效果和实践效果。

马克思说："激情、热情是人强烈追求自己的对象的本质力量。"[②] 自主、自立、自为、自律、自尊、自爱的主体自我意识，是效率的"核能源"和"核动力"，也是实现人生的价值与意义的"支撑点"。

---

① 卡西尔：《人论》，上海译文出版社1985年版，第263页。

② 马克思、恩格斯：《马克思恩格斯全集》第42卷，人民出版社1979年版，第169页。

生命历程与精神家园

对于每个人来说，人生就是经历——经过的历程。经过的历程有三个特点：一是不可重复，二是难以预期，三是变为记忆。变为记忆的生命历程构成了人的精神家园。

经过的历程不可重复，这是人生的无奈。人们常说，"后悔药买不到"。对过去的经历，我们可以设想种种的"如果"、"假如"，但人生本身却无法"重来"。我们羡慕儿童的天真无邪或无忧无虑，但我们只能期待自己保存"赤子之心"，而不能像孩子一样生活。我们可以寻找"初恋的感觉"，但初恋的感觉却只有过去的那一次。我们可以在"金婚"之际再拍"婚纱照"，但那已是"执子之手"的第五十个年头。

经过的历程难以预期，这是人生的魅力。人的本质在其现实性上是"一切社会关系的总和"。大至时代变革，小至偶发事件，都会改变人生。求神问卜，只不过是获得某种精神上的慰藉，而不可能成为生活的现实。"机遇只奖赏有准备的头脑"，而"有准备的头脑"何时得到、如何得到乃至能否得到"机遇的奖赏"，却总是未知的"X"。人生难以预期，才有梦想，才有希望，才有奋斗，才有拼搏，才有失败和成功，才有痛苦和欢乐。

经过的历程变为记忆，这是人生的力量。俄国诗人普希金说，"过去了的一切，都会成为亲切的怀恋"。无论成功还是失败，无论欢乐还是痛苦，都会成为人生经历中的一种"经验"。经过反思的"经验"，就成为人生的最可珍贵的"财富"——它成为人生的航标，它成为追求的动力，它成为意志的源泉，它成为情感的深度，它成为理性的沉思，它成为价值的诉求，它成为审美的尺度，它成为行动的根据，它成为生活的境界。

变为记忆的经历，是人的最真实的精神家园；经过反思的记忆，造就精神家园的自我超越。一个国家、一个民族的集体记忆，构成这个国家、民族的真实的精神家园；整个人类的集体记忆，则构成整个人类的精神家园。在一个国家、一个民族的集体记忆中，积淀着这个国家、民族的特殊的苦难、奋斗和希望，积淀为这个国家、民族的文化传统，从而构成这个国家、民族的文明血脉和精神家园。整个人类文明的集体记忆，承载着整个人类共同的苦难、奋斗和希望，凝结为整个人类文明的历史演进，从而构成整个人类的文明血脉和精神家园。

个人经历的记忆，总是蕴涵着国家、民族乃至整个人类的集体记忆；个人的精神家园，总是被整个国家、民族乃至整个人类精神家园所照耀。在个人的记忆中，读过哪些书，经过哪些事，交过哪些人，想过哪些问题，决定个人在何种程度上传承和变革国家、民族乃至整个人类的集体记忆，在何种程度上传承和改变国家、民族乃至整个人类的精神家园。

"书籍改变命运"，这意味着在人生的经历及其记忆中，读书既是至为重要的人生经历，又是最为珍贵的人生记忆。读书所读的书，不是白纸上的黑字，而是书籍所珍藏的人类的集体记忆——人类的文明史。离开人类的文明史，就失去了人类的精神家园，个人的精神家园就无所依托。读书，才有精神家园的拓展和升华，才有精神家园的深度和力度。

"事非经过不知难"，这意味着在人生的经历及其记忆中，践履笃行既是更为切近的人生经历，又是无可替代的人生记忆。经历过的事情，不是一件事、一件事的堆积，而是经历给予我们的经验、体验和智慧，它丰富和充实着我们的精神家园。离开践履笃行，精神的家园就会"纸上得来终觉浅"。

"近朱者赤，近墨者黑"，这意味着在人生的经历及其记忆中，对生活的感知和理解是同人们之间的交往密不可分的。在人生的历程中，一个人可以没有广泛的社会交往，但不能没有相互尊重、相互欣赏的朋友。人格的魅力是相互照耀的，人生的智慧是相互分享的，人生的境界是相互激励的。人在交往实践中所形成的人生记忆，不断地擦亮人的精神家园。

"想象比知识更重要"，这意味着在人生的经历及其记忆中，对哪些问题感兴趣，能够提出什么样的问题，对这些问题有怎样的独到的理解，它直接地规范着人们想什么和不想什么，怎么想和不怎么想，做什么和不做什么，怎么做和不怎么做，因而它深刻地塑造着人的精神家园。

哲人黑格尔说，同一句格言，在一个未谙世事的孩子和一个饱经风霜的老人嘴里说出来，含义是根本不同的。词人辛弃疾也写道："少年不识愁滋味，爱上层楼。爱上层楼，为赋新词强说愁。而今识尽愁滋味，欲说还休。欲说还休，却道天凉好个秋。"精神家园，首先是人生经历所形成的生活体验，是对生活体验的体悟和反思，是在体悟和反思中所形成的人生态度和人生境界。它构成精神家园的灵魂——人生观。

人类的历史是一幅波澜壮阔的画卷，人类生活的世界是一个色彩缤纷的世界，人类的精神家园是"地球上最美丽的花朵"。在人的精神家园中，既无法忍受"单一的颜色"和"凝固的时空"，也无法忍受"存在的空虚"和"自我的失落"，更无法忍受"彻底的空白"。

人的心灵同人的眼睛一样，需要五颜六色的世界。如果人的世界只有单一的颜色，哪怕是最艳丽的鲜红、最纯洁的雪白、最诱人的碧绿，都是人的眼睛无法接受的，也是人的心灵无法忍受的。这正如马克思所说，在太阳的辉耀下，每一颗露水珠都会闪烁出五颜六色的光芒，人的精神怎么能只是一种颜色呢？

人的色彩缤纷的世界，是在人的创造性活动中生成的世界，又是在人的创造性活动中千变万化的世界。千变万化才有五彩缤纷。"太阳每天都是新的"，是因为人的心灵的创造每天都是新的。离开人类创造性的活动过程，世界就只能是一个"每天都是旧的"世界。"半亩方塘一鉴开，天光云影共徘徊；问渠哪得清如许？为有源头活水来。"人的精神家园是在人自己的创造性活动中日新月异的。

人是追求生活意义的存在，因而对人来说，"无价值"的生命和"无意义"的生活，是人的"存在的空虚"。现实的人总是不满足于人的现实，总是要使现实变成对人来说更有"价值"、更有"意义"的理想的现实。人的生活是创造的过程，也就是"异想天开"、"离经叛道"、"无中生有"、"改天换地"的过程。人在现实中生活，人又在理想中生活；现实规范着理想，理想引导着现实。对于人类来说，只有追求生命的价值与生活的意义才是人的存在；求索生命的价值和人生的意义，这是人的精神家园的"灵魂"。

在人类自己创造的人类社会中，人作为"类"而构成认识与改造世界的"大我"，人作为个体则成为独立存在的"小我"。每个"小我"的个体生命都是短暂的、有限的，死亡，是人这种生命个体自觉到的归宿。死亡，它消解了欢乐，也消解了苦难，消解了肉体，也消解了灵魂。死亡是彻底的空白。这种连灵魂都不复存在的空白是人所无法忍受的。

面对死亡这个最严峻的、不可逃避的却又是人所自觉到的归宿，人总是力图超越个体生命的短暂与有限，而获得某种方式的"永生"：人应当怎样生活才能使短暂的生命获得最大的意义和最高的价值？生命的永恒是在于声名的万古流芳或灵魂在天国的安宁，还是在于以某种形式把个体"小我"融汇于人类的"大我"之中？哲人培根说，人的"复仇之心胜过死亡，爱恋之心蔑视死亡，荣誉之心希冀死亡，忧伤之心奔赴死亡，恐怖之心凝神于死亡"。这就是人的心灵对死亡的超越。

人的生命面对着死亡，人又以自己的生命的追求超越死亡，生与死的撞击燃烧起熊熊的生命之火，这不正是人的生命的自我"超越"吗？"向死而思生"，这是深沉的人的精神家园。

人以自己的超越性的生命活动实现人生的自我超越，也实现了人生境界的自我提升。人生境界的升华，这就是人的精神家园的自我实现和自我超越。人生的自我实现和自我超越，使人"诗意地栖居在大地上"。

哲学与人生解析 *

按照我国哲学家冯友兰先生的说法，哲学就是对人生有系统的反思。它包含三层意思。

一是哲学是对人生的一种反思。这种反思人人都会有，但哲学是对人生有系统的反思，也就是说，能够系统地反思人生的这种活动叫作哲学活动，而进行这种活动的人就是哲学家。冯先生又解释说，这种哲学活动同人类其他活动的关系，是使人作为人能够成为人。

二是说其他科学都使你成为某种人，使你掌握某种具体的专业、特殊的技能，扮演某种角色，从事特定的职业。冯先生说，科学使你成为某一种人，哲学是使你作为人而成为人。这句话含义极为深刻。你现在是人，但在真正人的意义上你需要有哲学修养；如果没有，虽然你是人，但还没有达到冯先生所说的那种真正意义上的人。所以，学习别的学科都是使你成为某种特殊的人、专门人才，而哲学使你作为人能够成为人，成为一个有教养的现代人。

三是对人生有系统反思的哲学怎样才能获得？冯先生用了"觉解"

---

* 本文根据笔者演讲整理，刊于2016年11月1日《吉林党校报》。

这个词，觉解与科学不一样。一个人学科学和学哲学是两种完全不同的感觉。学科学是什么感觉？我不说你糊涂，我一说你明白；与此相反，学哲学，我不说你明白，我一说你糊涂。因为科学是把一些个别现象、观察名词和单称命题通过归纳、推理上升为理论名词和全称命题，然后再通过演绎、推理来解释现象和预见现象，我不说你当然不了解，我一说你就明白了。比如，三角形三角之和等于180度。哲学恰好相反，哲学是把人不言而喻、不证自明、毋庸置疑、天经地义的东西作为批判、反思的对象，因此我不说的时候你清清楚楚，我一说你糊涂了。这张桌子，我不说它就是一张桌子；我一问你，如果你没有桌子的概念，为什么会把这东西称作桌子呢？一问，糊涂了。20世纪80年代，有一首歌中唱道："天上的太阳和水中的月亮谁亮？山上的大树和山下的小树谁大？心中的恋人和身外的世界谁重要？"世界极为复杂，哲学就是把这个世界的复杂性，特别是人生的复杂性解释出来，这就是冯先生所说的"觉解人生"。没有一种哲学的辩证智慧，你可能就会走向极端。你今天可能是理想主义的，明天又是现实主义、绝对主义、相对主义、虚无主义的，等等，最后你可能还摇摆不定。对于荣辱、祸福、进退觉得不好把握。在这个意义上讲，哲学是对人生有系统的反思，是使人作为人能够成为人，它是一种觉解的活动。

说到哲学的觉解，最后要达到冯先生所讲的"人生四境界"，达到使人超越他的自然的境界、功利的境界、道德的境界、天地的境界。所以，中国哲学最讲究"天人合一"、"知行合一"、"情景合一"，万物皆备与我。这就是哲学与人生的关系。

究竟怎样理解人生？我想从哲学与人生的关系出发，系统地反思人生，对人生有一个哲学层次的解说。今天谈三个方面：一是人的存在，二是人的人化，三是人的世界。

第一个问题：个人的存在

中国人一骂人，就说某某不是人。骂该人不是人，前提是你认为自己是人。词典、辞海解释：人是能够制造和使用工具的高级动物。当你骂某某不是人，是骂他不会制造、使用工具吗？显然不是，你是说这个人失去了人格、道德，没有了人情、人味，没了尊严，总之是在伦理、道德的层面上来说的。这样，就需要对人和人生有系统的反思。

任何一门社会科学，它最深层的东西是对人性的反思、理解，而哲学恰好是对人有系统的反思。怎样理解人的存在？人是一种超越性、理想性、创造性的存在。我在《超越意识》一书开篇就说，人是世界上最起歧义的存在——"超越性的存在"。我用反证法理解它，说人尤其是青年人有"五个无法忍受"：一是无法忍受单一的颜色，二是无法忍受凝固的时空，三是无法忍受存在的空虚，四是无法忍受自我的失落，五是无法忍受彻底的空白。人无法忍受，意味着人是一种超越性的存在，世界就是自然，自然而然地存在，存在得自然而然。人生也是一种自然，自然而然地生自然而然地死，但从自然当中生成的人恰好超越了这个自然。他要把自然而然的自然改造成一个真善美相统一的世界，这才是人。人要把自然而然的世界、人生，变成一个真善美相统一的世界和人生。

首先，人无法忍受单一的颜色。有人喜欢红色、白色或绿色，但这个世界只有你喜欢的鲜艳的红色、纯洁的白色或娇嫩的绿色，你还能不能在世界上生活？正如马克思所说，在太阳的辉映下，每一颗露珠都会闪现出五颜六色。为什么人的精神世界只能有一种颜色，人的眼睛就无法忍受单一的颜色？这就意味着人生活的世界应该五彩缤纷、丰富多彩，而这个丰富多彩的世界是人自己创造出来的。

其次，人无法忍受凝固的虚空。马克思说，时间是人类存在的空间。一位留美的女士说，回顾我的一生，我没有浪费上帝给我的时间和才能。人的时间构成了他真正的空间，所以人无法忍受凝固的虚空，而是在时间的创造中实现了人的存在。

再次，正是因为人创造了自己的时空世界，所以人无法忍受存在的空虚。什么是人？人是寻求意义的存在，人无法忍受无意义的生活。经过近四十年的改革开放，中国发生了翻天覆地的变化。《读者》杂志刊登过两篇文章，一是《当我没有钱的时候》，一是《当我有了钱的时候》，两篇文章表达了一个共同的思想：人不是为了生存而生存，而是为了寻求意义而生活的。哲学上现在有个说法，就是形象大于存在。人生是存在大于形象，也就是说它存在的意义才是最重要的，所以人无法忍受存在的空虚。

还有，人无法忍受自我的失落。根据人本主义学家马斯洛的层次需要理论，人从生存的需要、安全的需要、归属的需要、尊重的需要、审美的需要，最终升华为自我实现的需要。最能使年轻人激动起来的就是自我实现的感觉，即心理学讲的一种高峰体验，最美的高峰体验就是自我实现的感觉。

最后，人是一个能够自觉到死的存在。古希腊把哲学称作对死亡的联系。人能意识到自己是一个有限的存在，人就想着超越这种有限的人生，因为他无法忍受死了连自己的灵魂和肉体都不知道到哪去了的一种彻底空白。中国人讲究立德、立言、立功，来使自己的有限人生燃烧起熊熊的生命之火，使自己的生命得到无限延续，这就是人的超越性。人无法忍受单一的颜色、凝固的时空、存在的空虚、自我的失落和彻底的空白，所以才会有人生的系统反思的哲学。

人之所以能够成为一种超越性的存在，是因为人源于动物，但与动物有根本性的区别：人是一种寻求意义的生存活动，而动物是一种本能性的生存活动。这是两种不同的生命活动。

动物只有一个生命的尺度，而人有两种尺度。动物所生存的尺度就是他所属物种的尺度，而人的两种尺度，一种是任何物种的尺度，一种是人内在的固有尺度。人的生命活动是一种目的性的对象化的活动，构成了自己的世界，作为人的一个超越性的存在，他是一个理想型的存在，是一个把自己的理想不断变成现实活动的过程，而这个把理想变为现实活动的过程是一个创造的过程。人生就是"无中生有"的一个创造性的活动。

胡绳先生曾说，人类 20 世纪后 50 年所创造的科学技术，超过了此前几千年所创造的科学技术总和。我们进到这报告厅，看到各种各样的设备，所以我们叫现代化，日常生活科学化、消遣文化化、交往社交化、行为法治化和农村生活城市化等。人的这种存在是一个超越性的理想性的创造性的存在，哲学是对人生的一种有系统的反思。大家处在人生最有理想、最有创造性的一个时期，要更深刻地去觉解生活，更热情地去拥抱生活，更主动地去创造生活，建造一个更美好的世界。

第二个问题：人的人化

　　人使自己成为人。法国存在主义哲学家萨特有一个著名的命题叫存在先于本质。他说，除了人之外的所有存在都是本质先于存在，只有人这种存在是存在先于本质。中国人有个说法"种瓜得瓜，种豆得豆"，但人就不一样。如果种瓜得瓜种豆得豆，是本质先于存在，你的本质就规定了你的存在。生下来的男孩女孩我们可以说他们是人，但长大之后他们就不一定能成为人，因为人是人化的产物，是一个文化的结果，是一种历史性的存在，这就是人同动物的不同。动物是一代又一代地去复制，而人是一代又一代地去发展自己。

　　什么叫发展？发展就是历史。马克思说，历史不过是追求自己目的的人的活动过程，这个活动过程构成了人的历史。马克思又说，社会存在就是人们的实际生活的过程。我们的实际生活过程，我们有目的的活动，构成了我们自己的历史，而人的历史就是我们每个人成为人的过程。这个过程构成了历史的前提和历史的结果，而人只有首先成为历史的结果，才能够成为历史的前提，因为总是上一代人给我们遗留了大量的资金、生产力，包括文化的潜力。语言是历史文化的"水库"，我们生活在历史文化的继承当中，构成了我们今天人的存在。

　　我想特别谈谈对教育的理解。现在大家作为一个受教育者，正在接受一种历史文明文化的传统。教育是社会遗传的一种机制，它是一个双向的认同：一方面教育是个体向历史社会文化的一种认同，同时又是一种历史社会和文化对个体的认可。广义的教育实际上是哲学教育，就是要使人作为人能够成为人。首先不是使人成为某种人，而是使人作为人能够成为人。人不仅是一种自然意义上的遗传性获得，还是一种文化获得性的遗传。教育最根本的目的就是提高人的素养，它是使人作为人能够成为人，让你成为一个能够承担起社会历史和时代赋予的作为现代公民的权利和义务的存在。这就是现代教育，它使我们作为人能够成为人。我们要成为人，成为某种人，去掌握某种专门的知识、技能、技巧，从事某种具体的职业，去扮演某一特殊的角色。

人作为一个历史文化的存在，它自身是一个人化的过程，也是自己作为人成为人的过程。这个过程最重要的，就是以教育为中介所实现的自然遗产和社会遗传的统一。19世纪中叶以来现代哲学解决的一个根本的问题，就在于它不是把人当作一个抽象的存在，而是把人当成一个历史文化的具体存在。近代以来，所谓哲学不过是一个上帝的人本化过程、上帝的自然化过程和上帝的物质化过程。

关于上帝的人本化的过程，美国出版了一套"导师哲学丛书"，把中世纪叫作信仰的时代，把文艺复兴时期叫作冒险的时代，把17世纪叫作理性的时代，把18世纪叫作启蒙的时代，把19世纪叫作思想体系的时代，把20世纪叫作分析的时代。我国的哲学家给21世纪起名字，有人叫它物化的时代，有人叫它体验的时代，还有人叫它改革的时代、信息的时代。

黑格尔说，思想中所把握到的时代也就是思想上所把握的人生。它用一种理论的方式表征了人在特定时代的历史存在，这是一个人的发现的人化过程。中世纪信仰的时代，先上帝而后自我，先信仰而后理解。文艺复兴后发生了一个巨大颠覆，17 世纪笛卡尔说"我思故我在"，要先自我后上帝、先理解而后信仰，这就是封建社会的自然经济到近代社会市场经济的转变。我对广义的市场经济做出三个基本判断。从自然经济走向市场经济是一种人的存在方式的变化，是一个人化的过程，自然经济条件下是一种经济生活的禁欲主义、精神生活的蒙昧主义、政治生活的专制主义。走向近代市场经济以来，它在经济生活中反对禁欲主义而要求现实幸福，在精神生活中反对蒙昧主义而要求理性自由，在政治生活中反对专制主义而要求民主法治。

市场经济实际上蕴涵了三条基本原则，即经济生活中功利主义的价值取向、精神生活中工具理性的思维取向和政治生活中的民主法治的政治取向。这种三位一体，即马克思所说的市场经济所构成的以物的依赖性为基础的人的独立性的存在，这就是我们现代人的存在方式，一个人之人化的过程。不能抽象地问谁是人，人只有具有了他这个时代的内涵，他才是人。所以，一个人只有在适当的年龄受到适当的教育才是人。反之，如果一个人没有在适当的年龄受到适当的教育，那他就不是人。这个命题对不对？需要一种辩证的智慧。如果说它对，你能把一个没有在适当的年龄受到适当的教育的人当作非人去对待吗？不行的。无论在道德的意义上，还是在法律的意义上都是不行的。

中国人结婚讲究门当户对。门当户对不是说他和她家都要有 500 万元，他和她家都是什么官员、教授，而是有同样程度的教养，教育水准大体接近。婚恋阶段选择的不是说男的爱漂亮女的爱潇洒，首先要看对方的教养，能够达到共同的修养、教育水准，才能够保证一生的幸福。因为人应该有一种教养，而教养源于教育，这就是受教育的意义。最应该珍惜的就是受到高等教育的机会，这是你作为人能够成为现代人的一个最基本的前提，这就是人的人化，一个人化的过程。

第三个问题：人的世界

人的人化过程构成了一个人的世界，属于人的世界，所以这个世界的关键概念，可以在两个意义上去使用它，一个在最自然的意义上去使用，但最真实的意义是在人给自己创作的意义上去使用它。1988年，我在《从两极到中间——现代哲学的革命》一文中指出，语言是人的世界的积极界限，也是人的世界的消极界限。世界在语言中对人生产唯有，在语言之外对于人来说即是存在中的无。语言不是一种交流沟通的工具，而是人的存在方式——我们的世界的存在方式。我们在语言中构成了属于人的世界。语言不仅像有人所说的，在一个能指和所指同一的意义上来理解它，而且在作为一个历史文化"水库"的意义上来理解它，表明人是一种历史的文化的存在，人的世界是一个历史文化的结果或产物。

人是以人类把握世界的多样方式，构成了属于人的丰富多彩的世界。人类以神话、宗教、艺术、伦理、科学的和哲学的方式来把握世界，因此我们才有无限丰富的世界。现代哲学和现代科学给了我们几个最基本的命题，观察渗透理论中的"观察"总是被理性"污染"。我们原来总认为科学始于观察，甚至有人说我们为了能够正确地进行科学研究，应该把自己的偏见像脱掉大衣一样放到走廊里，然后带着一个没有偏见的头脑进实验室进行观察，可能吗？你能带着一个白板式的头脑进行研究吗？一个最流行的说法叫"一切从实际出发，实事求是"，怎么做到呢？仅仅用眼睛去看东西你就能够明白？不是的。观察渗透理论讲，只有拥有相应的理论才能说你具有相应的世界。

马克思说，一个人需要有欣赏音乐的耳朵才能欣赏音乐。如果耳朵没有欣赏音乐的能力，那音乐对你来说是噪音。只有有了音乐修养，你才能够达到同样的欣赏水平。如果一个人没有看过罗曼·罗兰、巴尔扎克、托尔斯泰的作品，怎么能够有相应的文学修养，去理解享受他们那些文学作品？如果我们没有相应的医学知识，给你心电图、胸透检查的图像结果，你会看懂吗？黑格尔说有之非有存在找到无，只有有了相应的医学知识你才能知道心脏、肺部有没有毛病，没有一定的理论背景就没有相应的观察结果，这叫观察渗透理论。中国人说"君子坦荡荡，小人长戚戚"，西方人说"仆人眼中无英雄"，背景不同，对生活的理解和感受就不一样。"君子坦荡荡"，因为还有老子、孔子、庄子、孟子，"万物皆备于我"嘛；"小人长戚戚"，因为他只知道尔虞我诈、蝇营狗苟；"仆人眼中无英雄"，因为英雄有他的英雄事业，像毛泽东写的那样——一代天骄成吉思汗，只识弯弓射大雕，数风流人物还看今朝——一种博大的政治理论中间夹着家国情怀，但普通人就不一定完全理解他这种情怀。

背景不一样，人生不一样。有什么样的背景，就有什么样的世界和人生。一个人必须有两个修养，一是文学修养，二是哲学修养。一个人没有文学修养和哲学修养，肯定不是一个完整的美好人生。有了文学修养和哲学修养，才能有一种真实的审美境界和强烈的思维理性之美，这是两个世界。有了相应的背景、修养，这个世界对你才是丰富多彩的，才构成了真正的属于人的世界。

属于人的世界，它首先是一个神话世界，同时又是一个宗教、艺术、伦理、科学的世界，一个哲学的世界，所以我们需要学习。有哪种把握世界的方式，你就有哪种世界；没有那种把握世界的方式，这个世界虽然存在，但对你来说就不存在。一个人只有在适当的年龄受到适当的教育，他才是人。教育使你获得了把握世界的基本方式。

神话世界是自然世界的超越，宗教世界是世俗世界的超越，艺术世界是无情世界的超越，伦理世界是小我世界的超越，科学世界是经验世界的超越，哲学世界是有限世界的超越。有了这些把握世界的基本方式，你才真正实现了人自身的超越性、理想性和创造性，有了一个人五彩缤纷的世界。背景不一样，你所获得的世界就不一样。首先是神话的世界。人在神话当中把人的世界宇宙化，把宇宙的世界拟人化，在这样一个拟人化的宇宙世界获得了人自身存在的意义和价值，这叫神话。

同样，人们需要一个宗教世界。宗教世界是对世俗世界的超越，人类在神话世界中使自己的生活获得宇宙意义，而这个宇宙还没有获得神圣的价值，所以宗教是使人们的生活获得了一种神圣的意义。在宗教里，上帝是人的思想和行为的根据、标准和尺度，作为哲学意义上的本体观念，构成你心中的上帝。上帝不是一种对象性的存在，而是你心中的一种观念。用马克思的话说，宗教就是没有获得自己或是再度丧失了自己的一种自我意识和自我感觉，因为人要超越自己所生活的世俗世界，从神圣的信仰当中获得自己的一种生活的意义和价值。尼采说上帝被杀死了，一切皆有可能。他说，整个近代的人类哲学一个根本性的转变就是杀死了上帝，上帝不再作为人的思想和行为的根据、标准和尺度存在了，上帝被人本化了，但是一旦这个神圣意义不再存在，人的一切就都是可能的了。

我曾经讲过两句很长的话：在自然经济条件下，人们是一种没有选择标准的生命中不可忍受之重的本质主义的肆虐；而在市场经济条件下，是一种失去了标准的选择的生命中不能承受的存在主义焦虑。现在大家生活的市场经济，这里面有一个人的世界的根本性转换，我用一部小说《生命中不能承受之轻》的书名表述。自然经济条件下，人能感受到的是一种生命中不堪忍受之重，因为他是一种哲学意义上的本质主义上的肆虐，一种没有选择的标准，给你标准不允许你再选择，你没有选择的余地。现在的生活，我把它叫作一种你失去标准的选择生命中不能承受之轻的存在主义的焦虑。马克思曾说过，市场经济撕去了封建社会田园牧歌般温情脉脉的面纱，把一切职业的灵光都抹掉了，把一切都沉浸在金钱的冰水当中去了。这就是存在方式变化，上帝被人本化了、被杀死了。

什么能使我们的生活获得一种真实的意义呢？人给自己创造了艺术世界、伦理世界、科学世界和哲学世界。艺术世界是对无情世界的超越，艺术是一种生命的形式。著名的美学家苏珊·朗格说，艺术叫作创造。画家是创出了油彩还是造出了画布？文学家是创造语言还是创造文字？什么都没创造。他们创造了意义，是一种生命的形式。在市场经济条件下，最能感受到的就是海德格尔最欣赏的荷尔德林的那句话：诗意地栖居在大地上。哲学和文学只不过是帮助我们大家诗意地栖居在大地上，才让大家感觉活得真实，一种思想的真实，一种冯友兰所说的人生境界的升华，这就叫艺术。徐悲鸿画的马不是草原上奔腾的马，齐白石画的虾不是水中游的那个虾，但你不感到那是一种生命的跃动吗？这叫艺术。艺术是我们体验到的自己情感的深度，它让我们情感获得了一种真实的深度。

我把今天的一种社会思潮概括为两极对立的削减、英雄主义时代的隐退、精英文化的失落、理性主义权威的弱化和人类精神家园的困惑，这是人类面临的共同问题。面对这个共同的问题，就需要我们自己提供一个丰富多彩的世界。

伦理世界是一种小我的世界，在我们的生活当中具有更加重要的作用。按照马克思的说法，人的本质在其现实性上是一切社会关系的总和，即人不是一种纯自然的存在，而是一种社会存在。社会性的存在最重要的问题是小我和大我的存在关系，离开了大我就没有小我的存在，所以这种伦理是一种小我世界的超越。我们只有认同了这个伦理的世界，才能够与道德上的存在沟通，在自己的行为选择中必须有一种人类的观念，即经济全球化。在经济全球化的过程中，人们必须有一种人类的观念，才能使人类有正确的行为选择。理论是实践的反义词，是对实践的反驳。只有掌握了理论，才能使我们在人类的行为当中做出一种比较好或相对好的选择。这是伦理的世界。

科学是一种经验式的超越。科学给我们一种普遍必然性的认识，我们从一些有限的初始概念命题，很难获得一系列的公式、原理、定义，进而对现象做出应有的解释和预见。所以，科学的世界是一个超验的世界——超越了经验的世界。卡西尔的《人论》说，科学在这个世界上具有无与伦比的作用，它让人类思维达到了一种极致。我们以科学的方式去把握、解释这个经验的世界，从而科学规范我们自己的思想和行为。

今天，最重要的哲学的任务是反对科学主义思潮。人们不仅以科学的方式把握世界，人还要以神话、宗教、艺术、伦理以及哲学的方式去把握世界。哲学给我们提供了一个对有限世界的超越，它是一种终极的关怀。我曾经对哲学的本体论做解释，哲学本体论具有三层内涵：终极存在、终极解释和终极价值。人们总是想寻求万物的统一性，达到一种对终极存在的把握。我们寻求终极的把握，是为了获得关于这个世界的一种最终极的解释；我们之所以要达到这种终极的存在、终极的解释，最后我们要获得一种终极的生命意义价值。这就是终极的价值。所以，哲学的本体是人自己寻求到的思想和行为的根据、标准和尺度，哲学的本体论具有终极的存在、终极的解释和终极的价值三位一体的意义。因此，人们才重视以哲学的方式去理解人生，使我们能够通过对人生有系统的反思，达到作为人而成为人。

马克思与我们*

当代中国人，特别是当代大学生，几乎没有人不知道马克思。但是，你真的了解马克思吗？你真的理解马克思的思想吗？你真的懂得马克思的当代意义吗？这就是说，虽然我们都知道马克思的名字，但是我们不一定了解马克思，更不一定理解他的思想，尤其是不一定懂得他的当代价值。

马克思有一句名言："理论只要说服人，就能掌握群众；而理论只要彻底，就能说服人。"我讲"马克思与我们"，就是希望用马克思理论的彻底性来使我们更好地理解生活、理解社会、理解历史、理解未来。下面，我想和大家交流三个问题。

马克思与我们的人生观

人生在世最大的问题莫过于理解什么是我们自己。世界就是自然，它自然而然地存在，存在得自然而然。人生也是自然，自然而然地生，

---

* 本文系笔者2016年4月在吉林大学的演讲，刊于2016年7月7日《光明日报》。

自然而然地死。从自然当中生成的人类，却要认识世界、改造世界，寻求生命的意义，实现自身的价值。这表明，人同世界上其他一切存在物都不一样。那么，人究竟是一种怎样的存在？

马克思首先提出了这样一个问题：人和动物一样，都是生命的存在，但是动物的生命活动是"生存"，而人的生命活动是"生活"。什么叫生存？它的存在和它的生命活动是直接统一的。动物同世界是一种直接的、肯定性的统一关系，而人不是，人是有意识、有目的的生命活动。人是一种创造他自己的生命活动，创造他自己的生命活动是通过改变世界来实现的，人与世界的关系，不是一种直接的、肯定性的统一关系，而是一种否定性的统一关系。

为什么动物是生存，而人是生活？马克思进一步提出一对范畴，称作"物的尺度"与"人的尺度"。动物只有一个尺度，人有两种尺度。动物的一个尺度是什么？自己所属的物种的尺度。而人有两种尺度，人既有一切物种的尺度，又有自己内在本质的尺度。

人有两种尺度，这意味着人生活的生命活动是一种统一。什么统一？马克思称作"合规律性与合目的性的统一"。人的全部活动，包括两个方面：合规律性与合目的性。无论大家是学习文史哲、政经法还是数理化、天地生，我们都要去认识规律，这意味着人要合规律性地去生存，他才是生活。但人又不是单纯地要合规律性，为什么要合规律性？人要实现自己的目的，所以人就要合目的性地去生活。

党的十八届五中全会为什么提出创新、协调、绿色、开放、共享"五大发展理念"？这是因为，我们不是单纯为了发展而发展，而是为了实现人自己的目的而发展。所以马克思说，人是一种生活的生命活动，人生活的生命活动就在于他有两种尺度，由此表明了人是一种合规律性与合目的性的统一。

这种合规律性与合目的性的人生活在世界上，它表现为"三理"的存在：人是生理的存在，人是心理的存在，人是伦理的存在。一个人的幸福，得满足这三方面的需要——比较充裕的物质生活满足你的生理需要，比较充实的精神生活满足你的心理需要，比较和谐的社会生活满足你的伦理需要。这三个方面缺一不可，而且人们在特定的处境之下，可能需要的、最渴望的是其中一个方面。人作为生活的存在，是非常复杂的，不是单一的生理满足、心理满足或伦理满足，而是一个统一的东西。所以，马克思有一句名言，"人的本质在其现实性上，是一切社会关系的总和"。

当你去思考人的时候，你要提出两个问题：类问题，类思想。什么是人？这是类的问题。有了人类文明，人就要追问什么是自己，这就是"类"的问题。古往今来的哲学家们，不仅是黑格尔、费尔巴哈，包括孔孟老庄，包括朱熹、王阳明，中国的思想家们同样在思考这个问题。哲学家冯友兰说，全部的哲学就思考两个问题，一个称作主体与客体的关系问题，一个称作一般与个别的关系问题。

关于"类问题"，哲学家们提出了各不相同的"类思想"。黑格尔、费尔巴哈和马克思对于类问题的理解，既有继承的一面，更有超越的一面。在黑格尔的意义上，马克思说这是一种"无人身的理性自我认识"。什么意思？黑格尔所理解的类是一种普遍的理性，所理解的个人是一种个体的理性，所以黑格尔哲学所要解决的问题是个体理性如何认同普遍理性，从而使自己高尚起来。这就是黑格尔哲学。什么是费尔巴哈哲学？费尔巴哈的个别和一般的关系，是人的感性的肉体存在与人的抽象本性之间的关系。马克思在《1844年经济学哲学手稿》里提出，什么叫"类"？自由自觉的活动，或者称作感性活动。正是从这个现实的理解出发，马克思提出，人的本质在其现实性上，不是抽象的人性，而是一切社会关系的总和。马克思在《关于费尔巴哈的提纲》中说，社会生活在本质上是实践的。恩格斯把这个"提纲"称作"包含着天才世界观萌芽的第一个宝贵文件"。

作为一个人，生活在这个世界上，可能都要追问"我们为什么要活，我们生命的意义何在，生命的价值如何去实现"？因此，我们需要去理解马克思所说的"人的本质在其现实性上，是一切社会关系的总和"。也就是说，人不是一个自然的存在，人是一个生理的、心理的、伦理的存在，人就是一个社会的、历史的、文化的存在。

马克思与我们的历史观

人的本质作为一切社会关系的总和，意味着人不仅仅是一种社会性的存在，更意味着我们是一种历史性的存在。你是否是一个合格的现代公民，取决于你能否掌握现代文明，而文明是一个历史的过程。马克思说，"历史不过是追求自己目的的人的活动过程而已"。历史绝不是历史事件的堆积，历史就是追求自己的目的的人的活动过程。

在马克思的这个命题当中，蕴涵着一个极其深刻的思想。人们常问，到底是时势造英雄，还是英雄造时势？马克思有一篇非常有名的论文《路易·波拿巴的雾月十八日》。在这篇论文的开头，马克思说"人们自己创造自己的历史，但是这种创造活动并不是随心所欲的，并不是在他们选定的条件下进行的"。马克思在这个命题中，蕴涵了一个极其深刻的思想，也是之前的哲学家们都没有回答、解决的问题。什么问题？人的历史活动和历史的客观规律之间的关系问题。

人们往往把历史规律理解为好像是和大家没有关系，就有这么一个客观进程。不对，马克思说，历史规律就是我们人自己的活动所构成的。由此，马克思提出历史的辩证法，这就是马克思所论证的历史的前提和结果的辩证关系。马克思说："人既是历史的经常的前提，也是历史的经常的结果，人作为历史的经常的前提，首先是历史的经常的结果。"我觉得这是马克思最深刻地阐释什么是历史、为什么历史是有规律的说法。我们每一代人，都是创造历史的前提，但是我们之所以能够成为创建历史的前提，首先是因为我们是历史的结果。我们的上一代不仅遗留给了我们生产力、生产关系、社会关系，而且还遗留给我们整个人类的文明。我们在已有的人类文明的基础之上，才能从事自己的创造活动。这样的创造活动，使历史呈现出不以人的意志为转移的历史的客观规律。

在《资本论》中，马克思说了这样一段话："一个社会即使探索到了本身运动的规律，它还是既不能跳过也不能用法令取消自然的发展阶段。但是它能缩短和减轻分娩的痛苦。"对于理论的意义，既不能贬低，也不能夸张。不能贬低，因为掌握人类历史的发展规律就能够缩短并且减轻社会发展过程中的阵痛。但是，即使你发现了人类历史运动的规律，历史本身仍然是不能跳跃的。马克思从最宏观的视野上，把我们人自身的存在区分为三种基本的历史形态：以自然经济为基础的农业文明中的人对人的依附性的存在；以市场经济工业文明为基础的，以物的依赖性为基础的人的独立性的存在（这就是马克思所说的"现实的历史"）；人类终究要超越这样一种对物的依赖性的存在，而达到以每个人的自由全面发展为前提的一切人的自由而全面发展的自由人的联合体。这就是马克思从最宏观的历史上，对于人的存在形态的最高度的概括。在这种概括当中，马克思深刻地揭示了文化的内涵。

马克思说，在自然经济、农业文明的基础之上，就是人对人的依附性的存在。在文明的意义上，在文化的内涵上，必然是确立神圣形象。为什么中国的皇帝叫天子，而且说他叫陛下？确立神圣形象。为什么会有宗教？会有上帝？人给自己制造了宗教和上帝。因为人作为一种依附性的存在，他要依附于群体，而在这个群体里面他必须树立一种神圣的形象——既要制造一种彼岸世界神灵的存在，又要对应设计此岸世界英雄的存在，所以过去都是英雄史观。

人的历史形态进入第二个时期，有了工业文明，有了市场经济，进入了一种取代了人对人依附性的存在，变成了人的独立性的存在。马克思说，市场经济中的人是一种"以物的依赖性为基础的人的独立性的存在"。如果我们最简单地对以农业文明所构成的自然经济和以工业文明所构成的市场经济作一下对比的话，就能够清醒地知道，现在是一种怎样的时代。自然经济中的人的依附性的存在，表现在三个方面：首先是经济生活的禁欲主义。为了经济生活的禁欲主义，必然是精神生活的蒙昧主义。为了能够实现经济生活的禁欲主义和精神生活的蒙昧主义，必然诉诸政治生活的专制主义。所以，自然经济、农业文明所构成的传统社会，它是经济生活的禁欲主义、精神生活的蒙昧主义和政治生活的专制主义的三位一体。这样的一种三位一体，造成一种在农业文明、自然经济条件下人的存在方式，人对人的依附性的存在。

市场经济也是三位一体，但它是经济生活的反对禁欲主义而要求现实幸福，精神生活的反对蒙昧主义而要求理性自由，政治生活的反对专制主义而要求民主法治。这就是市场经济所要求的新的三位一体。经济生活要求现实幸福，精神生活要求理性自由，政治生活要求民主法治。为什么马克思说哲学是时代精神的精华？美国出版的"导师哲学家丛书"，书名分别是：中世纪《信仰的时代》、文艺复兴《冒险的时代》、17世纪《理性的时代》、18世纪《启蒙的时代》、19世纪《思想体系的时代》、20世纪《分析的时代》。每个时代都有它最基本的理念，最基本的理念是表征人自身的存在方式。

关于市场经济，大家应该读一点儿马克思，最应该读的是《共产党宣言》。不敢说你一下子豁然开朗，但是一定带给你巨大的思想冲击。马克思和恩格斯在《共产党宣言》中分析了什么是市场经济，他说了两面：市场经济好像从地底下召唤出无数的生产力，在短短几百年间创造了人类几千年没有创造出来的奇迹；市场经济撕去了封建社会的田园诗般的温情脉脉的面纱，抹去了一切职业的灵光，把一切都沉浸到金钱的冰水当中去。恩格斯说，"片面性是历史发展的形式"，"历史总是以退步的形式而实现自己的进步"。我们大家，尤其是青年人，都应该去体会恩格斯说的这两句话。马克思要求我们，以历史的大尺度去反观历史的小尺度。毛泽东说，要以长远的利益、总体的利益、根本的利益去反观局部的、暂时的利益。

现代化给人类带来三个巨大问题：就人与自然的关系来说，它造成了人类可持续发展的问题；就人与社会的关系来说，它造成了人在资本里面，或者说在对物的依赖性当中造成的人的自我异化问题；就人与自我的关系来说，它造成了所谓文化虚无主义的问题，或者说意义失落、形上迷失、找不到家园等一系列困境。

我常说一句话，中国的问题不只是中国自己的问题，而是当代中国所面对的世界性的和时代性的问题，正如邓小平所说的"面向世界、面向现代化、面向未来"。工业文明、市场经济造成的最大的改变是什么？马克思说"历史已经变成世界历史"，要以世界历史的眼光思考问题。今天人类所面对的最大的问题是什么？是创建人类文明新形态。在现代意义上，没有一个问题是单一学科能够解决的，是需要大家共同来思考，去创建人类文明的新形态。中国特色社会主义思想不仅仅是有中国特色，而是对于创建人类文明新形态具有世界性的、时代性的意义和价值。我认为这是一个根本性的问题，需要从一种世界历史的眼光去思考。

我们思考任何问题都要有巨大的历史感，一个没有历史感的思考是一个空洞、玄虚、没有意义的想法。恩格斯说，"哲学就是一种建立在通晓思维的历史和成就的基础上的理论思维"。我们要有一种巨大的历史感，要能够承担起所要承担的使命，要活得有意义、度过有价值的人生，最重要的是学习。习近平总书记阐释为什么要读书学习，他说，读书起三个作用：激发思想活力、启迪哲理智慧、滋养浩然之气。我们应当在读书过程中，特别是在阅读和思考马克思主义经典著作的过程中，形成我们的人生观、历史观和价值观。

马克思与我们的价值观

作为一个人，我们追问生命的意义，实际上是想实现生命的价值。马克思 17 岁时在论文中提出，他的人生价值追求就是"为全人类而工作"。

马克思提出的人类解放和人的全面发展，就是他追求的社会理想，而马克思给自己的座右铭是"目标始终如一"。大家读一读马克思的书，就会感受到他不仅为我们提供了学说、学术、思想、理论，而且他是一个活生生的、崇高的、大写的人，表达了一个人格化的社会理想，一个人格化的价值诉求。

今天，青年人面对的最大问题是价值观的困惑。从现实来说，有四个大问题。第一，市场经济是以物的依赖性为基础的人的独立性，人们一切向"钱"看，就会形成一种急功近利的功利主义。这种背景下，能否像马克思一样，确立一种"为全人类而工作"的伟大理想和价值诉求？第二，当代中国社会已从原来的熟人社会走向了陌生人社会。在熟人社会，人们会对自己提出各种各样的道德要求，受到各种各样的道德、伦理的约束。现代社会发生了深刻的变化，从熟人社会变成一个陌生人社会。现代化就是日常经验科学化、日常交往社交化、日常消遣文化化、日常行为法治化、农村生活城市化，其中最重要的是日常交往社交化。它已从一种伦理道德的要求，变成一种不违背法律的底线，所以现在提出诚信等一系列问题。第三，信息时代也好，网络时代也好，虚拟世界也好，总而言之，这意味着大家不仅生活在现实生活中，而且生活在虚拟世界中。在这种背景下，人们的价值观会是怎样？第四，当历史变成世界历史以后，我们受到各种各样价值观的冲击。在这样的背景之下，如何来判断我们的价值观，如何有一种马克思的价值观和社会理想，这是我们现在面临的一个巨大的、现实的问题。我们能否真实地体会到我们这个时代的时代精神，是否真正认同马克思的共产主义理想，是一个实质性的问题。

从价值观本身来说，有一个需要青年人认真思考的重大问题。毛泽东在《矛盾论》中提出了主要矛盾以及矛盾的主要方面的概念。当大家在讲价值观问题的时候，非常重要的是想一下主要矛盾和次要矛盾，矛盾的主要方面和次要方面。在价值观问题里面，主要矛盾是社会的价值理想、社会的价值规范和社会的价值导向，与我们每个人的价值期待、价值认同和价值取向之间的矛盾。通俗地说，就是"我们到底要什么"与"我到底要什么"的矛盾。

前面强调马克思说的，人的本质在其现实性上是一切社会关系的总和，所以需要搞清楚价值观问题：社会的价值理想是什么？它的价值规范是什么？它的价值导向是什么？另一方面，针对每个人而言，我们对价值的期待是什么？我们的价值认同是什么？我们的价值取向是什么？构成一对主要矛盾。而在这对主要矛盾当中，矛盾的主要方面是社会的价值理想、价值规范和价值导向，所以我们要树立、培养、践行社会主义核心价值观。

人是历史的文化的存在，每个人的价值观都具有三个社会特性，即具有社会性质、社会内容、社会形式。价值观的核心问题是个人与社会之间的关系问题。仔细想一下，价值观里面有什么东西？社会理想、社会制度、法律规范、伦理道德，你想想自己的价值观是不是这样？理论就是规范人们思想和行为的各种概念系统，它决定着我们的所思所想和所作所为。我们的价值观首先是具有社会内容的，没有社会内容的价值观是不存在的。同时，我们的价值观都是有社会形式的，马克思说"人类是以各种基本方式去把握世界"。所以，人们的价值观是常识的、神话的、宗教的、伦理的、科学的、哲学的。真正的价值观离不开把握世界的基本方式，每个人的价值观看起来是随意性的，但深层次隐藏着社会的性质、社会的内容和社会的形式。正因为这样，每个社会才能够用它自己的社会理想、社会规范和社会导向去引导个人去认同它的理想、规范和导向。在我们理解社会主义核心价值观的时候，应该抓住这样一对主要矛盾和矛盾的主要方面。只有这样去理解价值观，我们才有可能更好地理解马克思的"为全人类而工作"和实现人的全面发展的宏伟的社会理想和价值追求。

最后，我送给大家五句话：健康的体魄是锻炼出来的，真实的本领是钻研出来的，美好的心灵是修养出来的，成功的人生是拼搏出来的，伟大的理想是共同奋斗出来的。

我的七十感言 *

年届七十，我觉得自己活得很幸运，也很欣慰。幸运，是因为"得其所哉"；欣慰，是因为"问心无愧"。得其所哉和问心无愧，让自己感到这七十年很有意思，也挺有意义。

从很小的时候起，我就喜爱看书，愿意想问题；从读初中起，就偏好文科，琢磨"道理"；从读高中起，常常写一些读后感、观后感，谈论一些"思想"、"理论"问题。1966 年高中毕业的时候，就把哲学确定为自己要研究的专业，把思想确认为自己的事业。12 年后，也就是 1978 年初，我终于有机会学习自己所喜爱的专业；16 年后，也就是 1982 年初，我终于留校任教把研究哲学和阐述思想作为自己的事业。人的一辈子，能够从事自己喜爱并且适合自己的专业和事业，这就是"得其所哉"吧。

2009 年，吉林大学聘任我为资深教授。在聘任仪式上，我说了自己的感言，也是讲了自己的感悟。我在那个感言或感悟中说，一个人选择了一种职业，也就是选择了一种生活方式。我把学者的生活方

＊ 刊于《哲学分析》2015年第6期。

式概括为四句话：一是乐于每日学习，志在终生探索；二是平常心而异常思，美其道而慎其行；三是忙别人之所闲，闲别人之所忙；四是人格上相互尊重，学问上相互欣赏。

"得其所哉"，首先是乐于斯且志于斯。乐不在此，志不在此，就与"得其所哉"背道而驰了，就不是人生的幸运，而是人生的不幸了。一个学者，总是觉得有读不完的书，有想不完的道理，有写不完的思想，就会乐此不疲。2000年5月，授予我"全国劳模"称号，既很激动，也很惭愧。自己做自己喜欢做的事情，自己在喜欢做的事情中获得乐趣，而不是做自己不喜欢的事情，更不是在做自己不喜欢的事情中感到痛苦，这种劳动者大概不必称为"模范"，而应当称之为幸福的或幸运的劳动者。我觉得自己是一个幸运的劳动者。

学者的"得其所哉"，既要有平常心，又要有"异常思"，既要"美其道"，又要"慎其行"。没有平常心，总想一鸣惊人、出人头地，就静不下心、沉不住气，就既不能"苦读"，也不能"笨想"，就丢掉了形成思想的从容和大气。有了平常心，读出人家的好处，发现人家的问题，才会悟出自家的思想。这个"自家的思想"，就是具有启迪和震撼力量的"异常之思"。阐发和论证"自家的思想"，就是"美其道"；体会"悟道"之不易，就会"慎其行"。

学者的"得其所哉"，是认同学者的生活方式，这就是"忙别人之所闲，闲别人之所忙"。学者之外的生活，大体上是有节奏的生活：什么时候上班，什么时候下班；什么时候工作，什么时候休息；什么时间是属于公家的，什么时间是属于个人的；该干活就干活，该娱乐就娱乐，不能没白天没黑夜就想一件事、就干一件事。然而，学者的生活不是这样。学者没有节日和假日，又随时可以给自己"放假"。拿起一本好书，想到一个问题，撰写一篇文章，大概是不会问自己今天是不是节日或假日。读书、写作之余，听听歌，散散步，下下棋，游游泳，聊聊天，就是给自己"放假"了。

学者的"得其所哉"，是在学界如鱼得水，在学者的交往中成就自己。这就需要学者"在人格上相互尊重，在学问上相互欣赏"。相互尊重和相互欣赏，对于学者之间的交往，是相辅相成、不可或缺的。相互尊重基于相互欣赏，相互欣赏源于相互尊重。"闻道有先后，术业在专攻。""人家"有人家的特长，"自家"有自家的特色；"人家"有人家的见地，"自家"有自家的思想。相互尊重和相互欣赏，才能交换思想和收获友情。如果对"人家"不是"棒杀"（常常看到的所谓"商榷"），就是"捧杀"（常常看到的所谓"推介"），或是"抹杀"（更是常常看到的"集体沉默"），学者就很难长进，学术就很难繁荣。

在资深教授聘任仪式上，我还说了一句话：别人不拿你当回事的时候，你千万拿自己当回事；别人拿你当回事的时候，你千万别拿自己当回事。后来，在一些场合，我还发挥式地解释了这两句话：别人不拿你当回事，你也不拿自己当回事，你就永远不会"成事"；别人拿你当回事，你也拿自己当回事，你可能就会"出事"。对于学者来说，没有谁能一下子就有思想、有创见，也没有谁能一下子就"成名"、就"著名"。学者的"成名"和"著名"，大体上是水到渠成的，是把自己"当回事"而钻研出来的，而不是"不把自己当回事"而钻营出来的。有了"名气"之后，真的把自己当回事，不光是学问做不大，还可能在忘乎所以中出点让自己悔恨终生的"事"。

从青年时起，我就喜爱鲁迅，爱看他的小说，爱读他的诗歌，更爱引用他的杂文。鲁迅说，"捣鬼有术，也有效，但有限"。就这么几个字，道出了人生成败的真谛，特别是当官、经商和做学问的成败的真谛。投机钻营，捣鬼有术，或可爬得高一些、赚得多一些、吹得响一些，但终究是爬不高或摔得重、赚不多或赔得惨、吹不响或得骂名，总之是"有效"但"有限"。认认真真地做事情，老老实实地做学问，真心实意地对待他人，问心无愧地尊重自己，就会活得大气、从容，也会有所成就。

我在自己的《哲学文集》后记中曾说："科学家为人们揭示宇宙的奥秘，艺术家为人们激发生命的活力，政治家为人们开辟生活的方式，思想家应当为人们提供真实的思想。真诚的研究，真切的求索，真实的思想，应当是每一个以'思想'为生的'思想者'的存在方式。"我的七十年，主要是后三十五年，专业和事业就是哲学。所以，我对人生的感悟与对哲学的理解是分不开的。哲学所表征的，是人的超越的、理想的、形上的存在，是人的无尽的向往、憧憬和追求。在无尽的追求中展现自己的形上本性，这大概就是哲学的人生。2013 年，我写了一首难以称之为诗的《咏叹哲学》，表达了我对哲学的"形而上学"的理解，就以此来抒发我对人生和哲学的感悟吧。

"不知其不可而为之"，这是形而上学的恐怖。
"知其不可而不为之"，这是形而上学的退场。
"知其不可而必为之"，这是形而上学的追求。

形上的哲学并非抽象，它承载的是"理性的具体"。
形上的哲学亦非神秘，它求索的是"生活的意义"。
形上的哲学更非无用，它讲述的是"认识你自己"。

存在不是存在者的现在，而是从过去走向未来。
思想不是存在者的映现，而是从混沌走向澄明。
人生不是存在者的年轮，而是从幼稚走向成熟。

哲学书写着各种各样的理想——像"我"这样向往生活。
哲学镌刻着各种各样的思想——像"我"这样理解生活。
哲学塑造着各种各样的存在——像"我"这样对待生活。

我常常在房间里踱步，被思想激动得不能安坐。

我常常在窗台前眺望，以思想窥见澄澈的天光。

我常常在书桌上疾书，让思想在笔端自由流淌。

（京）新登字 083 号

图书在版编目（CIP）数据

有教养的中国人 / 孙正聿著 .—北京：中国青年出版社，2018.1

ISBN 978-7-5153-5028-8

Ⅰ.①有… Ⅱ.①孙… Ⅲ.①个人－修养－研究－中国 Ⅳ.①B825

中国版本图书馆 CIP 数据核字（2017）第 310544 号

02

哲人哲思
- 书系 -

有教养的中国人
TO BE EDUCATED CHINESE

孙正聿 著

总 策 划：王 瑞	印　装：北京科信印刷有限公司
责任编辑：李钊平　彭慧芝	经　销：新华书店
装帧设计：今亮后声 HOPESOUND pankouyugu@163.com	规　格：880×1230mm 1/32
出版发行：中国青年出版社	印　张：11.75
社　址：北京东四十二条 21 号	字　数：268 千字
网　址：www.cyp.com.cn	版　次：2018 年 1 月北京第 1 版
	印　次：2018 年 1 月北京第 1 次印刷
编辑中心：010-57350371	印　数：1-10000 册
营销中心：010-57350370	定　价：59.00 元

如有印装质量问题，请凭购书发票与质检部联系调换 联系电话：010-57350337